観光立国日本への提言
――インバウンド・ビジネスのチャンスをとらえる――

監修　早稲田大学商学部
編集　長谷川　惠一

成文堂

はしがき

　わが国が「観光立国」を政策として明確に掲げたのは、2003（平成15）年1月に小泉純一郎内閣総理大臣が観光立国懇談会を設けることを決定し、第156回国会における施政方針演説において年間の訪日外国人旅行者数を当時の500万人から2010年には1,000万人へと倍増すると述べたときでした。その後、第1章でも触れていますが、2006（平成18）年12月13日には「21世紀のわが国経済社会の発展のために重要な課題」として観光立国の実現を国家戦略に位置づけた「観光立国推進基本法」が成立して2007（平成19）年1月1日に施行され、また、2008（平成20）年10月1日には観光庁が発足しました。以降、「観光立国」の実現に向けて、産官学が連携し、様々な取り組みを展開しています。

　1970（昭和45）年に開催された大阪万国博覧会を契機に、観光は国民にとって身近なものとなり、大きく飛躍しましたが、時代の流れの中で、観光産業はビジネス・モデルを大きく変えることにより、成長を図ってきました。そのビジネス・モデルの現状を学ぶことは有意義なことでしょう。

　また、21世紀は世界的規模で観光交流（ツーリズム）が大きく注目されていますが、グローバル社会における国際協調、少子・高齢化など人口減社会の中での地域活力再生など、わが国が抱える21世紀の諸課題に対して大きな意義・意味を担う産業分野でもあります。半面で、旅行者のニーズ変化、旅行スタイルが大きく変わる中で、関連業界はもとより観光地など旅行サービスの供給構造にも大きな変化がみられます。まさに曲がり角ともいえる状況を迎えています。

　とりわけ目を引くのが、インバウンドといわれる訪日外国人旅行者数の増加です。2013（平成25）年9月8日の2020年オリンピック・パラリンピック東京大会開催決定を踏まえ、2014（平成26）年6月に決定した「観光立国実現に向けたアクション・プログラム2014」で2020年に訪日外国人旅行者数2,000万人を目指すと宣言しました。2015年には訪日外国人旅行者数は、日本政府観光局（JNTO）のデータによると、推計値で1,973万人余りとなりま

した。これを受けて政府は、2016（平成 28）年 3 月に策定した「明日の日本を支える観光ビジョン」で、2020 年の訪日外国人旅行者数の目標値として倍増の 4,000 万人を掲げ、また 2030 年の訪日外国人旅行者数の目標値は 6,000 万人とすることを発表しました。

　これだけ多くの外国人旅行者が来日するとなると、多くの産業にとって外国人旅行客がターゲット顧客になります。訪日外国人旅行者が日本でたくさんの買い物をしてくれれば、国内の小売店の売上が増加します。この外国人旅行者への販売行動は、国内の小売店が日本にいながら日本の商品を輸出することと同じ経済効果をもたらしているのです。訪日外国人旅行者は、日本に興味があり、日本人に興味があるからこそ、日本を旅します。彼らは全国津々浦々を訪れ、宿泊し、飲食をし、買い物をし、様々なサービスを受けたいと思っています。そういった場面で「外国の方お断り」という対応では、せっかくのビジネス・チャンスを自ら放棄するようなものです。

　本書の底流には、「観光立国を目指す日本にとって、どのようなビジネス・チャンスがあるのか」というテーマがあります。各章にはこのチャンスを活かすヒントが明に暗に述べられています。観光というと、旅行業、運輸業、宿泊業などを指すことが多く、それ以外の産業には関係ないと考える人もいるでしょう。しかし、広い意味では観光（ツーリズム）産業は、第 13 章の「資料 1」（318 ページ）に示すように、ありとあらゆる産業が関連しています。むしろ、この図の中に入らない産業のほうが少ないのではないでしょうか。多くの産業にとって、お客さんがわざわざ外国から来てくれることは、何よりのビジネス・チャンスです。

　早稲田大学商学部では、このような時代的背景や現況を踏まえ、理論面とともに実務面からも観光産業の実態を理解し、今後のツーリズム産業のあり方を論じることを目的として、2007 年度より「ツーリズム産業論」を設置しています。この講座は、当初は社団法人日本ツーリズム産業団体連合会からの寄附講座として設置し、その後、2011 年 4 月より同連合会の事業を引き継いだ社団法人日本観光振興協会（2013 年 4 月より公益社団法人日本観光振興協会）からのご寄附により運営している提携講座となり、今年度で 10 年目の開講となりました。

本書は、「ツーリズム産業論」10年目にあたり、2015年度にご出講いただいた講師の皆さまに、早稲田大学商学部における講義内容をもとにご執筆いただきました。いわば、「講義録」として発刊することを意図しているので、できる限り読者の皆さんに授業の雰囲気が伝わるように編集段階で工夫をしました。講師の皆さまが学生たちに語り掛けるように講義をしていただいた内容をほぼそのまま再現しています。授業中に提示いただいた説明用の資料は可能な限り掲載しています。各章末には、毎回の授業後に学生に課した基本的な知識確認のための小テストも【確認問題】として添付してみました。章立ては、授業の日付順に並んでいますので、毎週授業を受けるように第1章から読み進めることもできますし、オン・ディマンド授業のように、興味のある章からランダムに読むこともできます。

　以上のような特徴をもつ本書は、観光産業に従事するビジネス・パーソンがビジネス・チャンスのヒントを探るために、あるいは、サプライチェーンで隣接する関連産業を理解するために読まれることを想定しています。また、観光産業に就職を希望する学生や観光産業に興味のある読者が観光産業の概要を理解するために読むことも想定しています。もちろん、それ以外の読者の方も、観光産業の第一線からの「生の声」にぜひ触れてみてください。

　本書のご執筆をご依頼した皆さまは、日本観光振興協会と連携して活動しているわが国を代表する企業・組織のトップで活躍する方々を中心に、それぞれの分野における第一人者です。早稲田大学における講義をご担当いただき、また、執筆者としての原稿のチェックのご依頼にご快諾いただいた2015年度の講師の皆さま、および、講師の皆さまが所属される企業・団体の皆さまからのご協力に、「ツーリズム産業論」のコーディネーターおよび本書の編者として、心から御礼を申し上げます。これらの皆さまからのご協力がなければ、本書が存在することはありえませんでした。

　講師およびご所属の企業・団体の皆さまのほかにも、多くのご尽力をいただきました。提携講座「ツーリズム産業論」設置のために10年間にわたり早稲田大学商学部に多額のご寄附をいただき、今回の出版企画にもご賛同いただいた公益社団法人日本観光振興協会にもこの場をお借りして御礼を申し上げます。とくに、同協会理事長　見並陽一様には、本書の企画段階から「講義

録」出版の意義をご理解いただき、また、発刊にあたってのメッセージをお寄せいただくなど、心強いご支援を頂戴いたしました。同協会事業推進本部観光アカデミー推進室　担当部長　田中剛様には、「母校愛」をもって3年間「ツーリズム産業論」をご担当くださり、2015年度は、講師の皆さまへのご出講依頼のみならず、ご執筆依頼およびご連絡など様々なサポートをいただきました。最後に、株式会社成文堂　代表取締役阿部成一氏および編集部　飯村晃弘氏には、本書の編集・出版にあたり格段のご協力をいただきました。ここに記して感謝申し上げます。

　なお、本文中での内容との整合性を考え、各章の冒頭では執筆者の皆さまのご所属および職名を、2015年度に早稲田大学商学部にご出講いただいた当時のままとしております。現職については、巻末の執筆者紹介で確認してください。また、読者の皆さまの便宜のために、本文の内容の一部については新しいデータを「注」で補足している箇所があることも申し添えます。

2016年6月8日

　　　　　　　　　　　　　　　　早稲田の杜にて梅雨晴れの空を望みつつ

　　　　　　　　　　　　　　　　　　　　　　　　　　　長谷川惠一

発刊にあたって
——日本観光振興協会からのメッセージ——

日本観光振興協会とは

　公益社団法人日本観光振興協会は、地方公共団体、観光協会、観光関係中央団体、旅行、鉄道、航空、観光関連企業など、全国約700の観光関係機関を会員にもつ団体であり、「観光立国」の実現を目指し各種事業を行っています。

　日本観光振興協会は、「観光立国」の推進・実現という時代の要請に応えるため、2011年4月に社団法人日本観光協会と社団法人日本ツーリズム産業団体連合会が合体して誕生しました。

　地域の観光協会や自治体などをネットワークしてきた日本観光協会と、旅行や観光に関わる事業者団体の横断的な組織だった日本ツーリズム産業団体連合会が合体したことにより、地域と産業を結び付け観光振興を推進していくナショナルセンターとして新たに生まれ変わりました。

観光振興で地方創生や地域活性化を実現

　日本は明治以降、モノづくりを中心とした産業が日本経済を長く牽引してきました。全国各地に工場をつくり、雇用を創出し、工場で生産したモノで国内需要に応じると共に、海外へ輸出することで外貨を確保し、GDP向上に貢献してきました。

　しかしながら、グローバル化により生産拠点の海外移転がなされ、人口減少や少子高齢化が進み日本の内需は減少しています。内需拡大が見込めない中、交流人口を拡大させ、新たに海外からの需要を取り込み現存の資源を活用できる「ツーリズム産業」は、これからの時代のリーディング産業としてクローズアップされています。

　また、「地方創生」の推進という観点からも、観光を通じた地域活性化がその柱として位置づけられ、昨今の急激に加速する訪日旅行者の増加による観光消費額の拡大が地域活性化のカギとなりつつあります。

このような環境変化に伴い、日本観光振興協会の観光分野におけるナショナルセンターとしての役割に、会員のみならず、国・自治体・産業界からの期待が高まっています。

産学連携での人材育成

　日本観光振興協会では以下の五つの項目を柱として事業を展開しています。「観光立国実現のための地域・産業連携と国民運動の展開」「魅力ある観光地域づくりと広域観光の推進」「観光人材の育成」「双方向交流の促進と受入体制の整備」「地域の観光魅力の創出と観光需要の創造」。

　その中でも観光業界の将来を担う「観光人材の育成」は、事業の大きな柱です。21世紀のリーディング産業である「ツーリズム産業」について、その歴史、現状と課題、そしてポテンシャルや将来性について学ぶ機会を、産学が連携し幅広く提供する事が大変重要であると考えています。

　日本観光振興協会では、今年4月に、人材研修事業を更に強化・発展させていく為に、「日本観光振興アカデミー」を設立しました。

　アカデミーで実施する主な事業の一つが産学連携事業です。学生による観光振興のアイデアコンテストや観光産業関係者によるパネルディスカッションを実施する産学連携ツーリズムセミナー、そして、各大学での寄附講義の企画・運営が産学連携事業の中核をなしています。

　各大学での寄附講義では、観光について造詣の深い有識者やツーリズム産業界のトップマネジメントの方を客員講師として招聘し、理論面とともに実務面からもツーリズム産業の実態を理解し、今後のツーリズム産業のあり方を論じることを目的とした講義を展開しています。

　今後も、産学がこのように連携して、ツーリズム産業に関して学ぶ機会を増やし、学生がツーリズム産業に興味を持ち、多くの方がツーリズム産業に従事し、観光経営人材として活躍することはもちろんですが、今後はあらゆる企業や行政がツーリズム産業と関連が生じる時代であり、ツーリズム産業への理解が深まる事は、観光立国推進に大いに役立つものと確信しています。

最後に

　今回の「観光立国日本への提言」の発刊にあたり、2007年度より継続して

寄附講義を実施いただいている早稲田大学商学部の関係者の皆様、とりわけ、当初よりご担当されている長谷川惠一先生に深く感謝申し上げます。早稲田大学の講義は2016年度で記念すべき10年目を迎えます。その節目の年に、貴重な教材が出来上がった事は大変意義深い事です。

　また、昨年度に講師をつとめていただき、今回寄稿していただいた各講師の方々にも深く感謝申し上げます。業務多忙の中、それぞれのお立場からツーリズム産業につき、わかりやすい言葉で熱意あふれる講義をいただき、ありがとうございました。この本は皆様の熱い思いの講義がまさしく展開されているようで、私自身あらためて、ツーリズム産業の持つ裾野の広さ、難しさ、楽しさ、やりがいを感じます。

　この「観光立国日本への提言」が、学生の皆様としての教材はもちろんのこと、ツーリズム産業に従事している方々、地域で観光に関連する業務をご担当している皆様、さらには、それ以外の産業の皆様にとっても、今後の日本のリーディング産業である「ツーリズム産業」に対する理解を深めていただき、「観光立国」実現に向けての一助になることを期待します。

2016年5月1日
公益社団法人日本観光振興協会
理事長　　見並　陽一

目 次

はしがき
発刊にあたって

1 日本の観光政策の概要 …………………………………………………… *1*

 Ⅰ はじめに …………………………………………………………………… *1*
 Ⅱ 観光立国 …………………………………………………………………… *2*
 Ⅲ 国の観光政策 ……………………………………………………………… *7*
  確認問題 …………………………………………………………………… *23*

2 インバウンドマーケティングの取組み ……………………………… *25*

 Ⅰ はじめに …………………………………………………………………… *25*
 Ⅱ インバウンドの意義 ……………………………………………………… *26*
 Ⅲ 訪日外国人旅行市場の動向 ……………………………………………… *29*
 Ⅳ JNTOの組織・活動概要とプロモーション
  （ビジット・ジャパン事業） …………………………………………… *37*
 Ⅴ 訪日インバウンド拡大に向けた推進体制と
  ビジット・ジャパン事業の枠組み ……………………………………… *42*
 Ⅵ 訪日外客2,000万人に向けた課題と取組み …………………………… *43*
  確認問題 …………………………………………………………………… *45*

3 エアラインビジネスの新潮流と戦略 ………………………………… *47*

 Ⅰ はじめに …………………………………………………………………… *47*
 Ⅱ エアラインビジネスを取り巻く現状と課題 …………………………… *48*
 Ⅲ 新しいビジネスモデルとの競争 ………………………………………… *52*
 Ⅳ 人財育成 …………………………………………………………………… *58*

  V 安全教育 *60*
  VI 進化するマーケティング戦略 *62*
  VII 成長のための戦略 *66*
  VIII まとめ *68*
    確認問題 *70*

4 鉄道事業のツーリズム産業における役割 *71*

  I はじめに *71*
  II JR 東日本の概要 *72*
  III 鉄道と観光 *73*
  IV 観光の質的転換 *85*
  V 鉄道と観光と災害 *94*
  VI ホスピタリティの原点 *98*
    確認問題 *102*

5 日本のホテル産業における役割 *103*

  I はじめに *103*
  II 帝国ホテルの紹介 *103*
  III 帝国ホテルの歴史 *105*
  IV ブランドを支える三要素 *114*
  V おもてなしの心は現場の発想 *118*
  VI さすが帝国ホテル推進活動 *120*
  VII 帝国ホテルの企業理念 *123*
    確認問題 *131*

6 観光活性化によるまちおこし ——観光イノベーションの必要性—— *133*

  I はじめに *133*

Ⅱ　現状把握――日本の置かれている状況……………………………… *134*
　　Ⅲ　観光宿泊動向
　　　　――「「じゃらん宿泊旅行調査」2014年」データより……… *135*
　　Ⅳ　地域活性化に向けての課題………………………………………… *148*
　　Ⅴ　地域愛――インターナル・マーケティングの重要性………… *154*
　　Ⅵ　地域における観光マーケティング………………………………… *155*
　　　　確認問題……………………………………………………………… *160*

7　観光まちづくり――観光による地域活性化――………………………… *161*
　　Ⅰ　人が幸せになる観光………………………………………………… *161*
　　Ⅱ　地域と商品づくり…………………………………………………… *165*
　　Ⅲ　観光の役割…………………………………………………………… *171*
　　Ⅳ　地域観光の柱である連携の確保…………………………………… *175*
　　Ⅴ　新しい観光による様々な影響や効果……………………………… *180*
　　Ⅵ　連携と循環…………………………………………………………… *183*
　　Ⅶ　戦略的な地域資源利用……………………………………………… *186*
　　　　確認問題……………………………………………………………… *187*

8　食ビジネスから訪日観光への取組………………………………………… *189*
　　Ⅰ　はじめに……………………………………………………………… *189*
　　Ⅱ　ぐるなびのビジネスモデル………………………………………… *189*
　　Ⅲ　ぐるなびインバウンドの取り組み………………………………… *195*
　　　　確認問題……………………………………………………………… *209*

9　SAKEから観光立国………………………………………………………… *211*
　　Ⅰ　はじめに……………………………………………………………… *211*
　　Ⅱ　ワインから日本酒の可能性に気が付く…………………………… *211*
　　Ⅲ　酒サムライ活動に参画……………………………………………… *222*

		Ⅳ 日本酒振興が国策に……………………………………………………… 231
		Ⅴ コラボでの世界発信を……………………………………………………… 235
		確認問題……………………………………………………………………… 236

10 ショッピングツーリズムへの取組 …………………………………………… 237

 Ⅰ　はじめに ……………………………………………………………………… 237
 Ⅱ　世界のショッピングツーリズム …………………………………………… 237
 Ⅲ　ショッピングツーリズムの力 ……………………………………………… 242
 Ⅳ　国家施策となったショッピングツーリズム ……………………………… 256
 Ⅴ　外国人観光客が笑顔で来店するしくみ
   ――プロモーションの例 ………………………………………………… 260
  確認問題 ………………………………………………………………………… 262

11 MICE ――日本における取組と課題―― ……………………………………… 263

 Ⅰ　MICE とは何か ……………………………………………………………… 263
 Ⅱ　なぜ今、MICE が注目されているのか …………………………………… 267
 Ⅲ　MICE の地域での成功 ……………………………………………………… 271
 Ⅳ　日本の取り組みと課題 ……………………………………………………… 279
  確認問題 ………………………………………………………………………… 286

12 双方向 4,000 万人交流時代の旅行会社のビジネスモデル ………………… 287

 Ⅰ　はじめに ……………………………………………………………………… 287
 Ⅱ　10 億人の旅行者が世界を元気づける …………………………………… 287
 Ⅲ　オリンピックを契機に輝く destination 日本へ ………………………… 296
 Ⅳ　旅行会社の役割 ……………………………………………………………… 302
 Ⅴ　日本旅行業協会（JATA）とは …………………………………………… 311
  確認問題 ………………………………………………………………………… 316

13 ツーリズム産業論……………………………………………………… *317*

 Ⅰ はじめに ………………………………………………………… *317*
 Ⅱ ツーリズム産業を取り巻く国際環境 …………………………… *317*
 Ⅲ ツーリズム産業の今後の課題 …………………………………… *327*
 Ⅳ ツーリズム産業の未来を見据えたJTBグループの戦略 ……… *332*
 Ⅴ おわりに ………………………………………………………… *340*
  確認問題 …………………………………………………………… *342*

1　日本の観光政策の概要

国土交通省　観光庁　観光産業課長　石原　大

I　はじめに

　皆さん、こんにちは。観光庁観光産業課長の石原と申します。本日は、せっかくの機会を頂きましたので、日本の観光政策についてお話をしたいと思います。

　私の仕事を簡単に申し上げますと、日本のツーリズム産業、特に、旅行業と宿泊業をどう活性化させるか、この業界をもう一歩高いステージに押し上げるにはどうしたらいいか、そうしたことを日々考え、施策を立案し、関係者と意見交換を重ね、実行していくという感じでしょうか。業界の活性化を通じて、人々が旅行をする際の選択肢を増やし、旅行しやすい環境を整えるというのが最終ゴールですが、もう少し具体的に申し上げれば、魅力的な旅行商品が溢れ、訪れてみたいホテルや旅館が各地にあり、そうした商品や宿が様々な場所や手段で簡単に手配でき、また、高齢者や障がいを持った方、日本を訪れた外国人なども含め、誰もが安心して快適に旅行を楽しめるようになる。ツーリズム産業によって、そのような世の中が実現されればと思いながら仕事をしています。

　ツーリズム産業界は、インターネット社会の出現と、その後のスマートフォンやタブレットの普及により、ビジネスモデルが大きく変わってきています。以前は、といっても実はごく最近までなのですが、ちょっとした旅行をしようとすると、旅行会社の窓口に足を運び、そこでパンフレットを入手し、交通手段を手配し、宿泊施設の予約をしてもらうというスタイルが一般的でした。もちろん、ガイドブックと時刻表をにらみながら旅行プランを考え、交通機関と宿を自ら手配するという人も、いなくはありませんでしたが、こうした手間を楽しめる人は、全体から見ればごく少数でした。しかし、今や、

スマホがあれば、いつでもどこでも簡単に旅行に必要な情報を入手できますし、切符や宿の手配もできてしまいます。旅先の情報も、プロが発信しているものだけではなく、一般人の体験談などの口コミ情報が溢れ、むしろそちらの方が求められているといった風潮も出てきています。行政も業界も、こうした変化にどう対応していくかということに迫られています。

Ⅱ　観光立国

1．観光の語源

　前置きはこれくらいにして、まず、「観光」という言葉の意味から始めることにします。「観光」なんて、あまりにも普通の言葉なので、皆さんその意味を改めて考えたことなどないと思います。「観光」をそのまま訳せば、「光を観る」ということになりますが、語源は、中国の儒教の経典の一つである「易経」にある「国の光を観るは、もって王に賓たるによろし」という一節です。ここでいう「光」というのは、その国の光、地域の光を意味し、為政者たる者、国や地域をくまなく歩き回って、その土地の文物や暮らし向きや風俗などをしっかり見（観）るべきであり、それが「観光」だというわけです。

　ちなみに、我が国で「観光」という言葉が使われ始めたのは、江戸時代末期と言われています。江戸幕府は、オランダ国王から送られた2隻の蒸気船のうち1隻を「観光丸」と名付けました。進んでいる海外の光を観る、観にいくための船ということで、こういう名前がつけられたわけです。ちなみに、もう一隻の蒸気船の名前は、勝海舟が米国に渡るときに乗った、あの有名な「咸臨丸」です。

2．観光立国

　続いて「観光立国」です。今、霞ヶ関では、この四字熟語を御旗に、各省庁が様々な施策を実施しています。読んで字のとおり、「観光で国を立てる」ということなのですが、この概念自体は、さほど新しいものではありません。ただし、これまでは言葉のみが先行して、実態が伴っていなかったという感じでしょうか。

　「観光立国推進基本法」という法律があります。「観光基本法」という法律

を全部改正して、2006年に制定されたのですが、こんな法律、聞いたことないですよね。この「何トカ基本法」という法律は、他にも「環境基本法」や「教育基本法」、「災害対策基本法」や「海洋基本法」など、たくさんあるのですが、他の法律と違って、日本国憲法のように、その法律の理念を掲げた「前文」が置かれることが特徴的です。

観光立国推進基本法の前文は「観光は、国際平和と国民生活の安定を象徴するものであって、その持続的な発展は、恒久の平和と国際社会の相互理解の増進を念願し、健康で文化的な生活を享受しようとする我らの理想とするところである」という一文から始まるのですが、いかがですか？ いきなり「国際平和と国民生活の安定を象徴するもの」ときましたね。「観光」というと、遊びやレジャーの延長くらいにしか思っていない人が多いのですが、実は、もっとずっと広く深く捉える必要があるということ、そして、観光の有する可能性、チカラは、これからの日本経済や社会にとって無くてはならないものということを今日は学んで頂ければと思います。

3．観光立国の意義

観光のチカラと申し上げましたが、これは、国が観光立国を目指している理由とも関連します。観光立国の意義について、資料1に沿ってお話したいと思います。

(1) 経済活性化の切り札

まず、観光は、少子高齢化時代における経済活性化の切り札だということです。皆さんご承知のとおり、今、我が国の人口は減少局面にあり、2047年には1億人を切るとも言われています。少子化が進み、高齢者人口の割合が増え、生産年齢人口がどんどん減っていく中、我が国の経済・社会をどのように維持し、できれば多少なりとも成長させたいということを考えると、観光は、その大きな切り札になり得るのです。人口の絶対数が減ることは避けられませんが、観光によって交流人口の数を増やせば、減った分を穴埋めできるかもしれません。人口5,000人の町でも、外から何万もの人が訪れてくれれば、その地域にとっては非常に大きな経済効果が生まれます。日本人旅行者で足りないなら、外国からどんどん来てもらおう。これが昨今あちこちで取り組まれているインバウンドの強化です。これは、また後でお話します。

資料1　観光立国の意義

1．観光は少子高齢化時代の経済活性化の切り札
●少子高齢化で成熟した社会には、観光振興＝交流人口の拡大、需要の創出による経済の活性化が有効 ●国内における旅行消費額は 22.5 兆円。生産波及効果は 46.7 兆円（対国民経済計算 産出額 5.2％）で、これによる雇用効果は 399 万人（対総就業者数 6.2％）（※ともに 2012 年） ●訪日外国人も今や無視できない消費活動の主体（2013 年の訪日外国人旅行消費額→1.7 兆円）
2．交流人口の拡大による地域の活性化
●地方においては地域振興策の新たなアプローチが必要。観光による交流人口の拡大は地域経済の起爆剤 ●集客力のある個性豊かな地域づくりは、各地域の自主・自律の精神も促す
3．観光立国により国民が誇りと自信を取り戻す
●観光立国の推進は、我が国の歴史的・文化的価値を国民が、住民が、再認識するプロセスであり、日本の魅力の再活性化にもつながるもの
4．国際観光の推進はわが国のソフトパワーを強化するもの
●諸外国との健全な関係の構築は国家的課題 ●国際観光を通じた草の根交流は、国家間の外交を補完・強化し、安全保障にも大きく貢献 ●日本に実際に来てもらう、見てもらう、交流してもらうことで、日本の印象も変わる

(2) 地域活性化

　次に、観光は、地域を活性化させるということです。一つ目の話とも関係しますが、観光は人々の移動を生み出し、交流を創造します。岩手県知事などを務められた増田寛也元総務大臣が「将来、人口が0になる地域がこれぐらいある」というレポートを公表して物議を醸しましたが、何も手を打たなければ、そのような地域が近い将来出てくることは間違いありません。交流人口を増やし、地域をどう活性化させるか。今、全国各地の市町村が観光施策に力をいれ、町おこし、村おこしを必死になってやっているのは、そういう理由なのです。

(3) アイデンティティーの確立

　三つめは、観光立国により、自分たちの国や地域に「誇りと自信を取り戻す」ということです。ヨソ者に我が町、我が村に来てもらうには、まず自分

たちの住んでいる地域の良さ・魅力を再認識し、それを効果的に発信し、感じてもらう必要があります。そのプロセスを通じて、自分たちの住む国や地域の宝、資源の豊かさに改めて気づき、アイデンティティーを取り戻すことになるのです。国レベルで考えれば、観光立国の実現により、我々は、日本という国の素晴らしさを再発見し、日本人であることに誇りと自信を取り戻すことになるのです。

(4) ソフトパワーの強化

　四つめは、国際観光の推進が、わが国のソフトパワーを強化することになるということです。観光で我が国を訪れ、日本の社会や人々の暮らしぶり、人柄に直に接することで、日本への理解がより深まり、それまでの誤った先入観や偏見を正してもらうということができれば、それはそのまま日本の力の強化になるということです。「百聞は一見に如かず」という言葉がありますが、書物や耳学問から持っているイメージなど、実際に相手の国を訪れ、人々と接すれば、あっという間に吹き飛びます。訪日外国人旅行者による「日本はすばらしい。礼儀正しいし、親切だし、子供の時から聞かされていた話と全く違っていた」といった類いのブログ記事は、枚挙にいとまがありません。二国間の問題というのは、お互いがお互いのことをよく知り、相手に敬意を払っていれば、本来、それほど大きくこじれることはないはずのです。まさに「観光は国際平和を象徴するもの」ということなのです。

4．旅行消費

　さて、観光立国の4つの意義をお話しましたが、それでは、実際に観光立国を実現するために、政府はどのような施策を講じているのかという話を次にいたします。

　資料2をご覧ください。観光は経済活性化の切り札、というお話をしましたけれども、これは、2013年の国内における旅行消費額を表したものです。23.6兆円というのは、日本国内において、旅行関係で使われたお金の総額です。移動のための交通費やホテルの宿泊代、旅先での食事やお土産に使ったお金などはイメージしやすいと思いますが、旅行に行くために新しく買ったスーツケースや洋服などの消費もここに入ります。

　資料2を見ていただくとわかりますように、国内の宿泊旅行関係の消費が

資料2 国内における旅行消費額（2013年）

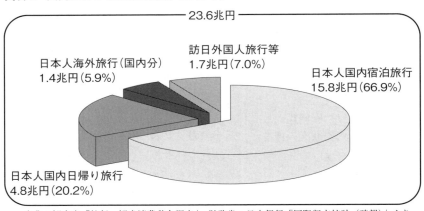

出典：観光庁「旅行・観光消費動向調査」、財務省・日本銀行「国際収支統計（確報）」より

全体の3分の2を占めています。今、訪日外国人旅行者が急増し、春節時期の中国人の「爆買い」などはすっかり有名になりましたが、意外にも、訪日外国人旅行者の落とすお金は約1.7兆円と、全体に対する割合は7％にすぎないのです。もっとも、この額はどんどん大きくなっており、2014年には2兆円を超えることが確実です。

さて、旅行消費において太宗を占める日本人の国内宿泊旅行や日帰り旅行ですが、これからの人口減少を考えると、そう大きな伸びは期待できません。本当は、もっと増やしたいのですが、それはなかなか難しいということで、今、訪日外国人旅行者を増やそうとしているわけです。特に経済成長の著しいアジア地域では、海外旅行を楽しむ人がどんどん増えてきています。UNWTOというマドリッドに本部のある観光関係の国連機関があるのですが、ここの予測によれば、北東アジア・東南アジア地域における海外旅行者数の今後の伸びは、他地域よりもずっと高いことになっています。この増えつつある東南アジアや北東アジアの旅行者をいかに自分たちの国に呼んで、お金を落としてもらうかということで、現在、各国が激しい誘客合戦を繰り広げています。日本は、製造業中心で経済成長を果たしてきたこともあり、お隣の韓国などに比べると、そうした意識がずっと遅れていたのですが、ここ数年で急速に追い上げてきたという感じです。

5．観光立国実現のプレーヤー

　ここで、観光立国を実現するためのプレーヤーの話をしておきます。先ほど、観光立国のために政府を挙げて施策を講じているという話をしましたが、観光立国は、政府・行政のみで実現できるものではありません。

　まず、キーとなるプレーヤーは産業界です。これはわかりやすいですね。旅行に関わる商品やサービスを提供する旅行業、宿泊業、運輸業といったツーリズム産業が、観光立国を現場で実現する重要なプレーヤーであることは当然です。

　それでは、ツーリズム産業って何でしょう？　この講座も「ツーリズム産業論」となっていますね。ツーリズム産業というと、おそらく皆さんは旅行業、宿泊業、運輸業といったところをイメージされるのではないかと思いますし、間違ってはいませんが、観光立国の文脈の中では、もう少し広げて考えた方がいいと思います。旅行において重要な要素となる「食」を提供する飲食業、もっと言ってしまえば農業・漁業だってツーリズム関連産業です。買い物という面では、小売業はもちろん、商品を作る製造業、決済手段を提供する金融業などもそうです。このように、今や、ありとあらゆる産業が、ツーリズムに関連していると思って頂ければと思います。

　そして、産業界と並んで忘れてはいけないプレーヤーが、ここ早稲田大学をはじめとする「学」の分野です。今日も、こうして観光関係の講義が行われているわけですが、大学の大きな役割の一つは、観光がもたらす社会的・経済的意義を学術的に分析し、それを世の中へ発信・啓蒙していくということです。先ほども申し上げましたが、まだまだ、世の中は「観光＝余暇、遊び」という意識が強いので、その意識を変えていくための論拠を社会に提示していくとともに、その一方で、観光についての正しい意識と知識を持った人材を世の中に輩出していくというのが、大きなミッションだと思ってます。長谷川先生、是非よろしくお願いします。

Ⅲ　国の観光政策

1．インバウンド、アウトバウンド、国内旅行

　では、いよいよ本題の日本の観光政策についてお話します。

まず、最初に、インバウンド、アウトバウンド、国内旅行という3つの概念の整理です。この「インバウンド」、「アウトバウンド」という言葉。私が役所に入った二十年前には、ほとんど聞かなかった言葉ですが、皆さんはご存じでしょうか？

　念のため申し上げておきますと、インバウンドというのは、日本にインする、やってくる動き、或いはその人たちのことを言っています。「昨年のインバウンド数は、1,341万人だった」というような使い方をします。逆に、アウトバウンドというのは、日本人が海外に行くことを指します。「円安のせいもあって、アウトバウンドが低迷している」なんて旅行会社の人が言っています。旅行を巡る人々の動きには、インバウンドとアウトバウンド、そして、国内旅行の3つの概念・グループがあることを理解してください。

　これから国の観光施策についてお話しますが、それぞれの施策が、この3分野のどれに当てはまるんだろうという意識を持って聞いて頂けると、頭が整理されると思います。

　先ほど「観光立国の意義」として4つの柱（資料1）を申し上げましたが、これらに関係する施策が、どのグループに該当するか少し考えてみましょう。

　最初の「少子高齢化時代の経済活性化の切り札」という柱は、人口の絶対数が減っていく中、交流人口を増やして旅行消費を喚起しようということでした。これは、外国から旅行者をどんどん呼び込んで経済活動してもらおう、あるいは、日本人の国内移動を増やそうということになりますから、インバウンド又は国内旅行のグループになります。今年の春節時期に、中国人の「爆買い」が大きなニュースになり、百貨店などは大いに売り上げを伸ばしましたが、これなどは、インバウンドによる経済活性化のわかりやすい例と言えると思います。

　国内旅行も地域の経済活性化には大きな意味があります。国内旅行そのものの市場規模は横ばい気味ですが、先ほど資料2でご説明したように、その経済規模はインバウンド市場などと比べると非常に大きいだけに、国内旅行振興も経済活性化の観点からはとても重要です。

　2番目の地域活性化はどうでしょうか。これは、地域活性化ということで、これまでは国内旅行の領域と捉えられてきました。しかしながら、近年の外国人旅行者の急激な増加を受け、地域活性化もインバウンド施策を考えるに

あたって重要な視点になってきています。特に、東京や大阪などの大都市部に訪日外国人旅行者が集中し、ホテルやバスが足りないという問題が深刻化してきていることから、地方への誘客促進は、これからのインバウンド施策の一丁目一番地と言っても過言ではありません。

そして、4番目のソフトパワー強化は、二国間の相互交流を活発化させ、お互いの理解を促進していこうということですから、これは、インバウンドとアウトバウンドということになります。

このように見ていくと、観光立国実現に向けた施策は、インバウンド関係のものが中心になっていることがおわかり頂けると思います。ただ、観光は相互交流が基本であり、インバウンドを増やすためには、こちらから出かけていくアウトバウンドも必要であり、直接的な経済効果のみに着目して、インバウンド施策のみに注力することは適切ではありません。

2．観光立国実現に向けたアクション・プログラム

観光に対して、政府の姿勢が大きく変わったのが2003年の小泉内閣の時です。このとき、「ビジット・ジャパン・キャンペーン（VJC）」という外客誘致策を打ち上げ、訪日外国人旅行者を日本に誘致するためのプロモーション予算が、はじめて国土交通省に計上されました。その後、観光立国推進基本法が成立し、観光庁が発足し、一昨年には総理の下に、全ての大臣がメンバーとなる観光立国推進会議ができるなど、だんだん形が整ってきました。今は、この観光立国推進会議で、毎年、各省庁が実施する観光施策をまとめたアクション・プログラムが作られています。

資料3は、昨年6月に策定された「観光立国実現に向けたアクション・プログラム」の内容です。観光立国に向け、各省庁が実施する主な施策を6つの視点からまとめていますが、それぞれの内容の説明に入る前に、先ほどの三分類を当てはめてみましょう。

1番目のオリンピックは脇に置いておきますが、2番目は、インバウンドを飛躍的に拡大させる話、3番目はビザの発給要件を緩和して訪日旅行を容易化する話、5番目は、訪日外国人旅行者が日本で快適に過ごせるように環境を整備していく話、そして、6番目はMICEを誘致して外国人に日本へ来てもらおうという話なので、結局、インバウンドが中心となっていることがわ

資料3　観光立国実現に向けたアクション・プログラム2014

1．「2020年オリンピック・パラリンピック」を見据えた観光振興
- 「オリパラ」開催国としての国際的注目度を活かした訪日プロモーション
- 文化プログラムを活用した日本文化の発信
- 「東京オリパラ」開催効果の全国への波及
- 道の駅・郵便局・コンビニの活用を含めた、外国人旅行者への観光情報提供拠点の充実

2．インバウンドの飛躍的拡大に向けた取組
- 様々な業種の参画による新たな取組の創出
  (エンタメ、ファッション、食、流通、IT等様々な業種を担い手に)
- 訪日プロモーションの戦略的拡大
  (中国沿岸部・内陸部、東南アジア、インド・ロシア等への展開)
- JNTOを実施主体とした訪日プロモーションの実施体制の整備

3．ビザ要件の緩和など訪日旅行の容易化
- 戦略的なビザ要件の緩和
  (インドネシア向けビザ免除、フィリピン・ベトナム向け実質ビザ免除等)
- CIQに係る体制整備
  (地方空港における緊急的な体制整備等)

4．世界に通用する魅力ある観光地域づくり
- 多様な広域ルートの開発・提供と発信
- 地域内の周遊観光をしやすくするための仕組みづくり
- 和食文化の発信、農産漁村での滞在促進
- 観光振興による被災地の復興支援

5．外国人旅行者の受入環境整備
- 免税制度の拡充を契機とした免税店の拡大
  (全品目に対象拡大、全国で10000店規模へ倍増)
- 無料Wi-Fiの整備促進、多言語対応の強化
- ムスリム旅行者への適切な情報提供
- 安全・安心の確保 (災害や病気・怪我への対応)

6．MICEの誘致・開催促進と外国人ビジネス客の取り込み
- MICEに関する取組の抜本的強化
- ファーストレーンの設置、「信頼できる渡航者」の自動化ゲート対象化
- IRについての検討

かります。6つめの柱にMICEという言葉が出てきましたが、これは、ミーティング、インセンティブツアー、コンベンション、エグジビションの頭文字を取ったもので、大規模な展覧会や国際会議、イベントなどのことです。東京モーターショーや早稲田大学が主催する学会などもMICEの一つです。他のインバウンドが、どちらかというと観光目的の一般的な人々を想定して

いることが多いのに対し、MICE は BtoB、すなわちビジネス客の世界です。

話を戻しますと、残った4番目の「世界に通用する魅力ある観光地域づくり」というのは、訪日外国人旅行者も意識して、魅力的な地域を作っていきましょうというインバウンドと国内観光の活性化を合わせたような柱なので、ここでもインバウンドが出てきます。このように、今、政府が取り組んでいるの観光施策の中心は、インバウンドに関する施策だということがおわかりになると思います。

もちろん、インバウンドの対となるアウトバウンドは全然やりませんということではないのですが、日本経済にもたらす効果という観点から見ると、やはりインバウンドに力を入れることになってしまうわけです。ですから、単純に経済効果の観点からだけ申し上げれば、海外旅行に行くよりは、国内旅行をして、国内でお金を使ってください、ということになります。

3．インバウンド

それでは、具体的な内容に入っていきましょう。今、申し上げたように、政府の観光政策の中心はインバウンドです。外国から具体的にどうやって日本に来てもらうかといった現場の話は、次週の講演者である日本政府観光局（JNTO）の小堀さんからお話があると思いますので、私からは全体的なお話をすることにします。

(1) 訪日外国人旅行者数

まず、訪日外国人旅行者数ですが、先ほどお話したように 2003 年に VJC 事業を開始して以降、右肩上がりに増加し、一昨年 1,000 万人を達成。昨年は 1,341 万人にまで達しました。2009 年と 2011 年に数が減っていますが、これは、リーマンショックと東日本大震災によるものです。私は、観光庁の勤務は2回目ですが、最初の勤務の時に東日本大震災を経験しています。この年は、前年の訪日外国人旅行者が 861 万人にまで増え、いよいよ今年は 1,000 万人達成かと誰もが期待していた矢先、3月に震災が発生し、本当にもうあっという間に外国の方がいなくなってしまったことを鮮明におぼえています。

しかしながら、震災の翌年以降は、毎年 200 万人規模で訪日外国人旅行者が増えていき、今年に入ってからも、前年同月比で 40％以上増えています。

2014年の1,341万人を1.4倍しますと1,900万人近い数字になり、さすがにそこまでいかないでしょうが、今年は、1,500万人から1,600万人ぐらいには達するのではないかと思っています。

資料4　訪日外国人旅行者数及び割合（国・地域別）

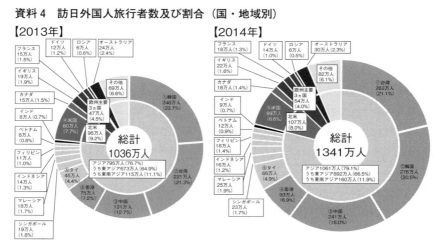

※（　）内は、訪日外国人旅行者数全体に対するシェア。
※ その他には、アジア、欧州等各地域の国であっても記載のない国・地域が含まれる。
※ 数値は、それぞれ四捨五入によっているため、端数において合計とは合致しない場合がある。
※ 日本政府観光局（JNTO）資料より観光庁作成。

それでは、どの国からどれぐらいの方が来ているかというと、資料4にあるように、圧倒的にアジアの方が多いです。これは、日本への距離という地理的なこともありますし、アジア諸国の経済成長が著しいこともあります。ちなみに、国別で見た場合、2013年までは韓国がずっと1番でしたが、昨年は台湾が初めて283万人で1番になりました。台湾の人口はだいたい2,300万人ですので、実に10人に1人以上が日本に来ているという計算になります。

インバウンドの数について、各国と比較したデータが資料5です。トップはフランスの8,400万人ですが、日本はだいぶ下の方で27位となっています。これは2013年の1,036万人をベースにした時の順位ですので、昨年の1,341万人ですともう少し順位は上がります。ただ、それでも、各国と比べる

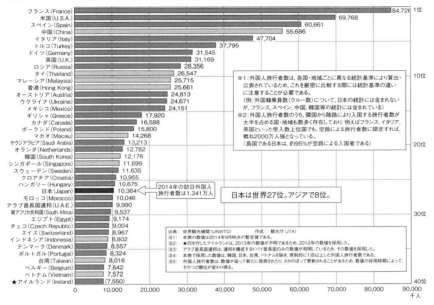

資料5　外国人旅行者受入数の国際比較（2013年）

とまだまだ下の方だということが分かると思います。言い換えれば、まだまだ伸び代があるということです。

　この資料で、ちょっと注意して頂きたいのは、国によってインバウンド数のカウントの仕方が違うということです。例えば、航空機のクルーの数を含めるかどうかという点について、日本は入れていませんが、韓国は入れています。

　また、ほとんどの国は陸路で国境を行き来することが簡単にできますので、島国の日本は、そうした点でハンデを負っていると言えるかもしれません。インバウンド数8,400万人のフランスでも、飛行機や船で入国した人に絞ってカウントすると、約3,000万人にまで減ってしまいます。今、政府は、2020年までに2,000万人という目標を立てていますが、こうしたことを考えると、島国の日本において2,000万人というのは、各国と比較しても遜色のない数字ではないかと思っています。

(2) インバウンド拡大の要因

　ここ最近、インバウンドが急増していますが、その要因は様々です。外的な要因としては、アジア各国の経済成長を受け、海外旅行するアジア人が急増していることや、昨今の円安といったことがよく挙げられます。ちょっと横道にそれますが、為替に関して申し上げておくと、「ビジット・ジャパン・キャンペーン」を始めた 2003 年も、実は 1 ドルが 120 円弱で、為替レートは今とほぼ同水準だったのです。それでも、当時は 520 万人、今は 1,300 万人ですから、為替だけでは説明できないということはお分かりいただけると思います。

　こうした外的要因とは別に、行政としても幾つか大きな施策を講じてきています。その中で、ビザの緩和と消費税免税についてご紹介します。

①ビザの緩和

　外国に行くには、原則としてパスポートとビザが必要です。パスポートは身分証明書、ビザは相手国の入国許可証ですね。もっとも、現在、先進国においては、人々の移動が相当自由になってきていて、ビザを相互に免除することが一般的になってきています。しかしながら、不法滞在や不法就労を防ぐ目的から、途上国からの入国は今でも抑制的に対応することが一般的であり、これまで、アジアのほとんどの国の人が日本に入国するためにはビザが必要でした。

　こうした中、経済成長著しい ASEAN 諸国からの誘客を促進するため、ここ 2〜3 年の間、ビザの緩和を集中的に進めてきています。具体的には、ビザを免除したり、あるいは数次ビザの発給を認めて、1 回ビザを取得すれば、その後一定期間何回も訪日できるようにしたりするといった措置です。

　ビザ緩和の効果はてきめんで、タイやマレーシアなどはビザ免除を行ったとたん、訪日外国人旅行者が一気に増えました。インドネシア、フィリピン、ベトナム等においては数次ビザの発給を開始し、こちらも順調に訪日外国人旅行者が増えています。

　しかしながら、今申し上げたビザの緩和は、簡単に実現したわけではありません。観光庁は、ここ数年ずっとチャレンジしてきたものの、なかなか実現しなかったというのが現実です。これは、もう皆さんお分かりかと思いますが、ビザの緩和によって外国人がドッと日本にやってきて、治安が悪化し

たり、不法滞在者が増えるのではないかという懸念から、政府内でも少なからず反対意見があったからです。そこを、第二次安倍政権の発足以降、官邸主導でビザ緩和に大きく舵を切って、ようやく実現したわけです。ビザ緩和からまだ時間がたっていないので、その評価を軽々にすることはできませんが、心配されていた犯罪や不法滞在の増加といった問題は今のところ特段生じておらず、日本経済への影響をみると、非常に大きな効果が上がっていると言えます。

②消費税免税

　旅行の楽しみ、目的の一つがショッピングという人も多いかと思います。観光は経済活性化の切り札と申し上げましたが、そのためにも、日本を訪れた旅行者にはたくさんお金を落としてもらわなければいけません。

　そんなことから、訪日外国人旅行者への新たな消費税免税制度が、昨年10月にスタートしました。消費税というのは、もともと国内で消費するものに課税しているので、海外で消費又は使用することを前提とする物品にはかかっていません。これまでも、訪日外国人旅行者が電化製品やカメラなどを買う場合、消費税はかかっていませんでした。ただし、食べ物や化粧品などは、日本国内で消費される可能性があるため、訪日外国人旅行者といえども消費税を支払っていただく、というのがこれまでの扱いでした。

　しかしながら、このような消耗品でも、海外で消費又は使用することを何らかの形で担保できれば消費税を免税してもいいではないか、ということで観光庁が税制改正を要望し、これが認められて新しい制度が始まりました。これにより、訪日外国人旅行者にお土産として人気のある化粧品や地方の地酒や名産品など、何でも一定金額以上購入すれば消費税分のお金がその場で返ってくるようになりました。ドン・キホーテとかユニクロに免税カウンターができていることに気づいた人も多いかと思います。消費税が8％になりましたので、特に高額の買い物をする人には、この消費税還付は魅力的です。10万円分の買い物をすれば、消費税分の8,000円が戻ってくる。その8,000円で、また次の買い物をしてもらうというのが狙いで、この新たな免税制度の効果もあって、外国人の財布のひもは非常に緩んでいます。

　資料6をご覧ください。これは、昨年の訪日外国人旅行者が日本で消費したお金を国籍別にまとめたものですが、総額で初めて2兆円を超えました。

資料 6　訪日外国人旅行消費額（2014 年）

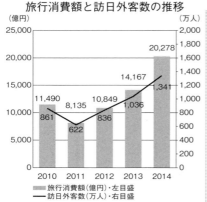
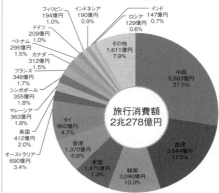

出典：観光庁「訪日外国人消費動向調査」

　先ほどの資料 4 と比べてみると、訪日外国人旅行者数は台湾が 1 番多いのに、旅行消費額で見ると中国が圧倒的に多いことがわかります。では、中国人は何にお金を使っているのかということですが、他の国の人に比べて圧倒的に買い物に使う額が多く、1 人当たり 12 万円以上使っています。ちなみに、韓国人は、1 回の訪日旅行で 2 万円ぐらいしか買い物に使いませんので、中国人は実にその 6 倍ぐらいお金を使っているということになります。そのようなわけで、最近は、いかに中国人に買い物してもらうかということで、各小売店は知恵を絞っています。このあたりについては、ショッピングツーリズムの講義の際に、いろいろ具体的な話があると思います。

　また、訪日外国人旅行者の旺盛な消費行動は、国際旅行収支にも影響を与えています。国際旅行収支というのは、端的に言うと日本人が海外で使ったお金と外国人が日本で使ったお金の差し引きのことで、これまでは日本人が海外で使ったお金の方がずっと多かったので赤字だったのですが、この赤字額が 96 年の 3 兆 5,000 億円から昨年は 1,200 億円までに減ってきています。ひょっとすると、今年はついに逆転して、国際旅行収支が数十年振りに黒字になるかもしれません。

(3) インバウンドの拡大による課題

　これまでの話だけを聞くと、インバウンドの増加というのは、何だかいいことづくめのように思われるかもしれませんが、残念ながらそんなことはありません。インバウンド急増に伴って、いろいろな課題も生じています。

資料7　都道府県別日本人・外国人延べ宿泊者数

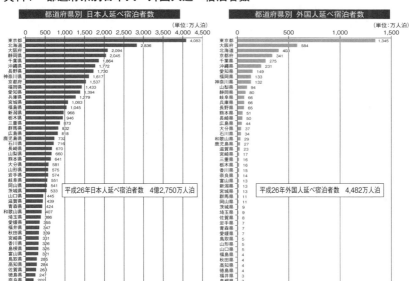

1 出典：観光庁「宿泊旅行統計調査」((平成26年　速報値))
2 「外国人」とは、日本国内に住所を有しないものをいう。

　資料7をご覧ください。左側のグラフは、昨年1年間の日本人の延べ宿泊数を滞在した都道府県別にグラフにしたものです。東京都が一番多くて、最下位は奈良県となっています。法隆寺をはじめとする有名な寺院がたくさんあり、観光地として名高い奈良県が最下位？と思われるかもしれませんが、奈良は宿泊施設が少なく、京都や大阪に泊まって奈良を観光する人が多いのです。

　右側のグラフは、同様に訪日外国人旅行者の宿泊先を都道府県別にまとめたものです。東京都が一番多いのは日本人と同じですが、特徴的なのは特定

の都道府県に滞在が集中しているということです。100万人泊を超えているのは、神奈川県（132万人泊）までですが、この上位9都道府県だけで全体の8割を超えています。すなわち、残りの2割を38県で分け合ってるということです。

　こうした地域偏在の結果、訪日客の急増によって東京圏や大阪圏では、ホテルが足りない、バスが足りない、ガイドが足りないと、いろいろなものが足りなくなってきています。ご覧になった人もいるかもしれませんが、今週の月曜日（4月6日）、テレビ東京のワールドビジネスサテライトで、アパホテルの5万円の部屋が放送されていました。アパホテルは、ここのところ急速に出店を増やしているビジネスホテルで、私も出張で使ったことがありますが、感覚的には1泊6,000円とか7,000円というところでしょうか。しかしながら、都内の部屋不足が高まって、10㎡強の普通の部屋が、時期によっては5万円もしているということです。需要動向をにらみつつ、収入を最大化するために室料をいくらに設定するかというのは、イールドマネジメントといってホテル経営の基本のキなのですが、アパホテルは、ある意味これを徹底しているということが言えます。一方、帝国ホテルの部屋の料金は、ここまで激しく高騰していません。この違いは何なのか。ぜひ、帝国ホテルの方が講義に来られた際に聞いてみてください。

　ところで、一口に訪日外国人旅行者といっても、滞在先にはお国柄が出ます。日本の伝統文化体験に関心の高い欧米の方は京都へ滞在する方が多いですし、タイやシンガポールの方は雪への憧れが強いようで、東京の次に長い滞在先は北海道になっています。このように、国や地域によって、日本に対する興味・関心、旅行の目的は異なるので、こうしたことをしっかり押さえたうえで誘客策を考える必要があります。さらには、性別や年齢層別まで細かく分析して、どの層にどのような手法で行うのが効果的かというところまで踏み込んでプロモーションを行う、これまたマーケティングの基本のキなのですが、観光庁も地方自治体も、少し前まではこうした分析もせずに、同じポスターやグッズを用いて「日本へ、我が町へどうぞ！」という感じでやっていたのです。観光庁やJNTOの重要な役割の一つは、こうした市場別のマーケティングを行い、各種データをまとめ、地方自治体や民間にわかりやすく情報発信することですが、これも昔に比べればだいぶ充実してきています。

訪日外国人旅行者の地域偏在の問題については、国としても大きな問題意識を持っており、今年度から、広域観光周遊ルートの形成に取り組むことにしています。訪日ツアーの鉄板コースである「東京→富士山→京都→大阪」というゴールデンルート以外の地域に訪日客を分散させるべく、国が主導して「広域観光周遊ルート」というお勧めルートを地域と共に策定し、旅行会社には新しい旅行商品を作ってもらい、訪日外国人旅行者にどんどん地方に行ってもらおうというものです。これからは個人のリピーター客が増え、地方部への需要が高まることは確実なのですが、どこをどう回ったらいいのかわからないという声も多くあり、広域観光周遊ルートの形成は、こうしたニーズに応えると同時に、地域の広域連携を生み出す効果もあるものと考えています。

4．アウトバウンド

　ここで、アウトバウンドについても少しお話したいと思います。日本人の海外旅行は、ここのところ増えたり減ったりを繰り返し、2012年に1,850万人まで達したものが、昨年は1,700万人くらいになっています。旅行業界は、アウトバウンド2,000万人ということを目標に取り組んできましたが、目標達成を目前にして少し足踏みをしている感じです。この大きな要因は、円安と中国・韓国です。米・中・韓が、日本人の海外旅行先の3大国なのですが、中国と韓国への旅行者がここのところ減ってきており、全体の数を頭打ちにしています。ツーリズム産業界は、「インバウンド2,000万人、アウトバウンド2,000万人で相互交流4,000万人の時代を2020年に実現」を合言葉にしており、産官連携で、そのような時代が実現できればと思っています。

　アウトバウンドの促進は、国の施策としては、なかなか打ち出しにくいということを申し上げましたが、国際人の養成という観点から文部科学省が実施している「トビタテ！留学JAPAN」という事業はアウトバウンドに関連した施策と言えるかと思います。一言で言うと留学を支援する事業なのですが、学生の皆さんにまさに関係するお話なので、ご興味ある方はぜひ文科省のホームページから詳しい情報を見てみてください。大学生の皆さんや、或いはもっと若い中高生などが、若いうちから海外に出て行って語学力や国際感覚を養い、友人をつくって交流を深めていくことは、我が国のソフトパワー

の強化という観点からはきわめて重要です。そして、その国が第二の故郷となれば、将来、里帰りとして海外旅行することにもつながります。

5．国内旅行

　次に、国内旅行です。皆さんは、1年にどのくらい泊まりがけの旅行をしていますか？　統計を見ると、日本人1人当たりの国内宿泊旅行の回数は、年間1.4回、宿泊数ベースで2.2泊となっています。皆さんは、サークルの合宿などもあるでしょうし、友達とちょっと旅行に行ったりすることもあるでしょうから、もう少し宿泊旅行をしているんじゃないかと思いますが、国民全体にならすと、これくらいに過ぎません。

　国内旅行も地域活性化などにつながるため、もっともっと多くの人に旅行してもらいたいのですが、では、どうすれば旅行に行く人を増やせるかというと、これがなかなか難しいのです。宿泊券を国民に配るというような安易な方法もありますが、費用対効果の問題もありますし、そもそも何ら本質的な解決になっていません。

　観光庁が行っている、国内旅行の振興につながる取り組みの一つが、観光圏整備事業です。これは、ライバル関係にある隣接市町村が連携して広域の観光エリアを形成し、エリア単位で人を呼び込み、そこに2泊3日くらい滞在してもらおうというコンセプトで、地域資源を活用した体験型の半日ツアーなどを造成してもらい、そのために必要な経費を支援するという事業です。「市町村の垣根を越えたエリアを形成してもらう」というのがこの事業のミソなのですが、それまで「我が町へ」「我が村へ」と言ってきた隣同士が手を組むというのは、なかなか大変なのです。どの自治体も、自分自身の情報発信に注力しますので、観光案内所でもらった地図を見たら、隣の市町村が真っ白だったなんてことは、ある意味当然なのです。でも、それではいけない、そんなことをしていたら共倒れになってしまうということで、観光庁が音頭を取って、公募で選ばれた意識の高いエリア約10か所で観光圏が形成され、インバウンドなどにしても、地域で連携して客を呼び込むという考え方が少しずつ広がってきています。

6．2020年オリンピック・パラリンピック東京大会

　最後に、2020年に開催される東京オリンピック・パラリンピックについて触れておきます。オリパラをどう活かすか、というのは観光にとっても極めて重要なことです。来年、リオの大会がありますが、その閉会式で次の開催地である東京のコールがなされ、そこが東京オリパラのスタートになります。実質的には、日本がオリパラモードに切り替わるまで、あと1年くらいしかないということですね。

資料8　2020年オリンピック・パラリンピック東京大会に向けた観光戦略

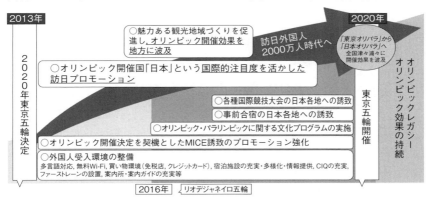

　やらねばならないことは、たくさんあります。資料8にオリパラまでのロードマップが記載されていますが、オリパラ後に残す遺産・レガシーを見据えて、MICE誘致の強化や外国人受入環境の整備などはしっかりやっていく必要があります。オリパラ前には文化プログラムの実施が求められており、これをどうするか。本番前には、事前の合宿を含めて、選手団・関係者等たくさんの人がやってきますので、これにどう対応するか。そして、重要なのは、オリパラが開催される東京だけではなく、日本オリンピックということで、全国津々浦々にオリンピックの開催効果をどう波及させるか。もちろん、これらのことは観光庁だけでできることではありません。オリンピック組織委員会を中心に、政府を挙げて体制を構築し、各省庁が一体となって取り組ん

でいるところです。
　時間が来ましたので終わりにします。ご清聴ありがとうございました。

【確認問題】

問1 わが国が「観光立国」を政策として明確に掲げたのは、2003（平成15）年1月に内閣総理大臣が観光立国懇談会を設けることを決定し、第156回国会における施政方針演説において年間の訪日外国人旅行者数を当時の500万人から2010年には1,000万人へと倍増すると述べたときであった。この内閣総理大臣は誰か。

問2 「観光立国の意義」に関して、インバウンドとアウトバウンドの双方に関係があると思われる項目を、4つの選択肢のなかから1つ選びなさい。
①観光は少子高齢化時代の経済活性化の切り札
②交流人口の拡大による地域の活性化
③観光立国により国民が誇りと自信を取り戻す
④国際観光の推進はわが国のソフトパワーを強化するもの

問3 2013年の「国内における旅行消費額」は23.6兆円であるが、そのうち1.4兆円（5.9％）を占める「日本人海外旅行（国内分）」の支出の事例として誤っているものを、4つの選択肢のなかから1つ選びなさい。
①早朝に出発する国際線の飛行機に乗るために、成田空港近くのホテルに泊まった場合の宿泊料金
②海外旅行に行って現地で購入した日本国内の友達への土産物
③国際線の飛行機に乗るために、羽田空港に行くまでに利用したバス、モノレール、電車、タクシーの運賃
④海外旅行に行くにあたり、関西空港の免税店で購入した現地の友達への土産物

問4 2014年の「費目別の訪日外国人1人あたりの旅行消費額」に関する記述のうち、誤っているものを、4つの選択肢のなかから1つ選びなさい。
①国籍・地域別で、旅行支出総額が最も多いのは、中国である
②国籍・地域別で、宿泊費および交通費への支出が最も多いのは、オーストラリアである
③国籍・地域別で、飲食費への支出が最も多いのは、ベトナムである
④国籍・地域別で、宿泊費、飲食費および交通費への支出が最も少ないのは、韓国である

正解　問1　小泉純一郎　　問2　④　　問3　②　　問4　①

2　インバウンドマーケティングの取組み

日本政府観光局（JNTO）理事　小堀　守

I　はじめに

　皆さんこんにちは。日本政府観光局（JNTO）の小堀です。今日は観光政策論ということで、インバウンド、訪日外国人旅行の誘致に関する事業を実施している専門機関という立場から、インバウンドの取り組み、あるいは今後の展開などを、これまでの事業の成果なども含めて、全般的にお話をさせていただきます。

　まずインバウンドの統計について。各国が自国への外国人旅行者数を発表していますが、例えば台湾や韓国の統計は、自国民でアメリカに移住した人や、クルーと呼ばれる航空機のパイロットやフライト・アテンダントなどを含めた数字になっており、いわゆる旅行者数の定義はその国の考え方によって膨らんだり縮んだりします。

　日本で外国人旅行者数という場合には、年間 200 万人程度に上るクルーの人数は含んでおりません。また、例えば外交官など、1 年以上日本に滞在する方も入っていません。一方で、クルーズで日本に立ち寄られる方などは、必ずしも陸上で宿泊するわけではありませんが、訪日外国人数に含んでいます。

　また、ヨーロッパの多くの国では、宿泊統計という考え方で数を数えています。例えば「フランスを訪れる外国人旅行者は 8,400 万人」といっても、陸続きの隣国からの訪問者をすべて厳密に入国審査しているわけではないので、宿泊者数から統計を導き出しています。統計は、取り方や集計の仕方で数字が変動しますので、異なる統計基準のデータを比較する際には十分注意が必要です。

Ⅱ　インバウンドの意義

1．外国人旅行の変遷　1990年——2014年

　さて、山梨県富士吉田市の新倉山浅間公園という、タイ人やベトナム人に人気の観光スポットをご存知でしょうか。日本ではいわゆる観光地として認知されているところではありませんが、東南アジアを中心にSNSでの口コミから人気が高まり、多くの外国人旅行者が訪れています。「富士山・五重塔・桜」という3つが写真におさまるスポットというわけです。

　また、立山・黒部アルペンルートというスポット、バスの高さをはるかにしのぐ約20mの雪の壁ができ、春先に道路が開通します。ここも台湾や東南アジアからのツアーで大ブームになっており、宿泊施設もバスも足りないほどになっているという話です。

　これらの背景には、日本を訪れる外国人旅行者がどんどん増加しているということがあります。2003年から「ビジット・ジャパン・キャンペーン」として、日本政府として訪日外国人拡大に向けた取組みが始まり、今やインバウンドの推進は、日本の成長戦略の一つとなっています。

　JNTOの前身である特殊法人国際観光振興会は東京オリンピックが行われた1964年に発足しましたが、当時の訪日外国人は年間わずか35万人、わたしが組織に入局した38年前は約100万人でした。今は、ひと月あたりで100万人～180万人の方が日本を訪れています。50年前では1年間分の外国人旅行者が、今や10日間で来ているということです。それだけ多くの外国人旅行者が、今日本に訪れて頂いているということです。

　各国が外国人旅行者の誘致に向けて宣伝を強化しているなか、われわれも日本の文化や観光資源を、様々な角度から発掘して発信することで日本を宣伝してきました。いくつかの事例をご紹介します。

　「富士と新幹線」のビジュアルは、大仏や金閣寺などと並び長年プロモーションに使用してきました。築地市場のマグロの競りなども長年プロモーションしているコンテンツです。世界最大級の魚市場で巨大なマグロを直に見ることができ、更にその帰りにお寿司を食べるという体験は、外国人に非常に強烈な印象を与えます。

資料1　はじめに①　外国人旅行の変遷
1990-2014

1990年　訪日外国人旅行者数　323万人　｜東京、箱根、京都の特定観光地域に集中

富士と東海道新幹線

築地市場のマグロの競り

東京 谷中「澤の屋旅館」

2014年　外国人旅行者数　1,341万人　｜全国至るところに外国人旅行者の姿

渋谷スクランブル交差点

和歌山電鉄
タマ駅長とニタマ駅長

祖谷渓（かずら橋）

　谷中にある澤の屋さんという小さな旅館をご紹介します。30年ほど前に一度閉館しそうになったことがありますが、そのときに外国人を宿泊のメインターゲットに方針転換しました。今や年間稼働率は95％ほどかと思います。有名なガイドブックで必ず紹介されており、新聞でも「外国人に人気の宿」として記事掲載されています。「ファミリーイン」と呼ばれ、日本の文化や地域コミュニティーを体験できる宿として知られています。京都や金沢にも同じように、町家を改造した旅館やゲストハウスがどんどん増えています。

　渋谷のスクランブル交差点は、日本に来たら必ず渡りたいと、人気の写真スポットになっています。渋谷駅前のハチ公も写真撮影するほど、渋谷が外国人に非常に人気です。

　「たま駅長」も人気の観光コンテンツのひとつです。和歌山電鉄の猫の駅長ですが、たま駅長を見るためにわざわざ電車に乗って来る香港や台湾の方が多くいます。「ニタマ」という後継駅長もいるそうですので、ぜひ一度行ってみたいなと思っています。

徳島県の祖谷（いや）渓のかずら橋。ここは、欧米の有名な旅行雑誌で「今年行くべき25の観光地」のひとつに取り上げられました。数十年前は、正直に申し上げると日本の秘境という印象で、観光地として紹介するのは少し難しいと感じたところです。交通アクセスが改善し、ウェブサイトができ、外国人旅行者が泊まれる宿ができ、外国人を歓迎するムードの高まりが、今日の人気に繋がりました。

ご紹介した事例はそれぞれ状況が異なりますが、各地域でうまく魅力を発掘し、旅行者に宣伝することで、地域の活性化に繋がる可能性が非常に高いと言えると思います。

2．旅行マーケティングと情報提供手段の変遷

昔は訪日観光というと、「富士山・ゲイシャ・新幹線」といったイメージがありましたが、今は日本人の日常生活、あるいは知られてない秘境、そういったところが注目を浴びるような時代になってきたと感じます。インターネットなどの広がりによって、ある意味で世界が身近になった、近くなったと言えますが、そこをうまく活用して宣伝することで、スピーディーに世界の隅々にまで情報が伝わるような状況になってきたと思います。

インバウンドを取り巻く時代の変遷についてですが、交通機関の発達は欠かせません。古い話になりますが、所謂ジャンボジェットと呼ばれるボーイング747が飛び、海外旅行の大衆化が始まりました。その頃JNTOも、有名雑誌での広告出稿や記事掲載、あるいはテレビ番組で日本を紹介してもらう、といった定番的な宣伝活動をしておりました。マス・マーケティングの時代と言ってよいかと思います。

1995年以降、インターネットの普及に伴い、情報の発信主体が一気に拡大しました。特にSNSが浸透した2010年頃からは、個人が自主的に自分たちの街、お気に入りの施設や店を紹介し、情報を発信するようになりました。ブロガーのように、一種の職業として商売にする方も出てきて、情報発信はもはやメディアやわれわれの専売特許ではなくなってきています。

JNTOでも、現地で10万人を超えるファンを持つブロガーや、多くのフォロアーを持つ、所謂インフルエンサーと言われる方たちを日本に招待し、日本での体験をその方の言葉として発信、拡散する、という手法を行ってい ま

す。これまでとはマーケティングの手法が大きく変わってきたことを実感します。

3．インバウンド振興を通じた観光立国の意義

「インバウンド消費」という言葉が、2014年の「日経MJヒット商品番付」の東の横綱に選ばれ、脚光を浴びました。インバウンドとは訪問する外国人による旅行ですが、個人的には外国人かどうかをあまり気にしなくても良いのではないかと思っております。外国人による旅行という概念は、他国では特に議論されていません。つまり、自国民であろうと外国人であろうと、観光客として来て頂いた方を区別することなく、お金を使って時間を楽しんでくださるお客様を歓迎する、という観点で、各国の観光局はプロモーションしています。もちろん、マーケットが違いますのでプロモーションの仕方は相当異なりますが。

今の日本では、どうしても人口減少や少子高齢化といったネガティブな背景から、「だからインバウンドが重要です」と論理展開するケースが多いと思います。それは事実ではありますが、「インバウンド」という考え方には、従来東京とか京都に限られていたものを、海外に開いていく、地方の観光地を開国するようなイメージを持っています。新しい、画期的な時代がすぐそばまでやってきた、あるいは、もう来ていると、と私は捉えています。むしろ、インバウンドに取り組むことで、元気がなかった地域や物産、店舗が、新しい顧客をつかみ、その中でお客様を増やし商売を盛り上げる、というような事例もあります。

Ⅲ　訪日外国人旅行市場の動向

1．2014年訪日外客数1,300万人突破

2014年の訪日外客数は1,341.3万人で過去最高を記録しましたが、2015年1月、2月、も好調な数字で推移しています（注　日本政府観光局（JNTO）の資料によると、2015年は、推計値で1,973.7万人となり、前年比で47.1％の増加となった。とくに、アメリカからの訪日外客数が前年比15.9％増の103万人となり、アジア地域以外で初めて100万人を突破した）。2014年3月以降、月間で毎月

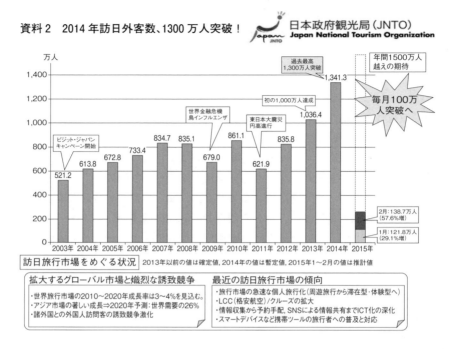

資料2　2014年訪日外客数、1300万人突破！

100万人を超えています。また、東日本大震災の翌年（2012年）の3月以降、ほぼ毎月、前年同月比2桁増の伸びを示しています。様々な産業分野でも、これだけ好調に成長をしているセクターはほぼないと言っていいでしょう。

　特に、免税制度拡充の取り組みも奏功し、2014年10月以降の伸率が一段と好調です。もう一点、あまり注目されていませんが、1月と2月の累計で、日本人の海外旅行者（アウトバウンド）と外国人旅行者（インバウンド）の数が逆転をしています。これには、インバウンドの好調だけでなく、日本人の海外旅行の減少も影響しています。ちなみに、韓国では年間約1,500万人が海外旅行をします。人口5,000万人に対して1,500万人です。一方、日本は人口1億2,700万人に対して1,700万人しかいません。業界全体、様々な分野の皆さんと協力して、日本人の海外旅行を盛り上げていく必要もあると考えています（注：日本政府観光局（JNTO）の資料によると、2015年の日本人海外旅行者数は1,621万人だった）。

2. 訪日外客の市場別状況

資料3 訪日外客の市場別状況（2003/13/14）

＜2003年/2013年/2014年市場別人数/伸率＞

国・地域	総数 2003年（VJC開始）	2013年	2014年（暫定値）	伸率（%）13年比	伸率（%）03年比
総数	5,211,725	10,363,904	13,413,467	+29.4	+157.4
台湾	785,379	2,210,821	2,829,821	+28.0	+260.3
韓国	1,459,333	2,456,165	2,755,313	+12.2	+88.8
中国	448,782	1,314,437	2,409,158	+83.3	+436.8
香港	260,214	745,881	925,975	+24.1	+255.9
米国	655,821	799,280	891,668	+11.6	+36.0
タイ	80,022	453,642	657,570	+45.0	+721.7
豪州	172,134	244,569	302,656	+23.8	+75.8
シンガポール	76,896	189,280	249,521	+31.8	+224.5
マレーシア	65,369	176,521	227,962	+29.1	+248.7
英国	200,543	191,798	220,060	+14.7	+9.7
フィリピン	137,584	108,351	184,204	+70.0	+33.9
カナダ	126,065	152,766	182,865	+19.7	+45.1
フランス	85,179	154,892	178,570	+15.3	+109.6
インドネシア	64,637	136,797	158,739	+16.0	+145.6
ドイツ	93,571	121,776	140,254	+15.2	+49.9
ベトナム	17,094	84,469	124,266	+47.1	+627.0
インド	47,520	75,095	87,967	+17.1	+85.1
ロシア	44,512	60,502	64,077	+5.9	+44.0
その他	391,070	686,862	822,821	+19.8	+110.4

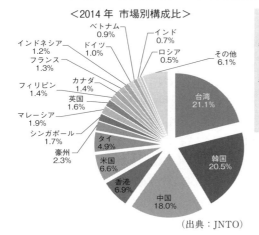

（出典：JNTO）

主要東アジア（韓・中・台・香）市場：
　2003年 56.7% → 2014年 66.5%
主要アジア（韓・台・中・香・泰・星・馬・稲・比・印・越）市場：
　2003年 66.1% → 2014年 79.1%
主要北米・欧州・オセアニア（米・豪・英・加・仏・独・露）市場：
　2003年 26.4% → 2014年 14.8%
主要18市場：
　2003年 92.5% → 2014年 93.9%

国籍別の訪日旅行者数の状況をご紹介します。日本に多く来ている国は、台湾、韓国、中国を筆頭に、香港、米国と続きます。私がJNTOに入局した38年前は、米国が約4割のシェアだったところ、2014年は6.6%と徐々に減ってきています。つまり、近隣であるアジアの市場が拡大しているということで、実数での成長を支えていることが分かるかと思います。最近は中国の話題が多いですが、実は2014年一番多くいらっしゃったのは台湾でした。いずれにせよ、近隣であるアジア市場が、インバウンドの成長のこれまでの主な担い手だったということです。

市場別の訪日外客数の実数での増減数では、中国が前年比で100万人増加しています。一方、伸率で見ますと、ベトナム、フィリピンが非常に高い。東南アジア、たとえばフィリピン、ベトナム、タイなどは非常に親日国で、日本ブームの影響が大きいです。その他、欧米市場も、数は小さいけれども伸率はおおむね2桁です。

目的別訪日外客数の推移を見ますと、訪日外国人1,300万人には、「観光客」だけでなく、「商用(ビジネス)客」、留学生などの「その他客」もいますが、実質的に1,300万人を支えている数の大半は観光客と言えます。観光客の数は、2003年と比較すると、2倍、3倍と増加してきました。つまり、観光客の伸びが、インバウンドの伸びをもたらしているということです。

3．インバウンド消費の爆発的拡大

次はインバウンド消費についてです。皆さん、免税店には行ったことがありますか。ドン・キホーテやマツモトキヨシなどは、免税に対応した店舗数が多く有名です。最近では、イオンやダイソー、コンビニのセブンイレブンでも免税手続きができるようになりました。2014年10月から税制の改正によって免税対象商品が拡充し、訪日外国人による消費が増えています。2014年は前年比43.1%増の2兆278億円でした（注　観光庁の資料によると、2015年のデータは、速報値で、前年比71.5%増の3兆4,771億円となった）。

財務省と日銀が発表している統計ですが、2014年10月から5カ月連続で、国際旅行収支が黒字に逆転しました。つまり、外国人の方が日本で消費する金額が、日本人が海外で消費する金額を上回り、明らかに日本経済に大きく貢献しているということです。2015年はおそらく、年間でも黒字に転換する

資料4　インバウンド消費の爆発的拡大　

旅行収支（貿易外収支）
日本人の海外旅行消費－訪日外国人の日本国内消費

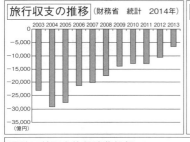

旅行収支の推移（財務省　統計　2014年）

年間収支	
2003年	約2.3兆円の赤字
2013年	6500億円の赤字
2014年	4月, 44年ぶりに黒字（大阪万博以来） 4・5・7・10・11・12月が黒字

2014年以降5ヶ月連続の黒字

■訪日外国人旅行消費総額
　…2兆278億円（前年比43.1％増）
■訪日外国人の旅行支出額
　…15万1,174円／人（前年比10.7％増）
　（観光庁　2014年訪日外国人消費動向調査）
※定住人口1人分の年間消費額は124万円

■1人当たり旅行支出額上位国　＊韓国　75,852円
1位　ベトナム　　　237,688円／人
2位　中国　　　　　231,753円／人
3位　オーストラリア　227,823円／人
4位　ロシア　　　　201,588円／人

と言われています。

　国籍別の一人あたり消費額では、中国が多いと思われがちですが、2014年はベトナムが最も多いです（注　観光庁の資料によると、2015年の一人あたり消費額は、中国が283,842円、オーストラリアが231,346円、スペインが227,287円、英国が210,682円、フランスが209,327円である）。オーストラリア人も多いですが、日本に長く滞在している傾向が影響しています。白馬やニセコにスキーに行くと、12月末から2月上旬頃まで、オーストラリア人を中心に外国人のスキー客で溢れています。日本のスキー場は世界で2番目に数が多いと聞いたことがありますが、加えて長野県や北海道のニセコは、パウダー・スノーで雪の質が非常に良いという評判です。

4．外国人の日本滞在中の活動内容

　外国人の日本滞在中の活動内容をご紹介します。一番多いのは「日本食を食べること」です。日本食といっても、お寿司やラーメン、とんかつなど、ごく一般的なものが好まれています。また、欧米人にとっては質の高いもの

資料5 訪日外国人の日本滞在中の活動内容

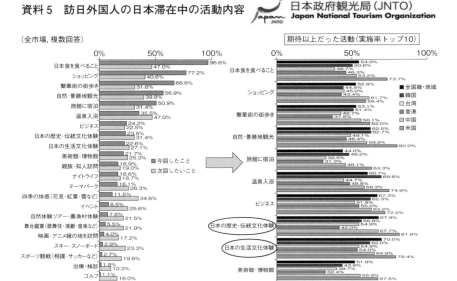

出典：観光庁「訪日外国人の消費動向 平成25年 年次報告書」

を安く食べられることも魅力のようです。ロンドンやニューヨークは昼食代に約2,000円かかることも一般的ですので、日本で1,000円以内のランチは安く感じられるほか、居酒屋での飲み放題5,000円等もお得ということです。

昔は寿司とかすき焼きでしたが、今はラーメン、具体的に申し上げると一蘭や一風堂など、そういった普通のお店に外国人が続々訪れています。また、ミシュランの星付きレストランをわざわざ事前に調べて予約する方もいます。つまり、日本国内の情報が、海外でも全く同じように流通しているということだと思います。皆さんが、「ここのラーメンおいしいね」と英語で発信すると、それをきっかけにそのラーメン屋がはやり出す、ということも起こりうると思います。

実際、今世界には約5万5,000店、日本食のお店があるそうですが、10年前に比べると、日本の農林水産物食品の輸出は3倍ほど増えています。インバウンドと連動する部分でありますが、外国人旅行者が日本で食事を楽しんで、「青森りんご、おいしかったね」と、青森りんごを1箱持って帰ります。それを自分の国に持って帰り、お土産としてPRしてくれます。帰ってスー

パーで見つければ（つまり輸出すれば）またそれを購入して頂ける。つまり、旅行による体験は1回限りではなくて、そこで購入したもの、体験が、現地で二度楽しむきっかけになるということに繋がります。

5．都道府県別、国籍別外国人延べ宿泊者数構成比

　観光庁の宿泊旅行統計をご紹介します。台湾人は、平均6～7泊しますが、特に東北や、北海道、四国などでは、圧倒的に台湾からの旅行者の存在感が高くなっています。一方で、韓国人は、滞在日数が短く、親戚訪問も多いため、宿泊数ではあまり多くはありません。また、交通アクセスの良い九州での宿泊が多いことも、韓国人の特徴です。オーストラリア人は、長野県で2番目に多いです。これも12月～2月のスキーシーズンでの来訪が影響しています。

資料6　都道府県別、国籍別外国人　延べ宿泊者数構成比

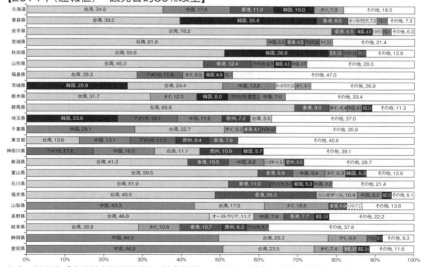

出典：観光庁「宿泊旅行統計調査」　従業員数10人以上の施設に対する調査から作成
※欧州はドイツ・イギリス・フランスの3ヶ国
主として観光目的による宿泊者が多い施設の宿泊者数の合計

資料7　都道府県別、国籍別外国人延べ宿泊者数構成比

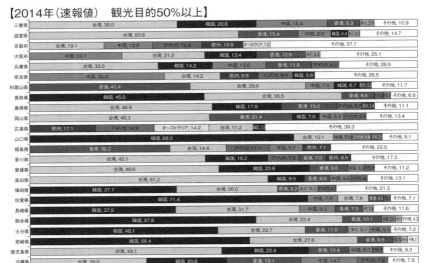

出典：観光庁「宿泊旅行統計調査」 従業員数10人以上の施設に対する調査から作成
※欧州はドイツ・イギリス・フランスの3ヶ国
主として観光目的による宿泊者が多い施設の宿泊者数の合計

6．世界の観光動向（国際旅行者総数）

　では、なぜこれほど多くの外国人が日本に来ているかという背景をお話しします。「日本政府、JNTOのプロモーションが良かった」ということも申し上げたいと思いますが、それだけではありません。国連世界観光機関（UNWTO）が出している統計ですが、世界全体の旅行者数は、アジア、アフリカを中心に、毎年3～4％ずつ増加しています。世界の旅行市場としては、向こう20年は成長するという展望があるという状況です。さらに、その中心は東アジアと東南アジアで、特に中国については、毎年1,000万人ずつ海外旅行者が増加しています。東南アジアからの海外渡航者数も、世界平均の倍以上の伸率で増加するという展望です。今は経済成長に伴う中間層、富裕層の拡大が背景にあります。

　このように、市場自体が豊かに大きくなっているということに加え、日本

資料8　世界の観光動向（国際旅行者総数）

拡大を続ける世界旅行市場（出典：＊UNWTO）　　＊UNWTO＝国連世界観光機関

- 2014年の国際旅行者数は11億3800万人に2015年の国際旅行者数の伸びは3%～4%と予想
- 世界旅行市場の2010年～2030年成長率は年平均3.3%を見込む
- アジア市場の著しい成長⇒2030年予測：世界需要の29.6%を占める予測

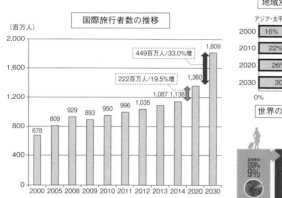

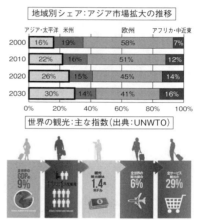

の「ブランド力」の向上も挙げられます。昔は「日本はよく分からない変わった国」というイメージを、特に欧米からは持たれていました。最近は、「1度は行ってみたい憧れの国」でしょうか。東南アジアのタイやベトナムでは、「日本は素晴らしい。ごみ一つ落ちてない。」と言われます。日本人から見ると当たり前のことも、外国人旅行者から見るとブランド力の源泉になります。

Ⅳ　JNTOの組織・活動概要とプロモーション
（ビジット・ジャパン事業）

1．日本政府観光局（JNTO）の概要と海外事務所の活動

我々の組織、JNTOのことを説明させて頂きます。日本政府観光局という名前は通称です。組織の規模としては海外事務所14か所、常勤職員数は100名程度です。

資料9　日本政府観光局（JNTO）の概要

日本政府観光局（JNTO）
Japan National Tourism Organization

目　的
海外における観光宣伝、外国人観光旅客に対する観光案内、その他外国人観光旅客の来訪の促進に必要な業務を効率的に行うことにより、国際観光の振興を図ることを目的とする。

沿　革
- 昭和39年4月　　特殊法人国際観光振興会設立
- 平成15年10月　独立行政法人国際観光振興機構設立
  - ※（独）国際観光振興機構法（平成14年法律第181号）施行
- 平成21年1月　通称名を従前の「JNTO」から「日本政府観光局（またはJNTO）」に改称
  - ※（独）国際観光振興機構組織規程改正施行
- 平成27年～　訪日プロモーション事業執行機関化

組織・予算
- 役　員：6人（理事長1、理事3、監事2）
- 職　員：105人（国内68人、海外37人）
  - その他海外現地職員41人
  - ※平成27年4月1日現在
- 国　内：4部制
  - （経営管理部、インバウンド戦略部、海外プロモーション部、コンベンション誘致部）
- 海　外：14事務所
- 運営費交付金：65.4億円（平成27年度）

業　務
- 外国人観光旅客の来訪促進のための宣伝
  - 外国人観光旅客に対する観光案内所の運営
  - 通訳案内士試験事務の代行
  - 国際観光に関する調査研究・出版物の刊行
  - 国際会議等の誘致促進、開催の円滑化等
  - その他附帯業務

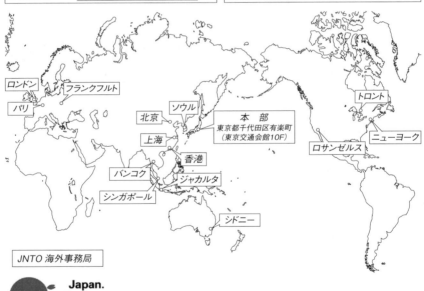

JNTO 海外事務局

資料10　日本政府観光局（JNTO）の概要

政府観光局組織（NTO）としてのステイタス・信用力を活かし、現地のメディア・旅行会社等海外旅行市場形成に関する多数のキーパーソン、日本国内の自治体、民間事業者等国内インバウンド・MICE関係者との継続的・恒常的な協力関係の形成とともに、在外公館等との連携強化を図りつつ、訪日旅行市場の基盤を構築

市場分析・マーケティング
○海外事務所の海外現地におけるネットワークや社会的ステイタスを最大限に活用して、世界の主要な市場国・地域における一般消費者の旅行動向、ニーズ等のマーケティング情報をリアルタイムで収集し、市場別に分析
○観光庁と共同で、市場ごとに海外の市場動向等の情報に基づく効果的・効率的な訪日プロモーション方針を策定・公表
現地旅行会社による日本向けツアーの企画・販売の促進
○現地旅行会社への情報提供やモデル的な訪日旅行商品の素材提供等による企画コンサルティング、現地視察の受入等により訪日旅行商品の企画を支援
○Eラーニングやセミナーを通じた訪日商品を販売する販売スタッフの育成、販売促進ツールの提供等により訪日旅行商品の造成を支援
現地メディア、一般消費者に対する日本観光情報の提供・発信
○現地の有力TV、新聞、雑誌、ガイドブック等のメディアに対し、日本観光に関する情報・素材の提供、取材協力等を行い、TV放映や記事掲載を実現
○一般消費者に対し13言語のWEBサイト、Facebook等のSNS、旅行博覧会や現地関連団体との連携イベント等を通じて、信頼できる観光情報を提供
受入体制整備（国内のインバウンド関係者への支援等）
○ツーリスト・インフォメーション・センターの運営とともに、全国の外国人観光案内所（Ｖ案内所）の認定及び認定案内所に対する運営支援を実施
○自治体、民間企業等に対し、ウェブサイト、ニュースレター、出版物、セミナー、個別コンサルティング等によりインバウンドに関する市場動向を提供し、インバウンドビジネスを支援
MICEの誘致等
○国際会議観光都市やコンベンション推進機関と連携し、国際コンベンション、インセンティブツアー（企業報奨旅行）等の誘致や開催支援を実施
○海外において、見本市出展やキーパーソン招請等による会議開催地としての認知度向上とともに、誘致のための情報収集やセールス活動を実施
ビジット・ジャパン事業の執行（平成27年度より執行機関化）
○国が行う訪日プロモーション事業であるビジット・ジャパン事業（海外旅行会社・メディア招請、ツアー共同広告、旅行博出典、海外広告宣伝等）の執行

　JNTOの活動で最も大事なのは、ただプロモーションの予算を使って宣伝するだけではなく、どういった層の人に来て頂くか、どこにどのように情報を発信するのかという、分析とマーケティングをきちんと行うことだと考えております。情報発信という面では、SNSの時代になったとは言えやはり大

手の新聞・テレビの影響も非常に強いので、海外で日本の旅番組を作ってもらう、各国の有名なスターに、日本に来てもらって紹介してもらう、といった活動もしています。また、受け入れという側面では、外国人観光案内所設置に係る認定や支援をしています。また、MICE と言われる、国際会議や、企業の報奨旅行の分野においても、誘致プロモーションに取り組んでいます。

日本政府が実施する外国人向け観光プロモーションを、「ビジット・ジャパン事業」と呼んでいますが、平成 27 年からは JNTO が事業の直接の実施主体として、その役割を担っております。

JNTO では、賛助団体・会員制度という形式で、国内の自治体、民間事業者等と連携していますが、最近では所謂ホテルや旅館等の旅行関係だけではなく、美容系やネイルの会社等も入会されてきています。美容やネイルを目的とした訪日外国人を取り込んでいきたい、ということかと思います。

現地旅行会社による日本向けツアーの企画・販売の促進も重要です。個人旅行化に伴い、旅行会社を通さない、ネットで予約する方も増えてはいますが、やはり最初の旅行では団体ツアーというケースも多いので、旅行会社に商品を作ってもらう必要があります。そのための視察や支援を行っています。

東日本大震災によって外国人旅行者が激減したのは記憶にあるかと思いますが、実はそのあと、JNTO は観光庁と一緒に、海外の旅行会社、メディア約 1,000 人の視察旅行を実施するという一大キャンペーンを行いました。その際、例えばレディー・ガガなどの有名人にビデオに出演して頂き、日本が安全であることをネット上で PR してもらいました。その翌年、外国人旅行者は急激に回復しましたので、やはり影響力のあるインフルエンサーと呼ばれる人たちの体験談を、新聞や雑誌、ブログなどで発信してもらうことは、重要であると考えています。

ミシュランのガイドの発行も、JNTO の取り組みの成果の一つです。ミシュランは日本のガイドブックを発行する計画は全然なかったそうですが、JNTO のパリ事務所が働き掛けて、ミシュラン日本版を発行して頂きました。三ツ星をとった観光地では、「三ツ星観光地」という言い方をして PR もするようになり、その波及効果もありインバウンドだけでなく国内旅行の活性化に繋がったという事例を耳にします。

また、ウェブサイトや Facebook を活用した情報発信も行っています。

Ⅳ　JNTOの組織・活動概要とプロモーション（ビジット・ジャパン事業）　41

　受入環境整備のひとつとして、外国人観光案内所の認定を行っています。世界共通の外国人観光案内所のマークで「iマーク」がありますが、日本ではこれをJNTOが認定しています。ネットの時代とは言え、地元の人に「どこで食べたらいい？」とか「どうやって行ったらいい？」といった、直接情報を取る需要は、決して減ることはないと思います。便利なところに案内所を開いて、安心して旅行をしてもらうということは、受入体制において重要なことです。JNTOが案内所を直接運営しているのは、丸の内にある1箇所だけですが、全国500余りの案内所の情報を総合的に取りまとめ、案内サービスを充実、向上させるような活動もしています。

2．メディア・ミックスによる訪日観光宣伝

　次は、「メディア・ミックス」についてです。テレビでの宣伝、屋外広告、電車やバスの交通広告、単体ではそれだけですが、ウェブサイトに誘引することで、更に情報を提供するようにしています。そうすることで、関心を持ったことから実際に旅行を検討して頂き、最終的に日本に来ていただく、という流れに繋げることができます。具体的に言えば、「○○を検索」というテレビCMですね。

3．JNTOにおける海外マーケティングとPDCA

　最近、企業も自治体も、PDCAという言葉をよく使用します。Plan・Do・Check・Actionということです。Planで仕組化をする、Doで実行、Checkで検証し、Actionでさらにそれを事業化して拡大していくという流れです。訪日プロモーションは、国の事業として税金を使っているため、PDCAサイクルをきちんと把握し、成果が出ていることを示さなくてはなりません。

　前提となるマーケティングや調査・分析のまず第一歩は、企業の場合の顧客（Customer）、自社（Company）、競合他社（Competitor）を顧客・組織・競合国に置き換えた3C分析、4P分析（Product、Price、Promotion、Placeの分析）、そして日本の強み・弱み、あるいはチャンスといったことのSWOT分析です。そのような分析を経てターゲットや目標を決定し、プロモーション後に検証するというPDCAを、1年のサイクルの中で行っています。

4．JNTO の基本戦略

　JNTO は基本戦略を三本柱で立てています。ひとつは「日本ブランドの売り込み」です。オリンピック開催が決定し、外国人旅行者が増えました。そこにはやはり日本の旅行地としてのブランド価値向上があるのではないかと思います。実際、世界のブランド比較調査によると、旅行地としてのブランド力は、日本は今世界で 2 番目に位置づけられています。ブランドの向上には様々な要素がからみますが、大使館や官公庁などが行っている事業を含め、オールジャパンで、多様な魅力をそれぞれが発信していることにあると思います。

　二点目は「MICE の拡充・強化」。オリンピックで弾みがつき、国際会議や企業の報奨旅行の動きが強まっています。

　三点目は、「受け入れ環境整備の促進」です。最近ですと無料 Wi-Fi、ATM の整備など。民間企業を中心に取り組みの広がりが見られますので、日本のハンディキャップと思われていた点が、向こう 4〜5 年で相当改善されるでしょう。そうすると、かなり受け入れ環境も整備されて、安心して 1 人でも旅行できるのかなと思います。

V　訪日インバウンド拡大に向けた推進体制とビジット・ジャパン事業の枠組み

　政府が取り組みをしている推進体制の一つの柱として、観光立国推進閣僚会議という、総理大臣が座長をしている会議体があります。観光立国実現に向けたアクション・プログラムを作成し、それに基づいて取り組みを推進します。

　そのプログラムも受けて、JNTO ではビジット・ジャパン事業を実施しています。JNTO だけでなく、大使館、あるいは JETRO や民間企業などと連携し、プロモーション効果を高めるという連携事業への取り組みも、重点の一つになっています。

　ビジット・ジャパン事業を、世界 197 カ国、全てで実施するわけにはいきません。予算や人員の規模に鑑み、今は重点的に 20 市場でプロモーションを行っています。最近では、インドやイタリア、スペインなども、新たなマー

ケットに入りました。様々なカテゴリーの市場を作り、それに応じた事業を強化していくということです。

消費者向けのプロモーションとしては、現地旅行博でのPRというものがあります。タイや台湾では、60万人ぐらいの来場者が訪れます。こういったところに日本ブースとして出展し、日本の情報を提供しています。

個人旅行者をターゲットとしたプロモーションも行っています。例えば香港では「レール・アンド・ドライブ・キャンペーン」を実施しています。台湾、香港、シンガポール、などは、車の運転ルールが日本と近いので、レンタカーを使った訪日旅行を提案しています。

東南アジアでの取り組みですが、マレーシアとタイでは査証緩和が行われました。これは非常に効果的な施策です。インドネシア、ベトナム、フィリピンでも、査証を大幅に緩和しつつあります。

Tokyo Otaku Modeという、1,700万人ぐらいファンがいるFacebookと連動したプロモーションも行いました。欧米やアジアでは、アニメに関心持っている人が多いので、それをフックにして旅行者を誘致しようというものです。

オリンピックを見据えた取り組みということですが、オリンピックだけではなく、ラグビーワールドカップや、ワールド・マスターズというスポーツ大会などが2019年から2021年にかけて予定されています。また、2016年のリオでのオリンピック終了後、日本国内で様々な文化プログラムを実施することになっています。様々な形で情報が発信されますので、こうした機会の利用を重要視しています。

Ⅵ 訪日外客2,000万人に向けた課題と取組み

これから少子高齢化が進む中、様々な産業で増加する訪日外国人を意識した形で、マーケティングをしていく必要があると思います。また、宿や通訳ガイドの不足に対応し、規制の緩和や質の向上も重要になってきています。

一方で、ボトルネック、課題もあります。日本は従来「高い・遠い・変わった」というイメージを持たれていて、だいぶ解消されてきましたが、払拭していかなくてはいけません。更に、訪日外国人の急激な増加に対応した受入

体制の整備が必要です。バスや駐車場が足りない、運転手がいない、そういったことへの対応を、国や業界で取り組んでいるところです。

今後は、新しい市場を開拓することに加え、リピーターの誘致、地方への分散化ということも、課題になっています。

最後に、JNTOが新たに策定したビジョンをご紹介します。「JNTOは、日本のインバウンド旅行市場を拡大する政府観光局として、国民経済の発展、地域の活性化、国際的な相互理解の促進、日本のブランド力向上を実現することにより、未来の日本をより豊かに、元気に、明るくすることを目指します」。これはJNTOの若手中堅職員たちが提案したものをベースにしています。観光は将来性のある明るい産業であり、外国の人に訪日旅行を楽しんでもらう、それによって日本自体も豊かになろうということを、われわれ自身も目指しています。

皆さんが将来仕事をしていく上でも、必ずどこかでインバウンドにクロスする事業や業務は発生すると思います。その時、このような明るい気持ちで、自分の仕事や業務に取り組んで頂けると嬉しいです。

以上、ありがとうございました。

Ⅵ 訪日外客2,000万人に向けた課題と取組み

【確認問題】

問1 「日本の観光ビジネスからみた観光市場の分類」に関する記述のうち、誤っているものを、4つの選択肢のなかから1つ選びなさい。
① 日本在住者が外国に行く海外旅行は、輸入と同じ経済効果がある
② 海外在住者が日本に来る訪日旅行をインバウンドといい、輸出と同じ経済効果がある
③ 日本在住者が国内を旅する場合は、国内旅行といい、国内消費と同じ経済効果がある
④ 海外在住者が日本以外の外国に行く旅行をアウトバウンドといい、三国間貿易と同じ経済効果がある

問2 「訪日外国人旅行市場」に関する記述のうち、誤っているものを、4つの選択肢のなかから1つ選びなさい。
① 2000年から2013年の訪日外国人数を観光客と商用・その他の客とに分けると、観光客の増加が著しく、インバウンド客の増加に貢献している
② 2014年の訪日外国人の消費総額を国・地域別にみると、中国が最も多い
③ 訪日外客の人数を国・地域別にみると、2003年および2013年では、韓国が最も多い
④ 国・地域別に都道府県別の延べ宿泊者数の構成比（2014年速報値）をみると、九州7県では韓国からの訪日客が最も多い

問3 「日本政府観光局（JNTO）」に関する記述のうち、誤っているものを、4つの選択肢のなかから1つ選びなさい。
① 諸外国の「政府観光局」と比較すると、予算が極端に少ない
② 海外における観光宣伝、外国人観光旅客に対する観光案内などにより、国際観光の振興を図ることを目的としている
③ 正式名称は、「独立行政法人国際観光振興機構」である
④ 海外事務所は、北米、欧州、アジア・太平洋のほかに、モスクワ、ドバイにもある

問4 「日本政府観光局（JNTO）の事業」に関する記述のうち、誤っているものを、4つの選択肢のなかから1つ選びなさい。
① アウトバウンドの促進
② 市場分析・マーケティング
③ 現地旅行会社による日本向けツアーの企画・販売の促進
④ ビジット・ジャパン事業の執行

正解　問1 ④　問2 ④　問3 ④　問4 ①

3　エアラインビジネスの新潮流と戦略

日本航空㈱　取締役専務執行役員　藤田直志

I　はじめに

　皆さん、こんにちは。日本航空株式会社で旅客販売統括本部長をしています藤田直志です。今日は、皆さんに、ツーリズムの中でも皆さんの身近な航空会社について、お話をさせていただきます。お話しさせていただくことは、まずエアラインビジネスを取り巻く環境と新しいビジネスモデルについてです。皆さんもお聞きになられたことがある LCC についてです。次に、航空業界における人財育成、安全についての取り組みをお話しさせていただいた後、マーケティング戦略についてお話しさせていただきます。まず、航空会社のビジネスモデルについて簡単にご説明いたします。

　日本航空（以下、JAL）は現在 226 機（2016 年 3 月末時点）の航空機を保有しています。航空会社は、多くの航空機を購入して安全に運航しています。例えば鉄鋼メーカーであれば、工場を建てて、鉄を造ります。そのような装置産業的な部分と、実際にお客さまに搭乗いただきご旅行いただくというサービス業の部分と、両方を併せ持つ事業が航空会社です。

　皆さんが直接航空会社に接する部分は、そういう意味では装置産業ではなくて、サービス産業の部分が多いと思います。皆さんがご旅行に行きたいとき、まず予約発券をします。そして空港にて搭乗手続きをして航空機に乗り、機内サービスを受けて、目的地に到着します。これこそが、航空会社の基本的なビジネスモデルです。この基本的なサービスに加えて、例えば機内食を製造する会社や、航空機の整備を行う会社など、いろいろな会社が労働集約的に周りを囲んでいるのが航空運送事業という産業です。航空会社の究極の目的は、お客さまを安全に目的地までお届けし、喜んでいただくことです。

Ⅱ　エアラインビジネスを取り巻く現状と課題

1．航空旅客数とその推移

　資料1の通り、2013年度の世界の航空旅客数は約31億人です。20年間で2.7倍の規模に成長しました。昔、航空機はかなり高価な乗り物で、お客さまも少なかったのですが、航空会社の数も増え、あるいは日本が裕福になってきて、「海外旅行に行きたい」、「船やバスよりも早く移動したい」、という人々がだんだん増えてきました。一方、航空業界においては、戦争や疫病、恐慌といった世界的な大規模リスク、我々はイベントリスクと呼んでいますが、これが発生するとお客さまの移動が急に止まってしまいます。

資料1　航空旅客数推移

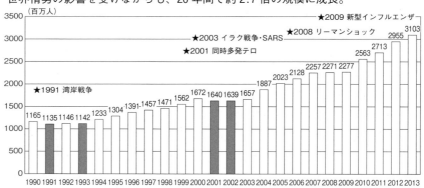

出典：ICAO

　例えば、2001年9月11日に、アメリカ同時多発テロという悲惨な出来事が起き航空需要が大きく減りました。
　また2008年のリーマンショックでは世界的な大不況が起こり、多くの企業が倒産しました。その結果世界経済全体が弱くなり、ビジネスでご利用さ

れるお客さまも減ってしまいました。さらに戦争や、SARS など、何か大きなイベントが発生しますと航空機を利用されるお客さまは急に減ってしまいます。

しかしながら、何年か経ちますと、お客さまはまた旅行に行きたくなりますし、ビジネスでご利用のお客さまも増えていきます。そういう意味では、徐々に右肩上がりに伸びていく産業であり、2020 年、2030 年と、今後も航空需要は発展していくと考えます。

その中でも、地域別に見ますと、以前は、アメリカやヨーロッパ方面へのお客さまが多かったのですが、現在は東南アジア、アジア地区からのお客さまが勢いよく増えてきています。

皆さんも、電車に乗りますと、よく中国の方や韓国の方がたくさんいらっしゃるのを目にされるかと思います。日本から海外にご旅行される方は、年間で 1,500 万人から 1,600 万人程度ですが、中国では、海外旅行をされる方々が年間で約 1 億人、毎年 600 万人ずつ増えています。経済が豊かになり、国と国が近くなり、あるいはいろいろな国に行きたいと思うようになりますと、航空需要はさらに増えていきます。特にアジア太平洋地域は経済発展が著しい地域ですので、これからも航空事業は確実に伸びていき、アジア太平洋地域のシェアは、2033 年には全世界において 37％程度まで大きく伸びていくと言われています。

アジアを中心とした各国の航空需要の増加を予測して、世界の国々では大規模な空港を建設しています。日本の一部の混雑空港では、発着枠などの制限により、多くの航空機が離発着できません。一方シンガポールのチャンギ国際空港や、香港国際空港、あるいは中東の空港などは、多くの航空機が離発着でき、その結果多くの旅行者が行き交い、その国の経済が豊かになっていきます。ここに各国の戦略があります。アジアにおいては、航空会社間の競争に加え、空港における競争も次第に激しくなってきているのが現状です。

もう一つ、日本を例にとりますと、日本という国はどういう位置づけなのか、例えば日本からアメリカへは、年間で約 480 万人のお客さまが航空機を利用されています。オーストラリアは約 40 万人、アフリカは約 15 万人です。一番多いのはアジアで、年間約 1,300 万人のお客さまが航空機を利用されています。このように地政学的に見ていきますと、やはり日本とアジアの結び

資料2　地域別航空旅客数予測

➤ アジア太平洋域内で高い成長力を予測（シェア28%⇒37%）

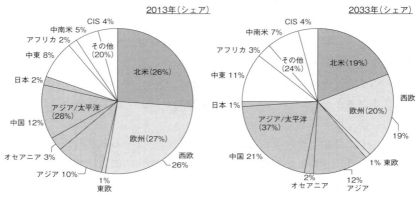

出典：日本航空機開発協会

つきは本当に強いと感じます。

　最近では、北米からアジアに行くお客さまが増えています。それはアメリカの企業、特に自動車や石油関係の企業が、アジアに多くの工場を建設しており、これにより北米とアジアを移動されるお客さまが年間約1,000万人を超えました。お客さまの動きを見ましても、やはりアジアとアメリカの結びつきはかなり強くなってきています。

　航空会社は、単に目的地までお客さまをお運びするだけではなく、やはり国と国の経済が成長することにより、出張されるビジネスのお客さまも増えていきます。その結果、国と国との結びつきはさらに強くなっていきます。それを支えていくのも航空会社の一つの役割なのです。

2．世界の空港ランキング

　さて、世界で一番利用者の多い空港はどこかといいますと、アメリカ南部に位置するアトランタ空港です。なぜニューヨークやロンドンではないのでしょうか。ご存じのとおり、アメリカは、すごく大きな国です。航空機を利用されるお客さまは都市から都市に直行便で行くのではなく、どこかを経由

します。つまりアトランタ空港に一度航空機が集まり、またアトランタ空港からそれぞれの地区に飛んでいきます。電車で例えますと、東京駅や池袋駅などは、多くの列車が集まり、各方面へ発車する乗り換え駅と同じです。アトランタも乗り換え空港としてお客さまが多い空港で、年間約1億人弱の方がアトランタ空港を利用されています。

では、羽田空港はどのくらいかご存じでしょうか。世界で第4番目、約7,000万人以上のお客さまが、航空機を利用されています。なぜ、羽田空港がこれほどまでにお客さまが多いかといいますと、多くの国内線が運航しているからです。最近では、国際線も増えてきています。そういう意味では、日本、あるいはアジアの中で、先ほどの東京駅や池袋駅と同じで、ここで乗り継ぎ、どこかに行くことができます。このように多くのお客さまが集まる空港になっているのが羽田空港です。

次に成田空港ですが、年間約3,500万人で、30位以下となっています。成田空港は日本の国際線の玄関口ですが、羽田空港と違って国内線の運航が少なく国際線が中心のため、世界の中では30位ぐらいになってしまいます。そのため、成田空港は、LCCターミナルを建設し、多くのお客さまを呼び込む努力をされています。

国内線の航空機のお客さまの利用者数を見ると、日本から海外に出発するお客さまは年間で約1,600万人と申し上げましたが、日本国内を航空機で移動される方は約9,000万人となります。圧倒的に国内線を利用されるお客さまが多いのです。そのことからも羽田空港は世界で第4番目に高い利用者数となります。

3．航空産業を取り巻く環境

それでは、航空需要は年々増え、航空機を利用されるお客さまの増加にともない、航空機の運航も増えているため収益も増えると思われる方もいるかもしれません。

ところが、一方で航空会社を経営するのは難しいところもあります。例えば、燃油費がその一つです。航空機はケロシンという燃料で飛ぶのですが、この価格は様々な要因で乱高下する傾向があります。

航空会社の費用に占める燃油費の割合は大きく、JALでは営業費用の4分

の1の約2,800億円が燃油費を占めます。仮に燃油費が2倍になりますと燃油費は約5,600億円となります。このように自社努力では削減することが難しい燃油費に大きく影響される部分があるのです。水素や電気で航空機を運航できるといいのですが、まだ当分先のこととになります。

　もう一つは、為替です。円安によるメリットは、例えば外国人の方が海外から日本に来て買い物をする場合、安く購入することができます。今は中国、香港、台湾などからの外国人の訪日意欲が高く、円安の影響もあいまって日本での買い物を楽しまれています。

　一方、日本人が海外へ行って買い物をする場合、円安ですと割高になってしまい、予定していた海外旅行をとりやめたり、もう少し円高になるまで海外旅行を延期されたりします。さらに航空機の購入についても、円安になれば、購入価格が高くなり費用増となってしまいます。先ほど申し上げたように今後も航空需要が伸びていくことが予想されますから、航空会社は収益が上がるのではないかということで、航空会社を設立する動きも増えてきています。運航便数が増え供給が拡大することで、航空会社間の競争は厳しくなります。したがってこれからも航空需要は右肩上がりに伸びていきますが、一方で新規の航空会社が参入してくることでの競争の激化、燃油市況の高騰、為替の変動など、こういった壁を乗り越えて経営をしていかなければならず、極めてユニークな産業だと思います。

Ⅲ　新しいビジネスモデルとの競争

1．LCCの市場参入

　その中で、今増えているLCCのお話をさせていただきます。

　昔は、2国間、あるいは都市と都市の間で航空機を運航する場合、免許が必要であったり、様々な規制がありました。例えば、何万人以上のお客さまの移動が見込まれなければ、航空機を運航してはいけない、あるいは国と国とが交渉して、お互いの国に航空機を運航してよいといった合意がなければ運航できないなどです。

　ところが、世界的な規制緩和の動きの中で空の自由化が生まれてまいります。その中で出てきたのが、ここに出ているLCC、ローコストキャリアと呼

ばれる航空会社です。

　これに対してJAL、ANAは、FSC、フルサービスキャリアと呼ばれています。

　FSCとLCCの違いで、一番顕著なのは運賃です。LCCであればお盆の時期や年末年始は高くなるのですが、通常はFSCより安く設定されています。また、航空券は、インターネットでの販売が中心となります。一方、FSCは、旅行会社やインターネットなど、さまざまな手段で航空券を購入することが出来ます。

　2点目は予約の自由度、つまりお客さまが航空券を予約する際、多様な意向に応えることができる点です。一般的にはFSCの方が予約の自由度が高いと言われています。3点目は手荷物についてです。手荷物を預ける場合もFSCとの比較でLCCは有料の場合が多いのです。4点目は機内サービスです。飲み物や毛布などもFSCでは無料となりますがLCCは有料の場合が多いようです。それから、後半に取り上げるマイレージについてもLCCはその提携はほとんどありません。その理由は、安い運賃で利益を上げるために、徹底したコストの効率化を行っているためです。航空機を1機種に絞って運航しているのもコスト効率化の一環です。

　一方、FSCは、LCCに比べ運賃は確かに高いのですが、より利便性が高く、航空券はさまざまな手段で購入することができます。就航している路線も多く、国内外の主要な国や都市に運航しています。加えて手荷物や機内食なども充実しています。マイルは運用性が高く、百貨店やアクティビティー施設などとも提携を行い、航空機利用のみならず多彩なサービスの展開が行われております。このような異なったサービスにFSCとLCCの違いを見ることができます。この業態の異なる二つの航空会社が、今、日本の空を飛んでいるのです。

　それでは、LCCにはどんな航空会社があるのでしょうか。

　日本のLCCは、現在ジェットスター・ジャパン、ピーチ・アビエーション、バニラ・エア、春秋航空日本の4社です。ジェットスター・ジャパンは、JALが株式の3割を保有しているLCCです。ピーチ・アビエーション、バニラ・エアは、ANA系のLCCです。春秋航空日本というのは、中国から参入した航空会社です。

JALがLCC事業に参入しない理由は、マーケティング論を勉強されている方はご存知かと思いますが、カニバリゼーションに陥る可能性があるからです。つまりJALがLCC事業に参入した場合、例えば、毛布や食事を有料とした場合、「え、JALなのに有料なの？」と、思われるお客さまがいるかもしれません。

JALはLCCとは全く違う航空会社であると認識していただければ、仕方がないとお客さまに割り切りを持っていただくことができます。つまり、一つの大きなブランドにしてしまうと、どうしても全体的にJALのブランドに引きずられてコストが上がってしまうのです。これはJALではない、新たなLCCという航空会社である、ということを明確に位置づけることによって、ブランドを分けていくことができます。これがブランドの差別化です。世界のLCCで、日本に乗り入れている航空会社はたくさんあります。韓国であればチェジュ航空、エアプサン、ジン・エアー、イースター航空、ティーウェイ航空など韓国と日本各地を結んでいます。中国、香港、シンガポール、マレーシア、フィリピン、タイ、オーストラリアからもLCCがこの日本に乗入れをしています。その背景には、訪日外国人の急速な増加があります。「日本に行きたい」、「日本食の魅力」、「日本文化にも触れてみたい」、「桜も見てみたい」などと、多くの外国人が日本を訪れます。しかしながらFSCは運賃が高く、LCCを使えば、日本にもっと安価に行けるのではないか、そういうお客さまのニーズに応えるため、LCCが増えているのです。

特徴的なのは、LCCの運航路線を見ますと近距離線が多く、その中心は東南アジアです。LCCの特徴として、同じ機材で運用していく中で、大きな機材で長距離路線を運航すると、燃油費も嵩み、航空機の運用効率も悪くなります。したがって、4時間以内ぐらいのところを何回も繰り返し飛ばすことによって、費用を圧縮し、利益を出していきます。それがLCCの特徴なのです。

FSCはネットワークキャリアともいわれ、JALは、2010年から13年にかけて、新たにボストンやサンディエゴ、ヘルシンキなどに就航しさらにネットワークを充実させています。そのためには、短距離路線を運航する航空機や、長距離路線を運航する航空機など、いろいろな種類の航空機が必要です。JALが就航している国や地域は、45ヶ国となります。したがって、短距離路

線を効率よく運航するLCCと、短距離・長距離路線を組み合わせ、世界中の都市を結ぶFSCとは経営戦略そのものが異なっているのです。

LCCは安価であると申し上げましたが、例えば一人当たりが、1kmフライトするのにLCCの運賃がどの程度かというと、8円から6円前後です。これに対しFSCは、その2倍から3倍程度です。

一方で、LCCの費用は6円の運賃に対して、1キロ当たりの費用が4円ほどです。2円利益がでる構図となっています。一方、FSCの運賃は16円となりますが、費用も11円から12円かかっています。したがって、同じ航空機を運航するにしても、LCCのように極力コストを安く抑え、運賃も安く設定することで利幅は薄くなりますが、多くの便数を運航することで利益を増やしていく航空会社と、FSCのように必要な費用をかけ、適正な運賃で収入を得て利益を増やしていく航空会社があり、これまでお話してきたLCCと

資料3　LCCと既存航空会社比較——利用者属性

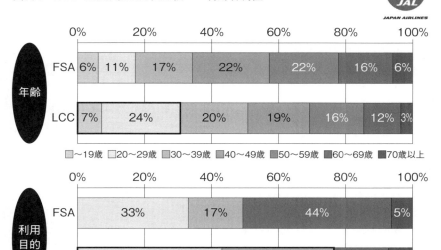

出所：国土交通省　ホームページ

FSCとの違いになります。それでは客層についてはどうでしょうか？　LCCは、年齢的にも若い人の利用が多く、観光や帰省などで利用されることが多いようです。そのような私用目的であれば航空券・機内サービス等に一定の制約があっても安価なLCCを選択することは十分に考えられます。それに対しFSCの運賃はLCCと比較すると高いものの航空券の購入方法や機内サービス等の選択の自由度も高く、ビジネスで利用されるお客さまを中心としたニーズが高いと言えます。そういう意味でFSCとLCCのニーズの棲み分けが出来ています。

　これまでの内容をまとめますと、LCCのビジネスモデルというのは、座席コストを最小化するために機材稼働を高め、空港も二次空港を利用します。例えば羽田空港は着陸料や施設利用料が高いから、成田空港のLCCターミナルを利用したり、航空券販売も人件費を抑制して極力IT化を図ることで販売管理費を最小化したりしています。サービスも必要最低限のサービスとし、お客さまのニーズに合わせて有料で追加のサービスを提供していきます。これが低コスト、低運賃を提供できるビジネスモデルとなっています。今日、LCCはそのビジネスモデルが多くの人に支持されているということです。

2．ネットワーク拡大のためのグローバル・アライアンス

　LCCが新しいビジネスモデルを展開して行く中でFSCも対抗していかなくてはいけません。いくらサービスが良くても、あるいは充実したネットワークがあっても安価なLCCを選択されるお客さまが増えてくる可能性があります。

　前段に触れましたが航空会社というのは、伝染性の高い病気が発生したり、テロや戦争などが発生したりすると、お客さまの数が急激に減ってしまいます。それをカバーしていく手段の一つとして、FSC同士がアライアンスという提携を進めています。

　アライアンスにはJALが加盟するワンワールドと、スターアライアンス、スカイチームの三つがあります。大きな航空会社が集まりグループになって、自分たちの費用をシェアしながら効率化を図り、ビジネスをしていこうというものです。LCCは、従来なかった航空会社のビジネスモデルです。一方、アライアンスは、従来あったFSCがそれぞれの航空会社の特性を活かし、効

率化を進めていこうという、これも新しいビジネスモデルとなります。この二つが、今日、世界の航空会社の潮流となっています。

　双方、このようなことができるようになった理由としては、規制緩和の影響が一番大きいと考えています。

　航空会社の結びつきも、以前はインターラインと呼ばれるものが主でした。例えば日本から香港経由でアフリカに行くとします。香港までJALで行き、香港から南アフリカまではキャセイ・パシフィック航空で行く場合、香港で再度航空券を購入するのは大変面倒です。JALで両方を購入できた方が便利です。航空会社同士が連携して航空券を融通し合うところから始まったこのインターラインは後に、他社の航空機にJALの便名を付けて運航するコードシェアという形態に発展していきました。つまりキャセイ・パシフィック航空が運航する機材にJAL便名を付けて運航することで、JALのお客さまがキャセイ・パシフィック航空が運航する航空機に搭乗した場合でも、同様のサービスを提供できる他、提携した条件のもとマイルの積算を可能とするといった新たな形態に発展していきました。

　さらに、航空会社同士が一つのチームになり、自社のお客さまを他の航空会社にお乗せするときも、自社と同じようなサービス、同じようなマイルの積算が可能とする連携が、現在のアライアンスという形態です。

　さらに航空会社同士で路線やダイヤの調整、サービスや施設の共有化のみならず、収入のプール化まで踏み込んだ共同事業も活発化しています。現在、JALはアメリカン航空、ブリティッシュ・エアウェイズ、フィンエアーと共同事業を実施しています。提携ではお客さまが航空会社を選択するにあたって、どうしても自社便の利用に誘導しがちな状況が生まれるものです。そこで、双方の航空会社を利用されるお客さまは、双方の航空会社にとって大切なお客さまであるという観点から、最終的な収益を折半することで、お互いに協力して販売やサービスを提供していきましょうという考え方が共同事業です。ですから、航空会社も、1社だけではなくて連携してさらにその先でのサービスの品質を高めていく、そういう新しい動きになってきました。

Ⅳ　人財育成

１．ブランド

　ここからは少しJALの話をします。2010年1月19日にJALは経営破綻しました。多くの皆さまのご支援のもと、国からの支援もあり、再生への道を進む事に際して最終的に裁判所から認可されました。今、新しいJALを2010年から作ってきています。

　世界の、いろいろなビジネスモデルがある中で、どうやったらJALは生き残れるのか、また、成長できる航空会社となれるのかということを、私たちは今一生懸命考えながら努力しています。その中で、大事なことは何だろうか、破綻をしてこれから再生しようというときに、新しい経営陣が集まり、どうやったらJALは再生できるのか考え、三つの柱を決めました。

　1点目は、ブランドです。JALブランドをもう一度復活させる。当時、経営破綻をしていますから、もうJALは危ないのではないか、倒産した航空会社には乗りたくないというお客さまに、もう一度乗っていただけるようなJALブランドを作っていこうということです。

　2点目は、ネットワークです。お客さまの行きたいところに、航空機を運航させていこうと考えました。

　3点目は、品質の高い商品です。JALに乗ってみたいと思っていただけるいい商品を作っていきます。それから、いい商品を作ってブランドを上げても、赤字になってしまったらなにもならないですから、やはりコスト競争力です。しっかりと利益を上げられる体制にしていくということです。

　こういう基本的な考え方を決めて、2010年からこの5年間やってまいりました。

２．JALフィロソフィ教育

　一番大事なのは何かというのを、そのときに話しました。皆さん、何だと思いますか。

　外部から稲盛和夫さんという名経営者が来られました。京セラという会社を、世界ブランドにした名経営者です。彼が私たちにこういう話をしました。

IV 人財育成 59

　倒産したあと、新しい会社を作るとき、「私は、約50年にわたる経営者としての経験から、経営の成否を左右するものは、その企業に集う社員一人一人が、心から会社を愛して、この会社の発展のために協力を惜しまないというような社風を作り上げることができるかどうかにかかっていると信じています。つまり、企業の宝とは、資金でもブランドでも技術でもなく、そこに集う社員であり、さらに社員の心だと思っています。社員が会社の発展のために心の底から貢献したいと思うなら、その企業は必ず発展し、また、その繁栄を継続できるでしょう。もし多くの社員が、自分の利益だけを考えて仕事に当たるなら、いくら資金やブランドや技術があろうと、その会社は、決して発展することはできません。恐らくあっという間に、社会から淘汰されてしまうのではないでしょうか」、こういう話をされました。
　新しいJALを作るときに、社員全員がこの会社で働こう、この会社で前向きに生きていこう、こう思ってもらわない限り、JALの再生はできないと思いました。
　そこで、JALフィロソフィを作りました。40項目の文章からなるJALフィロソフィは、例えば、「正しい考え方をもつ」、「熱意をもって地味な努力を続ける」、「能力は必ず進歩する」そういう言葉が書かれています。
　これは何かというと、皆さんの中でもサークルや組織を運営される方がいらっしゃると思いますが、なかなか自分の思いが相手には伝わらないことが多いですね。経営者が「こういう思いで会社を運営していこう。だから、社員もついてきてくれ」と言っても、「何を言いたいのだろう」あるいは「なかなか理解できないな」、「どうして」ということが多いのです。それを、シンプルな言葉を皆で共有することによって、コミュニケーションを良くしていくのです。つまり、「これってあれだよね、『一人ひとりがJAL』って、フィロソフィに書いてあったよね。やっぱり私が行動しなければいけないんだね」、こういう思いが一人一人の心に膨らんでいくと、コミュニケーションがよくとれていくのです。そうすると、だんだんと人の心と心の繋がりや考え方のベクトルが合ってきます。それに向かって皆が仕事をしていくわけです。企業の一番大事なところは、皆が同じ気持ちを持って一つの方向に向かっていく、それによってお客さまに良いサービスができるようになっていく。「人の心って大事だよね。これを一生懸命やっていこうよ」、そうやって、みんな

で話をしています。

　JALグループの社員は全体で約32,000人ほどいるのですが、社長の植木や、私が社員に号令をかけても、あるいは難しい話をしても理解するのに時間がかかったり、疑問に思われてしまうことがあります。ここにJALフィロソフィという一つの考え方を示すことによって、全社員が進むべき方向を定めることができるのです。まず社員全体でベクトルを合わせるようにしていこう、そしてみんなが一生懸命会社のために働いていこうという哲学を、会社に作り上げていくのです。ここから私達の新しいJALのブランド作りを始めました。

　何のためにこの会社で働いているのか、企業理念というのをもう一度見つめ直そうと思いました。これから就職される方は、今後、多くの会社を見る機会が有ると思います。会社にはいろいろな企業理念があります。JALの企業理念は、「JALグループは、全社員の物心両面の幸福を追求し、一、お客さまに最高のサービスを提供します。一、企業価値を高め、社会の進歩発展に貢献します」という言葉で始まります。JALで働いている皆さんは、何のために働いているのかということをしっかりと定めました。それはつまり、頑張って働けば、会社には利益が出ます。皆さんの給料も上がります。あるいは、働きがいが出てきます。そういう企業理念を定めました。これを毎日、みんなで確認しながら、サービスを良くしていきます。こういう取り組みを始めたのが、JALの再生の一歩でした。

V　安全教育

1．JALグループの安全の原点

　それからもう一つあります。航空会社として一番大事なこと、安全です。サービスも大事ですが、安全が確保できなければお客さまには乗っていただけません。

　安全をいかに確保していくかというのが、航空会社の使命であり課題でもあります。

　1950年代から年間の事故発生率を見ますと、昔は、今に比べて事故の発生率が高かったことがわかります。また、航空機も、プロペラ機が多く、悪天

候により事故が起こる、そういうケースが多かったようです。ところが、技術の進歩とともに、訓練による技量向上が図られました。ヒューマンファクターの心理学も進んでくると、事故は減ってきます。2015年は近年に比べ航空機事故の多い年となりました。このような航空機事故を如何にゼロにしていくかということが航空会社として一番重要な事項だと考えております。

　1985年8月12日、まだ皆さんが生まれる随分前の話ですが群馬県の御巣鷹山で日本航空のジャンボ機が墜落しました。乗っておられた520名のお客さまがお亡くなりになりました。私は当時、入社5年目でしたが、入社する時にお客さまに喜んでもらえる仕事をしようと思って日本航空に入りました。

　ところが、5年目に、この御巣鷹山の事故に遭遇しました。私は若い社員でしたので、すぐに、現場に派遣を命じられて、そこで連日ご遺体の確認をさせていただきました。私の脳裏には、今でもそのときの光景が焼き付いています。航空会社にとって安全がいかに重要なのか、心の中に刻まれています。

　ですから、航空会社というのは、一見華やかに見えますが、やはり一方では、大変な責任を背負っているのです。航空会社だけではないと思います。鉄道もそうですし、その他の輸送機関もそうです。そういう中で、安全の取り組みについては、とにかく層を厚くしていこうと考えております。世界には、「これだけは守りなさい」という輸送機関としての安全に対するスタンダードがあります。JALはそれ以上に厳しい安全基準を作成し、日々努力しています。

2．安全を守るためにJALグループが行っていること

　安全というのは、どうやって、守っていかなければいけないのか、という問いかけは、そこに集う全社員が、思いを一つにして常に考えていかなければなりません。航空会社の仕事というのは、自分がミスをしたら安全に直接影響を及ぼす仕事ですから、常に緊張しています。私たち営業職であったり、あるいは間接部門で仕事をする社員も同じなのです。つまり、社員一人ひとりが、例えば数字をミスする、メールアドレスを間違えて送ってしまうなどの単純なミスが、徐々に会社の中にむしばんでいって、最後に生産部門の安全を脅かすようになってしまいます。

　この中にも何人か航空会社に将来勤めたいと思っている方がいらっしゃる

と思いますが、常に安全に対する緊張感を持って仕事をしていかなければなりません。その安全に対する緊張感が、最後に会社としての安全の確保につながっていきます。新しいJALを作るときに、「安全と人の心」、「お互いにベクトルを合わせていく」、この二つをしっかりと作って、これから勝ち抜いていこう、そういう会社作りを進めているところです。

　もう一つ特徴的なのは、非懲戒方針というのがあります。これは何かといいますと、ミスをしたときに怒りません。「ミスをしたのに怒らないのですか」という人がいるかもしれませんが、ミスをしたときに怒りすぎると、誰も自分のミスを報告しなくなります。しかし、非懲戒、つまりミスをしたことについて、それを懲罰しないから報告してくださいと考えれば、リスクについての情報共有ができます。「こういうミスをしました」、「これは大変危険だと思います」、「私はこういうことをしてしまいました」ということを、言える環境を作っていく、それによってさらなる安全の確保に努めていく。リスクを隠したり、黙っていたりすることは、最も危険であり、積み上げてきた安全への行動を棄損することだと考えています。ミスを報告した人にデメリットが出ないように、非懲戒という取り組みを行っているのがJALの特徴です。

VI　進化するマーケティング戦略

1．商品競争力強化——高品質化とヒューマンサービス

　さて、ベーシックなところを話しましたが、社員の心を変えていく、それから安全を守っていくといっても、これだけでは、世界の航空会社間の競争には勝てません。ここからはいかに良い商品をしっかりと作っていくかという話しです。

　国際線については、JALはどういうことをやっているのかというと、座席を新しくしています。機内食をおいしくしています。空港でのラウンジを、ゆったりと快適に過ごせるようにしています。そして、定時到着率をしっかりと守っていきます。これらを柱としています。国内線については、座席を新しくしました。空港でのサービスは簡単にしました。携帯端末をかざせば航空機に乗れます。それから機内サービスについても、Wi-Fiを機内で使え

るようにしました。国際線と同じように、定時到着率を守っていきます。これらを商品の柱として、お客さまに提供しています。

　JALの国際線に乗ったことのある方、いらっしゃいますか。ビジネスクラスとか乗ったことのある方、いらっしゃいますか。いらっしゃいますね。ファーストクラスに乗られた方、いらっしゃいますか。いらっしゃいませんね。エコノミークラスとファーストクラスでは運賃はかなり違います。運賃の他に何が違うのでしょうか。一つは座席です。ファーストクラスは8席しかご用意がありません。完全ベッドスタイル（フルフラット）です。それからビジネスクラスも、最近は完全にベッドスタイル（フルフラット）です。プレミアムエコノミークラスになりますと、少しベッドには届かないのですが、ゆったりと座れます。一番特徴的なのは、JALのエコノミークラスの座席です。従来よりもゆったり座っていただける座席を順次導入しています。つまり、どのクラスにもクオリティーの高い商品を提供して、お客さまに喜んでいただくことを、目指しています。

資料4

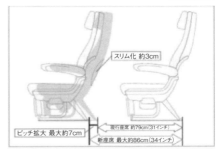

　機内食については、ファーストクラスやビジネスクラスには、著名なシェフのメニューを取り入れております。エコノミークラスにおいても、「エア吉野家」と称して吉野家と提携して、牛丼や牛すきなどを機内でご提供しています。その他、たいめいけんのオムライスなど、ユニークなメニューも提供しています。「機内食はあまりおいしくない」といわれることもありますが、

資料5　進化するマーケティング戦略
国際線シート

最近は発想を変えて、誰もが知っている人気の一品をJALの機内でしか食べられないオリジナルメニューに仕立てて提供しています。このように、機内のお客さまに喜んでいただけるように、一流のレストランのファーストクラスやビジネスクラスのお食事から、エコノミークラスに至るまで充実した機内食を提供することで皆さまに喜んでいただいています。

2．マイレージ・プログラム

次にJALカードの話をします。二十歳になって、皆さんが社会人になられると、社会人で10年間限定のカード「JAL CLUB EST」があります。興味があればあとで調べていただきたいのですが、そのJALカードに入られますと、最大10年間ラウンジが使用できるというサービスを加えました。若い人にJALに乗っていただきたいのです。何故若い人に乗ってほしいのかといいますと、これから将来、社会人となっていく皆さんに、ぜひJALカードの会員になっていただいて、こういう素晴らしいラウンジを使っていただきたいという思いを込めて、このJALカードを作っています。

商品サービスの提供だけではなくて、お客さまの支持を得るためにも、一生懸命やっていかなくてはいけません。それがJALマイレージバンクという組織です。
　JALカードは百貨店やスーパー、コンビニエンスストア、ガソリンスタンドでの利用でもマイルがたまります。こういうマイルを使って会員を増やしていくのも、大事なことです。それから、ためたマイルを使っていただくために、例えばイオンと提携して電子マネー化を進めています。JAL便にご搭乗いただいて積み上げたマイルを、WAONなどの電子マネー特典に交換し食料品を買うこともできます。お客さまの暮らしに役立つ広汎で利便性を高めたサービスを提供する仕事もしています。

3．eコマースの進展

　よくいわれるeコマースの展開では航空会社も積極的にこれを進めています。LCCはインターネット中心の販売と申しあげました。FSCは旅行会社でも販売できますが、お客さまに便利にご利用いただくために、WEB販売もさらに進めていこうと考えています。
　例えば国内線航空券でいえば、WEB販売を利用されるお客さまの割合は50％以上となっています。
　JALのホームページには1日約50万人のお客さまがいらっしゃいます。50万人とは、池袋駅の乗降客と同じ規模です。毎日それだけのお客さまが、JALのホームページを訪れます。そうしますと、そこで航空券だけ売っていてもビジネスが限定されてしまいますので、ホテルを売ろう、あるいはグッズを売ろうとか、多様な販売展開を進めているところです。それによってJALのホームページを、旅と暮らしのホームページにして、ここに来たお客さまに楽しんでいただきながら、航空券も買っていただこうというマーケティングの手法を取って、より多くのお客さまに乗っていただけるような環境を整えております。
　以前は、航空機を運航するだけのビジネスモデルだったところが、最近では数多くの航空会社の中からお客様に1番に選んでいただくため、最新鋭の航空機を導入したり、新客室仕様の座席や機内食、ヒューマンサービスなどを、さらに進化発展させていくのが、今の航空会社のビジネスモデルとなります。

Ⅶ 成長のための戦略

1．拡大するアジア、インバウンド市場を取り込む

　最後に、これから日本が成長するための戦略として、より多くの外国人の方々に来てもらわなければなりません。JAL も今までは、日本人のお客さまが 7 割、海外のお客さまが 3 割でした。今後は、海外からのお客さまが増えて来ます。なぜ、訪日されるお客さまが増えてきているのでしょうか。日本は観光立国として、これから成長していこうという政府の方針があります。日本国内での旅行にお金を使う消費額は、年間 23 兆円ぐらいです。その内、外国人の方々が使う消費額は、約 2 兆円ぐらいです。

　多くの外国人に来ていただき日本で消費していただく、それによって地方や地域の活性に繋げていくことが政府のアクション・プログラムの根幹となります。そのために、ビザを緩和したり、多言語化の対応をしたり、各種の訪日促進のためのプロモーションを展開しています。

　その中で JAL や航空会社は何をするのでしょうか。

　一つは、訪日外国人向けの特別運賃です。例えば台湾から日本に来るお客さまに対して、お客さまが少ない時期は、安い運賃を作り、日本に来てもらいます。e チャネルを使って、日本のいろいろな観光地をアピールして、どんどん日本に来てもらうようなプロモーションをしています。アライアンスを最大限に活かしながら、日本行きの魅力ある運賃を作ってもらいます。海外のパートナーと一緒になって、現地での日本の魅力を訴求して、日本に来てもらえるようなツアーを作っていきます。

　つまり、航空会社は、海外から日本に来るお客さまが、より来やすくなるような取り組みを展開していくのです。

　例えば、「ONEWORLD Yokoso/Visit Japan Fare」という訪日外国人に特化した運賃の設定は、1 区間 10,800 円です。海外から日本に来て、日本国内を旅行しようと思っている外国のお客さまには、1 区間 10,800 円でクーポンを提供します。魅力ある運賃の一つです。

　JAL ホームページ内には日本を紹介するページもたくさんございます。Guide to Japan ということで、日本の基本情報、あるいは各都市の観光案内、

マップや、イベントカレンダーもここに入れています。「ぐるなび」とも提携しています。英語サイト以外の多言語にも対応しています。今、外国人の方は日本食に、大変な興味を持っていらっしゃいますし、そういうレストランを探して食してみたいのです。そうすると、Guide to Japan と「ぐるなび」等のいろいろな企業との提携を通じ発信することで、より日本に行きたいというお客さまを増やしていきます。こういった取り組みを、JALホームページでも実施しています。

2．需要創造──地域パートナーとの連携

それから、日本の地域をもっと売り込んでいこうということにも努力しています。一例として、徳島のキャンペーンは、一つの県と組んで、その県のプロモーションを自治体と連携しながら推し進めています。JALホームページでの告知にとどまらず、例えば機内食にその地元の素材を使った料理を出します。あるいは、その土地のお酒を出します。空港のラウンジにその県にちなんだ物産品を展示して即売も行います。こういった取組みを重ねることで各地域を盛り上げていこうと努力しています。

戦後の日本の復興の中で一番基幹産業となったのは、鉄鋼や自動車、テレビなどのいわゆる製造業です。製造メーカーが海外に商品を売って、国益や企業の利益を上げてきました。もちろん今も製造業が日本経済を牽引していますが、観光業というのは、日本の国そのものを海外に売り込む仕事でもあるのです。つまり、皆さんのふるさと、あるいは東京、日本食材、日本文化を、いかに海外の人に知っていただき、日本全体を売り込んでいくか、そして日本の良さを分かっていただき、買い物をして、食事をしていただく、これによって、観光消費が増えていくことが、観光産業が目指す大きな目的の一つだと思います。

何となく観光産業というと、旅行会社や、航空会社、あるいは宿泊施設などをイメージしがちですが、いまや、どんどん裾野が広がっています。従来からの旅行業だけではなくて、例えば情報インフラです。JALは、NTTやKDDIと連携し、訪日外国人が日本滞在期間中にWi-Fiを自由に使ってもらえるような仕組みがあります。つまり、タブレット端末を持って旅行をすれば、Wi-Fiに繋がる環境があり、いろいろな情報を入手することができるわ

けです。従来、NTTやKDDIは旅行業とは直接関係の深い企業ではありませんでした。しかしながらこうした取り組みによって旅行業に進出してきました。

物販についても同じようなことが言えます。都内の大手量販店では、非常に多くの外国のお客さまが来店されています。外国のお客さまが一番多く購入されている日本の電化製品をご存じでしょうか。二つあります。一つは電子ジャーです。台湾や中国の多くのお客さまが購入されています。もう一つは、温水洗浄便座です。こちらもお一人で、三つも四つも買っていかれる方がいます。象印魔法瓶やTOTOといった企業は、従来観光産業と深い関係があるとはいえませんでした。ところが、多くの訪日外国人が、日本の技術やその製品の性能の高さに触れると購買数が増えていきます。売り手はどのように電子ジャーを買ってもらおうか、あるいは温水洗浄便座をどうやって海外で展開していこうかという流れに向かうのです。

Ⅷ　まとめ

さて、日本の人口は、これから、1億人を割り込む恐れがあります。そうしますと、日本国内で消費を増やしていこうと思ったら、なかなか今の日本人だけでは賄えません。海外からの多くのお客さまに来ていただき消費していただくことで国が豊かになります。

これからの日本は、パリやイタリアのような世界の観光都市に引けを取らないような観光立国の樹立を目指していかなければなりません。

このような中で、航空会社の役割は、インフラとして安全に航空機を運航するということはもちろんのこと、品質の高いサービスを提供することで、より多くの外国人の方々に日本に来てもらうこと、そういう役割を担うのが、航空産業だとご理解いただければ良いと思います。結果的に、日本の観光の発展に繋がり、国益が上がる。こういう役割の一端を担っているのが航空産業だと考えます。

後半は少し早足となってしまいました。最初にお話ししたのは、航空産業とはどういう産業なのかということ、それからLCCとJALのようなFSCとの違い、双方は今後どうやって業界の競争を勝ち抜いていくのか、JALが

破綻したあとの再生と今後の競争の中で勝ち残っていくべく努力している事、そういうお話をさせていただきました。

　これらは JAL が自社の利益を上げるだけではなく、訪日外国人のさらなる誘客とともに、日本での消費額を増やして日本全体を富ませていく。そういう責務を担っているのが、航空会社の仕事だと考えています。

　長くお話しいたしまた。私の講義はこれで終わりです。

　ご清聴、ありがとうございました。

3 エアラインビジネスの新潮流と戦略

【確認問題】

問1 「エアラインビジネスを取り巻く現状と課題」に関する記述のうち、誤っているものを、4つの選択肢のなかから1つ選びなさい。
① 世界の航空旅客数は、1990年以来毎年増加している
② 羽田空港は、世界の空港利用旅客数で2013年および2014年で第4位であるが、国内線の利用客が多いためであると考えられる
③ 航空会社の費用のうち約1/4を占める燃油の費用は、原油価格や為替レートの影響を受けやすい
④ 航空会社の費用のうち約1/10を占める公租公課には、機材の発着料や駐機料が含まれるが、空港が民営化すればこれらの料金の値下げが期待できる

問2 「新しいビジネスモデルとの競争」に関する記述のうち、誤っているものを、4つの選択肢のなかから1つ選びなさい。
① LCC（low cost carrier）では、機材の種類を限定し、パイロットの人件費、整備時の部品費などについてコスト・ダウンを図っている
② カニバリゼーション（cannibalization　共倒れ）を防ぐために、LCC（low cost carrier）を別ブランドで運営するFSC（full service carrier）が多い
③ LCC（low cost carrier）との差別化を実現するために、FSC（full service carrier）では座席の間隔を広くする、サービスの質を向上するなどの施策を実施している
④ LCC（low cost carrier）とFSC（full service carrier）とでは、ターゲットとする顧客層が同じなので、値段とサービスのバランスで差別化を図る必要がある

問3 「日本航空（JAL）の経営」に関する記述のうち、誤っているものを、4つの選択肢のなかから1つ選びなさい。
① 航空会社は安全が第一であるので、安全への取組の原点として、1985年の墜落事故の機材の破片や遺品などを安全啓発センターで展示している
② 国際線の機内食は、座席クラスに応じて一流のシェフ監修のメニューから吉野家の牛丼までを揃えている
③ 国内線の航空券は約50％がWebで売れているが、国際線の航空券のWebによる販売の割合は1/5程度である
④ 安全な運航にかかわる同じミスを繰り返さないように、ミスをした人には厳しい懲戒処分をしている

正解　問1　①　　問2　④　　問3　④

4 鉄道事業のツーリズム産業における役割

東日本旅客鉄道㈱ 鉄道事業本部 営業部次長 高橋敦司

I はじめに

　JR東日本の高橋と申します。ご縁がありまして、このツーリズム産業論、多分4回この教壇に立たせていただいております。今日は、本当にこれだけ多くの方に熱心に聴いていただいて、ありがたいなと思います。

　鉄道会社ですので、皆さん方、漠然と鉄道っていうのはこんなもんかなというふうなイメージはあるかと思いますが、ある意味、その鉄道というものを観光というところからお話をすると、皆様の鉄道という思いが少し打ち砕かれるんじゃないかと思います。

　今日のテーマは、「レールがつなぐ、地域と人々のココロ」というんですけども、テーマの一つは、鉄道ってただ走っているだけだと皆さん思ってると思いますが、鉄道って本当にただ走っているだけかどうかというお話をさせていただきたいと思っています。

　JRはいろんな仕事していますので、いろんな専門分野があります。例えば運転という、車両とか運転車掌のことを専門にする人もいれば、新幹線の通る電気のことを専門にする人もいます。私は、その中では、観光のことを専門にするという仕事を、長らくしてまいりました。

　JR東日本という会社は、おかげさまで今は就職のランキングも上ですし、本当にありがたいことです。おととい決算も発表しましたけど、一応史上最高の収入でございましたし、そういう意味では、皆さんも多分いい会社だと思っていると思いますが、JR東日本って28年前につぶれた会社のやり直しだっていうことを、知ってますか。

　皆さんは恐らく、ほとんどの方が平成生まれだと思いますけど、皆さんの

生まれる直前に、私どもの前身の日本国有鉄道という、国でやっていた公営企業がつぶれました。37兆円の負債を出して、倒産をしています。そして、やり直して、六つの旅客会社と貨物の会社に分割をして、そして今があります。

そういうふうに企業を見るという目を、学生時代に養うという意味においては、このツーリズム産業論というのは結構いい場所だと思います。私も大学でやや観光チックな専攻をしましたけども、企業のこうした実務のトップクラスの人間が、皆さんに向かって講義をするということは、われわれの学生時代にはありえなかったことです。それをこういう機会で、週替わりで、いろんな方が講義をしてくれるということは、皆さんにとってはすごく、社会的にも、職業選択の意味でも、これから自分の人生どうしていくっていう意味においても、結構大きな意味を持つと思いますので、ぜひ真剣にというか、そういう目線で聴いていただきたいと思います。

II　JR東日本の概要

1．世界最大の旅客運輸業

JR東日本は、お客さまの数が約1,680万人、1日当たり、ご利用いただいています。同じJRにJR東海という会社があります。専ら東海道新幹線を走らせていて、今度リニアを造ろうという会社ですが、これが1日当たり大体150万人ちょっとなので、1桁違います。1日当たりのお客さまの数という意味においては、もちろん日本で最大です。世界でJR東日本より大きな鉄道会社がありませんので、鉄道会社でももちろん世界最大のお客さまの数ですし、航空会社で今一番大きいのはユナイテッド・コンチネンタルですけども、これが1日当たり40万人弱です。ですから、1日当たりお客さまのご利用いただいている数の中では、断トツのトップということになります。

1日当たりのお客さまの数がなぜ多いかというと、山手線とか、中央線とか、そういったところをご利用いただくお客さまが多いということです。1日当たり75％のお客さま、1,680万人の75％のお客さまは、この首都圏のエリアをご利用いただいています。首都圏にこれだけのお客さまがいらっしゃいます。1,680万人×75％ですので、1,200万人ぐらいのお客さまが、私ども

をご利用いただいてます。なので、エキナカのビジネスであるとか、さまざまなことができるんですね。

2．事業展開は鉄道関連に絞る

　Suica、もしくは PASMO は、皆さん普通お持ちですよね。その Suica の他に、今、日本中に交通 IC カードって普及していますけれども、そのシステムのデファクトスタンダードは JR 東日本が持っています。ですから、九州や北海道に普及している、例えば九州だと SUGOCA、北海道だと Kitaca っていうんですけども、そのシステムは全部われわれの Suica のシステムを使っています。何でそんなことができるかというと、一番お客さまの数が大きいからなんですね。そういったことをやらせていただいていますので、いろんなビジネスをやらせていただいています。

　いろんなことをやっているんですけども、一つ言えるのは、あんまり線路と駅から遠ざかる仕事はやらないって決めています。例えば、駅にあるデパート、ルミネ、それから、エキナカの NEWDAYS というコンビニですとか、駅にホテルもあります。駅からつながるバスもありますし、住宅事業もやっていますけども、基本的にできるだけ駅と線路から遠ざかりません。われわれは 1,680 万人のお客さまを対象にビジネスをやっていますので、あんまり関係ないとこにいかないっていうことを是としています。

Ⅲ　鉄道と観光

1．鉄道業が直面している状況—JR 東日本鉄道輸送量の推移
(1)　鉄道業の特性

　さて、今日のメインのテーマ「鉄道と観光」というお話をしたいというふうに思います。

　資料 1 のグラフは、私ども JR 東日本が発足してから今日に至るまでの、お客さまの数と距離、鉄道なんで、1 人の方が 1 km 乗ると「1 人キロ」と数えます。そのお客さまのご利用のボリュームを表すグラフの推移です。一番左が、JR 東日本が発足したときです。そこから 7 年間ぐらい、ごらんいただくと、右肩上がりでしょう。その右肩上がりになっているところから今日に

資料1　鉄道事業が直面している状況

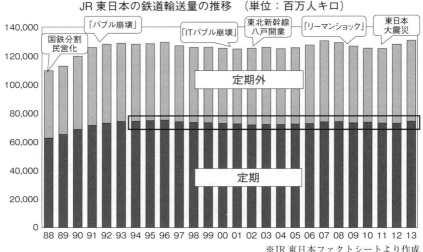

※JR東日本ファクトシートより作成
2015 Copyright (C) East Japan Railway Company, All Rights Reserved.

至るまで、よく見ると結構平らですよね。これが鉄道の本質なんですね。

　例えば、円高のとき、トヨタ自動車は大変でした。大変な1兆円近くの赤字を出して、リストラもしたこともあります。リーマンショックが起こってから、世界中の景気が悪くなりました。そこで企業の業績が悪化します。大震災がありました。当然世の中の景気が冷え込んでいきます。いろんなことがあるんですけど、われわれ、そのリーマンショックがあったり、ITバブルがはじけたり、あるいは新幹線開業したりとか、いっぱいあったんですけども、マクロで見ると、ほとんどお客さまは増えてもいないし、減ってもいないです。

　増えてもいないし、減ってもいないってマクロの話でありまして、今年金沢に新幹線開業しました。3月14日です。1年間に大体300億円ぐらい増収になります。だから、これはすごいんですけども、マクロで見れば、当社は1年間で約1兆7,000億の売上の会社ですので、300億というのはすごく小さく見えてしまいますが、大きく増えない、大きく落ちない、これが鉄道の特性であります。

ただ、その鉄道の特性のモデルを支えているのは、定期です。皆様方も、東西線だけで来られる方とか、都電だけで来られる方も中にはいらっしゃるでしょうが、大多数の方が何かしらの方法で、日々JRをご利用いただいているんではないかと思います。その通学と通勤の定期のお客さまっていうのが、JR東日本のお客さまの約半分なんですね。ですから、皆様方は本当に大事なお客さまなんです。一つは、われわれの経営を支えていただいているお客さまとして、もう一つは、将来にわたって長いお付き合いをして、当社をご利用いただくお客さまとして、大変大事です。

(2) 定期券利用者の減少—少子高齢化の影響

　ただ、大変大事なんですけども、このバランスが崩れてきております。少子高齢化とよくいわれますけども、日本の人口を中学生の数で表すと、日本で一番中学生が多かったのは、昭和37年です。732万人の中学生がいたんですね。その後、団塊ジュニアと呼ばれる今40歳ぐらいの方々が、少し増えているんですが、今、中学生は大体その半分です。その中学生で一番多かった方って、今65歳なんですね。日本の社会保障制度では、通勤定期を持って通勤する必要があるのは65歳までです。

　従って、一番通勤定期持っていた世代の方が、今年、昨年、ついにその通勤定期持たなくていい年齢になってしまいました。だから、もう通勤電車は乗らなくてよくなったんです。で、新たに社会に出る皆様方が、その世代の半分しかいませんから、この状態を長く続けると、私どものお客さまは半分が定期で、この半分のお客さまがその半分、つまり1/4になるということになります。

　そうすると、今、山手線は11両なんですけど、もう11両いらなくなっちゃうんですね。5両編成とか、あるいは20分に1本とか、それでもよくなってしまいます。電車って、悲しいかな、何人乗っていようと、消費する電気代と運転士1人必要だということは全然変わらないんです。だから、乗るお客さまが増えればもうかる、乗るお客さまが減るととても損をします。で、何かJR東日本ってすごいだろって言っている割には、こういうことが起こっていまして、私どもの半分の定期のお客さまが、その半分になるカウントダウンが始まっているということになります。

2．少子高齢化によるサービス業への影響

　JR 東日本は、主な営業エリアの中に東北地方というのがあります。これから人口が減る中で、日本で一番人口が減るのが東北です。日本で一番人口の減少率が激しいのは秋田県です。秋田県の人口のピークは、昭和55年で126万人おりまして、今110万ちょっとです。あと20年たつと78万人ですから、30万人減ることになっています。秋田県の県庁所在地は秋田市です。秋田市の人口は30万人なので、秋田県から県庁所在地1個抜けるぐらいの人口が、これから減ります。

　地方はそうだろうなっていうのは、皆さん薄々感じておられると思いますが、首都圏だって同じでありまして、千葉県の場合には、北西部が東京に近いんで、そこに人口が集中して、東側の方が減少しているように一見見えますが、東京まで電車で20分ぐらいしかかからない市川市とか松戸市でも、もう人口は減り始めているんです。中央線の吉祥寺より西の方とか、住んでいる人が古い地域は、その方々がもう通勤する必要がなくなるので、お子様は外出てっちゃうんで人口が減り始めています。

　これから起こることっていうのはこういうことなんですね。少子高齢化で、消費と生産のミスマッチが起こります。分かりやすくいうと、例えばどこかのスターバックスが朝10時開店だとします。勤め人は、10時からスターバックス行けないんですね。学生さんと訪日外国人しか行けないんですね。ところが、これからは65歳で暇な人が増えるんで、朝の10時の開店とともに、65歳以上のシニアの方がスターバックスにわんさか押し寄せます。そのスターバックスで店員さんの数が、足らなくなる状態ですね。喫茶店でお水を出して、おしぼりを出して、メニューをお渡しするっていうのは、それをやる人がいるからできることでありまして、それに対応できる人の数がもう足らないんです。

　日本中のサービス業の問題はここにあります。これからサービスを受けたいと思って消費したい人は、どんどん増えています。だけど、学校を卒業して就職されるときにサービス業を選ぶ若者が、すごく足りないんです。従って、これからはものづくりだとか、これからは金融だとか、世の中を動かすから海外だとかっていうと、スターバックスで働く人がいなくなっちゃいます。

しかも、そのスターバックスを例に取ると、エキストラショットで「ちょっと二つ余計に入れてくれ」とか、「マイカップについでくれ」とか、わがまま言う人いっぱいいるじゃないですか。そのわがままの意味が分かる店員がいなくなっちゃうんです。お客さまの方は、わがままでぜいたく。それにサービスを提供する若い人が、「は？　何それ」みたいに言っていると、ミスマッチが起こりますよね。これが実は日本のサービス業の課題になっています。少子高齢化って、だから、いろんなことにこれから影響を与えていきます。

3．JR東日本の新幹線
(1)「新幹線ネットワーク」が5路線に拡大

　私どもは新幹線を走らせていますが、今、5路線あります。その中の一つが、秋田新幹線ですね。最高時速320 kmで、今最短4時間弱で、秋田まで結んでいます。秋田まで、真っ赤な「こまち」って格好いい新幹線が4時間で走ったからといって、秋田の人口は増えないですね。金沢まで北陸新幹線が通りました。おかげさまで大変ご乗車は順調ですけども、別にそれによって金沢の人口が増えたっていう話は聞いておりません。今度そのさらに1年先、今度の春には、北海道に新幹線が行きます。こういう状態になったときに、新幹線が走るからって、人口増えるわけでも何でもないですね。そうすると、われわれこれから新幹線が函館、そしていつか札幌、金沢までの新幹線は福井を通っていずれ大阪まで延ばす頃には、もう地域に住む人いなくなっちゃうかもしれない、というすごいリスクを抱えています。

　ただ、金沢まで延びた北陸新幹線は大変盛況でありまして、東京から4時間かかったのが2時間半ですので、人の流れを大きく変えています。今まで日帰りできなかったんですけど、金沢で出張して、会議をやって、飯食って、東京まで帰れるようになりましたので、出張のスタイルがもう変わっています。これまで大阪支店の管轄だった金沢営業所は、新幹線で2時間半で行けるようになったんで、東京管轄に変わってきました。金沢の高校生は、今まで関西の大学行っていたんですけども、東京に来るようになるというふうにいわれています。そうやって雇用も変わっていきます。

　もう試運転が始まっていまして、来年の春には青函トンネルくぐって、新幹線は北海道まで行くことになりました。喜ばしいことではあるんですけど

も、先ほどからお話ししているように、新幹線が通ったからって、そこに住む人が増えるわけじゃないんですね。でも、新幹線って、造るのにも金かかるし、走らせるのにもすごくお金かかります。それを埋めていただくには、お客さまにお乗りいただくしかないんですね。

(2) 観光需要がカギ

新幹線にどういう目的で乗っていただけるかっていうことを質問すると、資料2のような割合になります。

資料2　JR東日本の新幹線〜観光需要がカギを握る

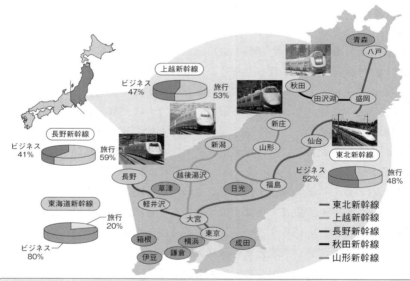

JR東日本の新幹線利用目的は、ビジネス以外が半分

2015 Copyright （C） East Japan Railway Company, All Rights Reserved.

まず、JR東海の「のぞみ」「ひかり」「こだま」号に乗っているお客さま100人に聞きました。「あなたは今日なぜ新幹線に乗っているんですか？」って聞くと、ビジネス客が多い。ビジネスですから、しかたなく乗っているんですね。大阪に会議があるからとか、単身赴任でお家に帰んなきゃいけないからとか、そもそも新幹線に乗りたいっていって乗っている方じゃなくて、大阪

に用事があるから、東京に用事があるからということです。東海道新幹線の8割のお客さまはビジネスであります。

実は今日のお話の根幹の一つでもあるんですけど、JR東日本とJR東海は、同じJRでも、会社の成りと取り組み姿勢が全く違います。同じ質問を、JR東日本の新幹線に乗った方に聞くと、ビジネスのお客さまは、半分ぐらいなんです。東北新幹線は、今、新青森まで行っていますけど、そのビジネスのお客さまはほとんど仙台で降りちゃうんです。10両編成の新幹線が、900人ぐらい運べますんで、その半分が仙台で降りて、その先は、ガラガラです。この新青森で止まってる新幹線が函館まで行きます。結構大変なことです。

半分ぐらいのお客さまがビジネスということは、半分のお客さまは旅行で乗っていただく可能性があるということになります。出張に行くお客さまに、例えば東京駅で、「大阪に出張行くので、のぞみ号の切符1枚」と尋ねられて、私どもJR東日本が「すいませんが、大阪の出張やめて仙台どうですか？」って笑顔で言っても、多分殴られると思うんですけども、京都に桜を見にいこうと思っているお客さまに、「京都もいいけど、東北の桜はどうですか？」っていって、行き先変えてもらうことは、旅行だったらありますよね。従って、観光っていうのは、目的地も選んでいただけるし、乗るキャリア、輸送手段もお選びいただけますから、競争して選んで乗っていただくっていうことができるという意味において、非常に価値があります。従って、私どもは世の中の鉄道会社の中で、どこよりも真面目に観光の仕事をしています。

4．なぜ、今観光なのか
(1)「こたつとミカン」の論理

皆さんご存じだと思いますが、観光っていうのは日本を救うんだよと。なぜなら、人口減るんで、人口が減る分を何とかするという意味では、人が行ったり来たりすることによって、お金使ってもらうしかないんですね。従って、観光って大事だよという話をしています。

で、これをちょっとデフォルメしまして、「こたつミカン」という論理でお話をしたいと思います。こたつでミカンを食べる行為自体では、この状態で経済活動上、潤う人って2人だけです。1人は、ミカンですから、ミカンを作って流通させた方々が、皆さんがこたつでミカンを食べたとき、儲かりま

す。もう1人は誰かというと、東京であれば東京電力ですね、電気つけていますから。

　この二つだけが儲かるんですけども、似たような話で、ミカンといえばミカン狩りっていう旅行の形態があります。熱海とか房総半島へミカン狩りに行きます。で、ミカン狩りにお友達と行こうよといって、東京駅から電車に乗って、例えば熱海ぐらいまで行って、熱海に着いてミカン狩りのバスが迎えにきて、ミカン狩りをしにいきます。ミカン30分食べ放題です。で、まさかミカン狩りをしにいこうといったからといって、ミカンだけ食べて帰るっていう人はいませんので、せっかく熱海来たから魚ぐらい食うかといって町に出て、おすしを食べて、お土産買って、帰りの電車で、またビール買って、お菓子買って、お弁当食べて、「楽しかったね。また行こうよ。結構いいとこじゃん、熱海」っていうと、これがリピーターですね。

　そうすると、そのミカンを食べにいくという目的だったはずなのに、ミカン農家もさることながら、もちろん私ども電車を動かす人、お弁当を買ったらお弁当の食材を提供した人、おすし屋さん行ったら板前さんと魚を取った漁師さん、いろんな人が潤うようになります。

　動かないっていうことは、消費をして経済的に潤う人が減るっていうことなんです。映画館に行けば、ポップコーンぐらい食べるでしょう。お友達と映画を見にいって、ご飯を食べないで帰ってくるって、何か変ですよね。そうすると、動いて何かをしようっていう行動にとっては、いろんなことが付いて回ります。観光のいいのは、どんなにインターネットが普及しても、この今スマホで見た景色と同じものをリアルに見ようっていうことは、動かないと見られないですよね。だから、バーチャルのない消費ということで、観光って結構大事なんですね。

(2) JR東日本が観光に力を入れる理由

　私どもはJR東日本ですので、何が目的かというと、JR東日本エリアにメジャーな観光地をつくりたいっていうのが、究極の目的です。ミシュランのグリーンガイドブックという、海外で売られているガイドブックがありますけども、ほとんど紹介されている観光地は西日本なんです。メジャーなとこ、みんな西なんです。富士山とか、飛騨高山とか、京都、奈良、広島です。で東日本で三つ星ついているのは、松島と日光だけでありまして、こんな状態

ですし、いろんな事情があるんですけど、東北のミシュランの地図見ると、もうほとんど人も住んでいるかどうかも分かんないような地図で、福島県に至っては、福島っていう県の記述まで消えているという、もう本当に失礼なんですけど、こんな状態なんです。だから、こんな状態からお客さまを何とか増やしたいと思っています。

　やっぱりそうで、北海道とか京都とか、そういったメジャーな観光地にはたくさんの人が行っていますが、われわれのエリアにはあまりまだ人行っていません。訪日外国人は、2014年は1,341万人で、2013年より300万人も増えたのに、東北に来ている方はわずか2％です。人口の減る秋田県にこそ外国人がわんさか行かないと意味がないのに、みんな秋葉原と富士山と京都に行っております。これじゃだめなんですね。ですから、われわれの目的の一つは、こういった地域に人をたくさん来ていただいて、しかもメジャーな観光地じゃないとこに行っていただくために、東日本エリアの観光地をきちんとつくって、盛り上げて、レベルを上げて、来てもらう場所にしようということをやっています。

　ずっとこれをやってきました。秋田県の角館という場所を聞いたことがあると思います。桜の名所です。京都の桜もきれいですが、秋田の角館の桜って本当にきれいです。今年はもう散っちゃったんですけどね。われわれJR東日本は、ずっと、例えば山手線に桜のポスターを貼るときに、京都のポスターってもう二十数年間貼ったことないんですよ。ひたすら東日本エリアの東北の3大桜って言い続けてきました。もう終わっちゃったんで貼ってないんですけども、来年もし覚えていたら見てください、絶対京都の桜のポスターは貼ってないですから。

　それをずっと続けると、東北3大桜っていうのがメジャーになったり、人によっては、桜を見るなら京都じゃなくて角館と思う方が、やっぱり増えてきます。テレビの中継で桜の名所って紹介される場所も、やっぱり増えてきます。こういうことを繰り返して、今さまざまなことをやっているんですけども、これも鉄道会社の仕事としてやっているんですね。

5．デスティネーション・キャンペーン（DC）
(1) 3か月間特定の地域を推す

　鉄道会社としてやっていることの一つが、デスティネーション・キャンペーン（DC）という、3か月間特定の地域を推しまくるというキャンペーンです。JRだけが一方的に推すわけいきませんので、その地元と提携して、予算もつけていただいて、われわれは一生懸命宣伝をして、お客さまをお送りします。地域は一生懸命来ていただく方におもてなしをし、地元の観光客を受け入れる態勢をつくる。今までなかった観光資源を磨き上げてつくるみたいなことをやっていまして、昭和53年からやっています。

　冬は必ず京都なんですけど、それ以外の地域を3シーズンで、みんなで取り合いをしながらやっていまして、ここと決まったら3か月、一生懸命その地域ばっかり推します。今、福島です。JRの駅行くと、やたら福島推しているなっていうのが、多分、今日の話聞いて、もう1回JRの駅見ていただくと分かると思います。それは今、福島のキャンペーンやっているからであります。

　実は震災がありましたので、震災直後の青森からずっと東北のキャンペーンをぐるぐる回していきまして、青森、岩手、仙台、秋田、山形とやって、今、福島のキャンペーンをやっています。4年かけて6県回りました。まだまだ東北には人が来てないんですね。震災の前に戻っていません。その中で、風評被害だったり、実態の被害だったり、さまざまな思いをされいてる方がたくさんおられます。われわれのお取り引きをしていた旅館さんも、たくさん潰れてしまいました。

　でも、東北で、そもそも人口が減っているのに人も来なかったら、もうどうしようもないんですね。だから、この1回、1クールですね、六つのDCを回した段階で、今、福島が6月に終わります。それを終えることによって、東北の観光はもう1回スタートラインに立つんだという思いで、今、地元と一緒になってやらしていただいています。

(2) 山形デスティネーション・キャンペーンの事例

　何をやるのかっていう話の事例なんですけども、2014年の夏は山形デスティネーション・キャンペーンをやりました。山形というと、誰もが思い浮かべるのは、サクランボであります。サクランボの生産、日本一です。従っ

て、山形に来る方の夏のコンテンツのほとんどは、サクランボ狩りです。でも、サクランボ狩りのシーズンにサクランボ狩りのツアーを作っていたら、キャンペーンじゃないんですね。新しい観光資源を探して出して、磨き上げるということをやっています。

　山形県の日本海側、庄内地方の鶴岡市というところに、加茂水族館という水族館があります。この水族館は、日本でも有数のクラゲだけっていう水族館なんです。気持ち悪いでしょう。ところが、その気持ち悪さが、よく見ると、何か幻想的だなということになって、このクラゲミュージアムを見いだしたところ、わんさか人が来るようになりました。

　山形になぜか熊野大社、本当は紀伊半島にあるんですけどね。最近、出雲大社に行く若い女子が多いということで、実はこの熊野大社でも、満月の夜になると必ず神事が行われて、月結び、縁結びというものです。このご縁月の夜に熊野神社をお参りすると、簡単に言うと、恋がかなう、願いがかなうんだよっていうようなことを、宣伝しまして、たくさんの人にお越しいただきました。また、山形にたくさんの国宝がありますので、この国宝を、3か月の期間中、全部特別公開していただきました。例えば、蜂子皇子像っていう本尊がありますけど、開祖してから120年開けたことがなかった。で、開けてみたら、なかったらどうしようって、みんな怖い思いしていたんですけども、開けてみたらちゃんとありまして、そういったことをやりました。

　サクランボも、東京の千疋屋で売っている一玉500円ぐらいする佐藤錦っていうのは、みんな朝摘んでいるんですね。朝露を含んだ水々しいサクランボは、みんな朝摘んで東京に出しています。ところが、ツアーで行くサクランボ狩りって、みんな東京から来るから午後なんですね。一番おいしいのは、サクランボは朝摘むんだっていうことで、朝摘むってことはどうしなきゃいけないかっていうと、山形の旅館に泊まんないといけないんですね。泊まって朝摘もうよっていうことをやることによって、新しい旅行のパターンができると。今、朝摘みサクランボがブームになるようになりました。

　こういったことをやりながら、地元に何をお願いするかといいますと、おもてなしをしていただきます。おもてなしっていうのはいろんなことがありまして、みんなで鉦や太鼓で鳴らしていろんな人が出迎えてっていうのもあるんですが、いろんな人に、とにかく観光の立役者になってもらうというこ

とで、特に若い学生さんなんかにもいろいろ取り組んでいただきました。
(3) DCによる地域の観光レベルの向上
　宮城DCのときには、宮城県民、10万人のおもてなし大作戦ということで、人が来たら「私、これやります、あれやります」ということを募ったんです。で、あれやります、これやりますで募って、10万人の作戦だったのに、15万人になっちゃいました。仙台中の女子高生が、「むすび丸」っていう、ちょっとかわいいゆるキャラなんですが、この缶バッジをかばんにつけまして、駅に来ると「いらっしゃいませ」とかって女子高生が言ってくれるようになったり、高校生が桜の名所のところに出てきて、写真を撮って、お客さま向けに写真をプリントアウトして差し上げるとか、中学生が、修学旅行で東京に来たら、大使館を回って、震災の御礼かたがた、地元のアピールをして帰るとか、いろんなことをしていただきました。

　こうやって来てもらってうれしいっていう観光レベルが上がっていくということも、デスティネーション・キャンペーンでやっています。大体、地域によりますが、今、福島でやっております。大変盛り上がっていまして、列車が着くと、駅の改札ホームっていうか、駅の改札口抜けるまでずっと、子供たちがずっと並んで「福島へようこそ」って言ってくれたりとか、さまざまなことをやっています。

　ちょっと古いんですけど、2007年に千葉をやったときは、たまたまそのとき、私、千葉にいまして、大体150億円ぐらい経済効果があったというふうにいわれています。おもてなしをするということによって、その地域の住む方々の心のレベルが上がっていきます。観光客が来ると、心のレベルも上がるんだということもあります。

　こんな感じで、ただ人が来てくれる、ありきたりの観光地を訪ねる、紅葉の時期の京都、桜の時期の京都に行くのは当たり前、世界遺産になった富士山にみんなが行くのは当たり前、テレビの「ZIP!」に朝紹介されたから、みんなでそこに行くのは当たり前、そういうことじゃなくて、その地域に昔からあった観光資源をきちんと磨き上げて、ブランドをつくって、地域の皆さんはそれを大事にして育てて、来た人を迎えるという、このサイクルをつくって、東北であったり、東のエリアのさまざまな地域の観光レベルを上げるということをやっています。こういうことによって、少しでも多くの皆さんが、

東のエリアにもご旅行に来ていただくということを願いながら、私ども、こんなことを毎日やっています。

Ⅳ　観光の質的転換

1．シニア・マーケットの拡大
(1) 大人の休日倶楽部

　さて、観光の質の話をさせていただきます。日本の人口は減るんですが、とあるところで区切って数えると、激増なんですね。それは先ほどお話しした、定期券を手放した65歳以上での方で、もう日本の4分の1を超えます。この65歳以上になった方っていうのは、戦後の日本の高度成長を支えてきた方です。この方々はすごく贅沢でわがままなのですけども、とにかく今まで一生懸命頑張って働いてきたんで、これからは人生を謳歌するぞ、金使うぞっていう側に回っています。その方々だけを取って見ると、すごく増えるんですね。ここにありますように、全体の人口の減り方からすると、減った分ぐらい増えるぐらい、65歳以上の人口というのは増えていきます。

　従って、このマーケットに何をするかということで、もう10年前から「大人の休日プラン」というのをやっています。最近は早稲田の学生さんも知らない方が増えてきたらしいですが、吉永小百合さんという大女優ですね。日本にこれだけの女優はもういないと思いますけども、この方、早稲田出身ですからね、っていうと、「へえ」っておっしゃるんで、結構知らない方が多いなっていう感じなんですけど、この方をずっとイメージキャラクターにしてまして、もうシニア層には断トツ人気です。

　何が断トツかっていうと、今もコマーシャル流しています。駅にもポスター貼っています。ポスター貼ると、ポスター貼ってあるところ、今、白水阿弥陀堂っていう福島いわきのコマーシャル流しています。ライトアップがポッとされる、あの瞬間に、吉永さん、にこって笑うんですけど、その同じシーンで写真撮りたくて、今、白水阿弥陀堂にシニアの人がわんさか押し寄せていて、その吉永さんが立っていたところに行列ができてんです。毎回そうなんです。というぐらい、心に刺さる方であります。

　この方を使って、何をしているかというと、50歳以上の方々を囲い込む、

有料の会員組織をつくっています。先ほどお話ししたように、今までJRとの接点は通勤定期だったんです。通勤定期をお持ちいただければ、毎日JR東日本と接点がありました。でも、通勤定期手放しちゃったら、JRはどうでもよくなっちゃうんですね。それじゃ困るので、通勤定期を手放したらば、今度はご旅行で、観光で、当社をご利用いただこうということをやっています。

(2) シニア層の意識

　大体この方々の行動パターンっていうのをマーケティングすると、資料3のような感じになります。好きな言葉「仲間」、嫌いな言葉は「孤独」です。ここ大事なんですね。好きな言葉は「仲間」、嫌いな言葉は「孤独」、趣味は「旅行」みたいなことがあるんで、非常にいい感じなんです、われわれにとって。あと、自分は全然年取ってないと思われていると、これもすごくいいことです。

　で、このアンケートの流れでこういうアンケート取ったんです。65歳になったらリタイアしますね。会社辞めます。会社辞めたら誰と一緒に旅行行きたいですかっていうことを、サラリーマンの男性に聞くと、ほぼ断トツトップが奥様なんです。で、同じ質問を女性の奥様側に聞きますと、ほぼほぼ断トツトップがお友達なんです。だから、夫婦で旅行、行けないんですよ。

　学生さん、あえて今言っときますけど、われわれも今ぐらいの世代になると、学生時代の友達とかと一生懸命連絡を取り始めるんです。そろそろ会社としての寿命が切れてきますので。すると、会社って切なくて、会社辞めると、もう会社の縁なんてどうでもいいですし、そのとき部長だった、課長だった、なんてどうでもいいですからね。だから、その縁よりは、男子諸君は、今、隣にいるお友達と仲よくしといた方がいいですよ、本当に。この世代になると、やっぱり突然フェイスブックの友達申請が増えていくんですよ。突然そんなこと言われてもっていう感じになるぐらいだったら、今から親しい方がいいですからね。サラリーマンになると、上下関係でフェイスブック申請するの、しないの、結構もめるんで、今のうち友達なら何の問題もないですから、本当にそうした方がいいと思います。

　現実問題、そういう方が多いので、そういう方向けのツアーを作っています。男性が孤独なことが分かったんで、ほとんど男性の一人旅専用の団体旅

資料3　シニア層の意識

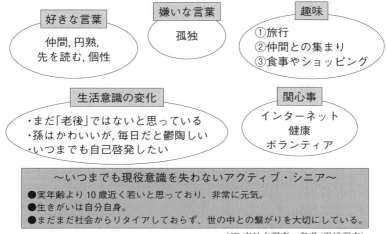

(JR東日本調査・参考/電通調査)
2015 Copyright (C) East Japan Railway Company, All Rights Reserved.

行ってやっているんですね。孤独な男性がみんな群れて、それで青森の恐山とか行くんです。そこで「うーん」とか言いながら。で、夜はビジネスホテルに泊まるんですけど、そのビジネスホテルの下の居酒屋にみんなで行って、最初の晩はみんな無口にちびちび酒を飲みます。二晩めぐらいになると、ちょっと打ち解けてきて、何か盛り上がって、で、フェイスブックのお友達になって帰るみたいな、そういうことをやっています。旅行って、結構男子一人旅なんてあんまり応援していないんですけども、これがターゲットになる。

(3) 人生を豊かに、地域を元気に─趣味→仲間づくり→旅を通じた自己実現
①東海道五十三次ウォーク

　それともう一つは、「東海道五十三次を歩く」っていうツアーをやっています。これすごいんですよ。全25回かけて、東海道五十三次歩きます。一気に歩くと25泊ぐらいでいけるんですけど、25回に分けて、2年かけてやります。1回めは、日本橋から品川まで歩いて解散です。次は品川集合、来月っていって、ずっと刻んでいって25回やると京都にたどり着けるのです。

最初のツアーは日本橋から品川までなんで7,000円なんですけども、そこからもうだんだん距離が遠くなるんで値段が上がっていって、全部参加すると70万を超えちゃうんですけども、完歩された方が結構おられまして、44人の方が完歩で、都合があって参加されなかった方は、勝手に自分で歩いて追いついた方とか、いろんな方がおられました。
　これすごいんですよね。先頭歩いているのが先達の学校の先生なんです、早稲田のOBなんですけど。東海道こんなだったとか、説明しながら。その後ろにお客さまがついていく。それで、三条大橋の最後のシーンでは、ここが最後の横断歩道で、渡ったら何かもう歓喜の渦で、万歳三唱して、記念写真撮って。70万払っていただいて、歩いているだけですから、もう旅行会社にとってもこの上ないお客さまですよね、本当に。でも、そのときの写真のお客さまの顔を見ると、すごく喜んでおられます。普通のパックツアーとか団体旅行で、こんな笑顔で参加されるお客さまっていないんですよね。
　でも、これからの旅はこういうことなんだろうなということです。バスで有名な観光地2～3ヵ所回るみたいなものはどうでもいいのです。もうこういうことによって人生が豊かになればそれでいいっていうことを、お客さまが喜ぶ様子を見て、私もお客さまから学んでいます。
②山形でみそ作り
　次は、山形でみそ作りの旅なんですけど、午前中集合して、午前中は座学で、講師は、みそ屋の若旦那です。みそを作るのはいかに大変かという講釈と、みそをこねるポイントを一生懸命説いています。座学です。午後は、みんなで、一心不乱にみそをこねます。で、これ夏やっていまして、みそって冬なんで、あとは自分のこねたみそが冬に届くのを心待ちにするっていうツアーなんです。以上、終わりです。
　これ2万円ぐらいでしょうか。これに大体定員の4倍ぐらいのお客さまが殺到します。山形行って、上杉神社行ったことのある人はいる、米沢牛食べたこともある、それはいいのと、私はみそをこねたいっていうお客さまが、いっぱいいるんですね。
　そういうことなんで、先ほどの寂しい独りの方に、仲間を作るためにこういったサークル活動みたいのを、私どもJRが、大人向けですけれども、会員向けにご提案しています。ただ、JRなんで、鎌倉合流して楽しかったねって、

ただで帰すわけじゃないですね。これで何とか旅行に行ってもらおうということを、作戦を考えながら、旅行に行っていただいています。

③フラダンス講座

　フラダンス講座っていうのがありまして、平均年齢67歳です。初めて67歳にしてフラダンスを始めます。最初はもう照れ照れで、それでもせっかく覚えたんで発表会しようかといって、ホテルの宴会場を借り切って、お食事しながら、赤チームと黄色チームと青チームで、ちょっと発表会したんですね。で、だんだん仲良くなってくると、日帰りで旅行行こうかっていって、今、スパリゾートハワイアンズとか、熱海とかに、こういうフラダンスを発表するステージ付きのイベントがあるんで、そこに行ってみるんですね。その後、熱海の海をバックにフラダンスを踊ると、何かすごい快感になるんですね、「初めて自分のフラダンスを見てもらった。私ってなんか素敵」みたいなことです。すると、大体そのあとハワイまで行っていただけるっていう、旅行会社にとってはこの上ないお客さまであります。

　もうここまで来ても、お客さまはハワイに行くのが目的じゃないんです。また自分のフラダンスを、あのハワイで一生に一度踊れた、見てもらえた、これはアラモアナセンターの舞台ですから、見ているかどうかっていうのはちょっと微妙なんですけど、いいんです。

④旅の英会話教室

　また、浅草の浅草寺で、一見普通のツアーに見えますが、何かが違うツアーがあります。ガイドさんが英語でしゃべっているんですよ。"This is Sensouji" "Uh-huh" とか言っています。"Uh-huh" と言っているのはお客さまで、これは「誰でも通じる旅の英会話教室」という講座のお客さまなんです。いずれ海外に行って、一言、二言でもいいから、「ハロー」でも「サンキュー」でもいいから、英語しゃべりたいっていうお客さまなんです。いきなりハワイに行って英語しゃべるのは何か怖いんで、じゃあ、外国人いっぱいいるから浅草寺で練習しましょうといって、3万円ぐらいいただいて、浅草寺で英語のツアーをやるんですね。こういうことによって、お客さまは自己実現をしていくようになります。

(4) シニア世代の高品質消費
①単なる旅行ではなく「得難い体験」を

　先ほどお話ししたように、日本を支えていた50代の方々が、今65歳以上になりました。10年前のシニアの方っていうのは、まだ戦後の焼け跡から「日本は大変だったんだよ。ほんとにもう焼け野原で、食べるものはなくてすごく頑張ったんだよ。大変だったんだ。大変だったんだ」っていうから、質素だったんです。でも、その世代がもう80代超えてきまして、今の層っていうのはそうじゃない方、これから金使うぞ、人生豊かになるぞ、元気になるぞっていう方々が、65歳以上になってまいりました。

　私が前に社長をしていたびゅうトラベルサービスの中で、私自身が驚いたことがあります。フランスの運河をクルーズするっていうツアーなんですけど、担当者が話をしたときに、絶対売れないから「やめろ」って言ったんですけど、やってみたら、ポンポン船に個室が10個あって、そこにお客さま集めて、ただ運河をクルーズするだけなんです。フランスに行くのに、パリにも行かない、お買い物もしない、ただこれだけです。100万円、105万円、あっという間に満員です。

　何しているかというと、船で行って、どっかの村に行って、村で自転車借りてみんなサイクリングしたりとか、シェフと一緒に村のマルシェに行って買い出しするとか、そんなことばっかりです。それを繰り返している間に、みんなで仲良くなって、楽しくなったんですよっていうことで、お客さまが殺到しました。

②新しい旅のカタチを造りだす

　JR九州に「ななつ星」というクルーズトレインがありますけど、今、これのまね事をしています。「カシオペア」という、わが社の中では今一番立派な寝台特急を、本当は上野–札幌行っているだけなんですけど、これを3泊4日のツアーにしまして、で、トレインクルーを乗せて、イベントをやったり、車内ですし握ったり、いろんなことをやっています。30万円から50万円ぐらいなんで、お高いんですけど、最大では20倍ぐらいの抽選になっています。

　そこで、「ななつ星」に似たような車両をということで、あと2年かかりますけど、「TRAIN SUITE 四季島」というシャンパンゴールドの列車を造ろうということで、今、造っています。これには、展望車、ラウンジカー、食

堂車があり、デラックススイートメゾネットは檜風呂付きです。
　その他に、東北、「あまちゃん」の舞台、久慈から八戸までは、レストラン鉄道「TOHOKU EMOTION」って走っています。オープンキッチンでランチを食べ、有名シェフの東北食材の料理を食べて、行きがランチ、帰りがデザートビュッフェ、往復で大体2万円ぐらいになりますけども、売り出したと同時に、半年分いっぱいになっています。
　それから、「越乃 Shu＊Kura」という酒蔵列車も走っていまして、これは朝から新潟走るんで、朝からいきなりお酒とおつまみセットが運ばれてきまして、そこでジャズ演奏をしながら、みんなで海を見てお酒を飲みながらジャズを聴くという、酔っ払い列車であります。
　そういうことなんですけど、そうやって旅行の質が変わってきました。ただ移動手段の鉄道じゃなくて、そういったお客さまに価値を高めて、質を上げていくということも、やっぱりわれわれはしなきゃいけないということであります。

2．インバウンド・マーケットの拡大
(1) 訪日外国人増加の経済的効果
　シニアのお客さまが増えていると同時に、もう一つ、すごく増えているのは、訪日外国人ですね。そもそもご存じでしょうか。日本の旅行業の始まりは、東京駅だったんです。われわれの前身は、日本国有鉄道という国の公共企業体でした。その前身は鉄道省という、いわゆるガバメント企業ですね。で、鉄道省のところで、当時1912年に、外客誘致論、今と同じです。海外から人に来てもらって、外貨を稼ぐんだ、みたいなことを言い出した人がいて、それによって外客として「ジャパン・ツーリスト・ビューロー」というものができています。ジャパン・ツーリスト・ビューロー、略してJTBです。今のジェイティービーの原点です。従って、今でも私どもは、24％程度株式を保有する、ジェイティービーの中では、民間の筆頭株主であります。切っても切れない関係なのは、元は一緒だったということなんですね。
　その中で一番最初に始めたのは東京駅で、外国人向けに切符を売るという仕事でありました。今伸びていまして、2014年に1,341万人も外国人が来まして、オリンピックまでに2,000万人、いずれ3,000万人しようと思ってい

ます（注　日本政府観光局（JNTO）の資料によると、2015年は、推計値で1,973.7万人となった）。

　何でこんなこと言っているのかというのを、ちょっと経済的にひも解くとこういうことなんですね。定住人口1人で、平均すると124万円、地域でお金を使っています。だから、人口1人減ると、自動的に124万円、地域の経済効果が失われます。今、シャッター商店街「大変だ、大変だ」って言っていますけど、100人減っていたら、1億2,400万円、自動的にその地域の経済効果が失われてるんですね。で、そのシャッター商店街をどう立て直そうといって、イベント1回やったって何の意味もないです。一番いいのは、減った分だけその地域に来てもらい消費活動ををしてもらうことであります。

　そこで、2013年のデータで見ると124万円を旅行者の人数で割ると、定住人口1人減った分を外国人観光客が10人来れば埋められるんです。同じ旅行者でも、国内の宿泊客は、外国人よりお金を使いません。日帰りの日本人はさらにお金を使いません。日帰りだったら、1人減った分は、83人の旅行者に来てもらわないと埋められません。でも、外国人なら10人来ていただければ埋められるんですね。だから、訪日外国人にたくさん来てもらおうということになります。

(2) 訪日外国人を鉄道の旅へ、東日本へ

　にもかかわらず、東北には2.7％しか来てないんです。資料4のように、ほとんどの人、東京に着いて、東京だけか、京都・大阪、九州・沖縄、たまに北海道に行っているだけなんですね。このまま2,000万人、3,000万人になったって、アキバが多分人で動けなくなって、京都の清水の舞台から落っこちて、富士山がごみだらけになるって、私言っているんですけども、それだったらば、日本人誰もが知る、あるいは日本の人もあまり知られていない素晴らしい風景と人情、そしておいしい食べ物に温泉という東北に、一人でも多くの方に行っていただくということも、私どもの重要なミッションであります。

　その日本の旅行業の原点たる東京駅に、今は、当時100年前と全く同じように、外国人向けに専用の旅行センターを経営しています。他にも、成田空港の2駅、羽田空港のモノレール国際線ビル駅でも、運営をしています。混んでいるんですよね、今。

資料4　訪日外国人のエリア別訪問率（2014年の消費動向サンプリング調査より）

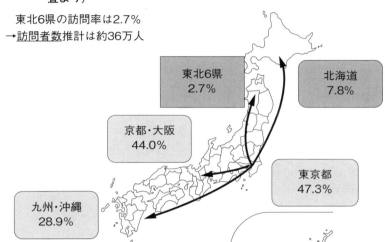

出典：「訪日外国人消費動向調査」（観光庁/2013年）　複数回答可のため、合計100％にはならない。

2015 Copyright (C) East Japan Railway Company, All Rights Reserved.

　それから、去年、台湾に旅行会社を、JALさんと共同で出資、元々JALさんの会社で、そこにわれわれが出資しまして、台湾に足がかりをつくりました。やっぱり旅行会社を通じて、普通だったら京都へ行っちゃうところを、商品を作って来てもらうみたいなこともやっています。

　コマーシャルもやっていまして、われわれの「GALA湯沢」っていう越後湯沢の1駅先のスキー場を、台湾向けに売ってます。それを、越後湯沢と言っても分かんないんで、「東京雪遊び」っていう名前で売ったら、2012年冬シーズン4,000人で、2013年冬シーズン1万3,000人、2014年冬シーズンは3万人の方が来ていただくようになりました。台湾の方は、みんな湯沢を東京だと思っていまして、それで全然いいんですけども、そんな感じで多くの方が行くようになっています。

3．顧客の価値・地域の価値・JR 東日本の企業価値

　ここまでのおさらいです。大事なことは、お客さまをつくることなんですね。何でお客さまつくんなきゃいけないかっていうと、交流する人を増やさないと日本はだめになるからです。もちろん鉄道会社もだめになります。この主役はやっぱり観光客なんですね。帰省する方は、年に1回必ずするかもしれないけど、年に5回帰省する人あんまりいないですから、用事をつくって動いてもらうっていうことは、観光に行ってもらうということなんです。ですから、人が旅に出る仕掛けをたくさんつくんなきゃいけないということになります。

　で、大事なことの順序は、やっぱりお客さまですね。お客さまが「あ、JR 東日本に乗って、この地域を旅してよかったな」っていうことが分かること、そして地域の価値が上がること、最終的にちょっと JR 東日本にお金が入ればいいな、そういうつもりでやっています。

V　鉄道と観光と災害

1．鉄道は旅で人を動かすブームづくりの源流

　51 年前に東海道新幹線が開業しました。そのあと、東京オリンピック、そして大阪万博というのがあったんですね。このときもそうでしたけど、鉄道っていうのは、こういう人を旅にいざなうというブームをつくる主役だったんです。これはさすがに皆さん分からないと思いますけど、以前「DISCOVER JAPAN」というのがありまして、これはわれわれの前身の国鉄が、人を旅にいざなうという一大キャンペーンをやっておりました。それから、「いい日旅立ち」です。知らないですよね。山口百恵さんという歌手が歌っておりました。これも国鉄のキャンペーンソングだったんですね。

　こういうことをやってきているので、鉄道会社って元々、ただ走っているだけじゃなくて、人の流れをつくるとか、観光地をつくり上げるとかってことは、元々われわれはやっていました。でも、何となくそういうことを忘れてしまいがちなこともあったんですね。でも、それをもう一回呼び戻そう、もう一回真剣に考えようというふうに思うに至ったのは、やっぱりあの東日本大震災でした。

2．震災と観光
(1) 人的被害 0（ゼロ）

3月11日の午後2時46分に地震が来まして、直後には誰も入れなかったので、そのしばらくたったあと、3月12日の仙台駅では、新幹線のホームの屋根はボコッと全部上から落ちてきまして、何番線乗り場がどうとか書いてあるのは全部落ちまして、キオスクの売店は、ここに何かあったのかみたいな感じになっていますし、切符売り場もなくなりましたし、まあ、とにかくすごかったです。

被災地、三陸の津波を受けたところはもっと深刻でありまして、陸前高田という地名は聞かれたと思いますが、駅があった場所かどうかは、この看板があるから分かるだけでありまして、駅の周りの町もろともなくなってしまいました。同じように、大船渡って聞かれたことあるでしょうけども、ホームがあったなと思うのは、プラットホームのへりが残っているからです。

常磐線を走っていた電車が、他にも何本か津波で流されまして、常磐線の新地の駅というところで、40人乗ったお客さまがいた電車が、津波に襲われまして、流れていきました。幸いなことに、この中に警察官も乗っていたのと、われわれの運転士・車掌が津波の警報を察知したので、お客さまを、津波が来る直前に、駅前のちょっと高いところの避難所までご案内していたので、お客さま40人無事でした。乗務員は、一応最後のお客さま見届けたあと、残る義務があったわけではないんですが、乗務員2人残りました。で、もう残って、やっぱり津波が来ているのは分かったので、逃げなきゃということですけど、逃げる場所がもうなかったので、駅の跨線橋に逃げたんですね。ちょうどその下を津波がかすめていったので、からくも2人残りました。

こういう奇跡的なこともありまして、3・11のときに、私どものお客さま、そして社員、電車に乗られている状態で亡くなった方も、けがされた方も、いらっしゃらなかったんですね。これは多分奇跡だと思います。

(2) 教訓を生かす

奇跡もあったんですけど、教訓もちゃんと生かしていまして、これは20年前の阪神淡路大震災、5時46分っていう朝方だったんで、電車が乗っかっていなかったんですけども、新幹線の高架橋が崩れてしまいました。これがあったので、東北新幹線はこの教訓で、高架橋の柱に鉄板等を巻いて、崩れない

ようにという補強作業をすべて終えていました。ですから、東北新幹線がこのようなことでだめになることはありませんでした。もしこれ起こっていれば、2時46分ですから、新幹線走っていましたので、そもそも何人もの方が亡くなっていたと思います。

同じように、中越大地震というのがありまして、これで新幹線、実は脱線をしておりました。脱線しても何とか止まったんですけど、脱線しても止まるということは大事なので、何とか止めようということの技術も、このとき教訓でシステムを変えておりましたので、走ってる電車はすべて安全に止まっています。

究極的なのは、地震多いということは分かっていましたので、三陸沖に新幹線専用の地震計をつけておりました。緊急地震速報で携帯がピーピーピーと鳴るでしょ。あれと同じようなシステムが、新幹線独自に備わっていて、最初のいわゆる初期微動、S波というのが来て地震が来るぞと分かった瞬間に、新幹線の電気を切ります。で、電気を切って、新幹線は自動的にブレーキをかけるので、最高速度で、今時速320 km、当時275 kmの新幹線は、この瞬間にブレーキをかけていましたので、あの地震は1分ほど本震まで時間がありましたから、すべての新幹線は70 km以下、もしくは停止をした後に揺れが来たので、結果的にお客様すべてセーフでありました。

こういう目に見えない技術で、何とかなったっていうのもあるんですけども、ただ神様が味方をしてくれたっていうこともあります。でも、それ以上に、日々のさまざまな教訓をたゆまなく努力して、少しでもいいことにしよう、うまいシステムにしようということを考えてきたという、先人に守られたというのもありました。おかげさまで、もうあの日がなかったかのように走り続けています。

3．つなげよう、日本
(1) とにかく「つなげよう」

その後、とにかく「つなげよう」と。当時、もう皆さんも4年前ですから、高校生ですけど、こういうコマーシャル流したのを、ひょっとしたら覚えているかもしれません。あのときコマーシャルってほとんど「ポポポポーン」だったんで、「ポポポポーン」以外で流していたコマーシャル、大体これだっ

たんですよ。「1 日も早く、レールをつなぐ。街と町をつなぐ。鉄道にできることは、それしかないけれど、つながれば、きっと誰かの力になる」。吉永小百合さんのナレーションで、これをずっとこれを流しました。われわれ結局、観光も大事なんですけど、つながってこその観光ですから、まずはつなげようということで努力をいたしました。

つなげるときに、最初にやったのは、まずは石油でして、東北新幹線がだめで、東北本線もだめなので、石油がないんですね。石油がないということで、一生懸命日本中から、機関車と、それを運転できる機関士をかき集めまして、新潟を回ってぐるっと日本海ルートを回して、あるいは磐越西線という普通貨物列車走んないとこを無理やり通して、そしてとにかく石油を運ぶんだっていうふうに始めたのが一番最初です。

その後、1,200 本ぐらい折れてしまった電化柱を直すために、日本中の鉄道作業員をかき集めてやってまいりました。で、ほとんど直って、これはいけるぞと思ったときに、4 月 7 日に余震がきまして、せっかく直したのに半分以上また倒れて、心が折れたんですけども、それでも何とかしようっていうことで、4 月 29 日に全線再開になっています。そのときの合言葉は、大体東北の桜って本当は 5 月の連休に咲くので、「何とか北東北の桜が咲くころまでにはつなげよう」ということで、つながせていただいたんですね。

(2) 4 月 29 日に東北新幹線運転再開

おかげさまで、4 月 29 日に全線開業になりました。で、その 1 本めの新幹線に多くの人が手を振ってくれました。人格ないんですよ、鉄道は鉄の塊ですから。人格もない鉄道の鉄の塊に、一生懸命「おかえり」っていって手を振ってくれる方がいらっしゃいます。これがやっぱりわれわれ地域に生きる鉄道なんだなという実感と、だからこそ、われわれは観光でこの地域に多くの方に来てもらうっていう仕事をしなきゃいけなんだなということを、本当に思うようになりました。

まだ三陸沿岸はつながってないところたくさんありますが、それでも仙石線という結構被害が大きかったところが、2015 年 5 月 30 日に運転再開になります。一つ先の女川という、これも非常にダメージを受けて、もうほとんど町なくなっちゃったんですけど、そこにも駅が戻りまして、3 月に運転再開いたしました。少しずつですけど、戻っています。

その震災後につくった新しいグループの経営構想の中で、こういうキャッチフレーズを言うようになりました。「地域に生きる。世界に伸びる」。そして、「ともにいきる」。震災からの復興、そして観光流動をすることによって地域を活性化しようということを、言わせていただくようになりました。

(3) 復興支援ツアー

このとき、私はびゅうトラベルサービスって当社グループの旅行会社の社長だったので、悲しかったですけど、全部キャンセル、払い戻しです。社員の給料払えるかなと思ったんです。でも、そのときに、東北の旅館のおかみさんとかが、新幹線走ってないんで、高速バスに乗り継いで私のとこ来てくれたんですね、とにかく何とかしてくれと。何とかしてくれるというのは、もうJRしかないんだということです。「高橋、何とかしてくれ。本当に大変なんです」と。そりゃ大変ですよね。今こそわれわれにしかできないことをやろうということを、本当に誓いました。

そこで、今でこそ当たり前ですが、復興支援ツアーなるものを最初に始めたのは、やっぱりわれわれでありまして、普通、旅行会社では、東北があんだけダメージがあれば、そのときはハワイやったり、九州やったりするものなんです。でも、われわれは愚直に、新幹線開業とともに、復興支援ツアーを始めさせていただいています。だから、こんなことで地域に生きるっていうのは、やっぱり大事なんだろうなと思いながら。

VI ホスピタリティの原点

1. サービス産業には消費と生産のミスマッチが起きる

おそらくこのツーリズム産業論を、履修した方は、こういった業界に多少の興味があるという方が多いんではないかと思います。私が思うこのツーリズム産業なるものっていうのは、やっぱりホスピタリティーがないとできない仕事ですので、その原点について、最後にお話をしたいと思います。

先ほどもお話ししましたスターバックスのお話です。人がいないんです、本当に。だって、サービス受けたいという人の半分しか、そもそも今でもいないんですから。しかも、学生さんの就職ランキングをよく見てください。確かにサービス業もちょこっと入っているけれど、でも、ちょこっとしか入っ

てないんです。だから、このままいくと、どんなに観光が大事だ、人が必要だっていっても、そこに働く人がいなかったら、担い手がいなかったら、やっぱりこのモデルは崩れてしまうんですね。そうならないようにしなきゃいけないなというふうに、本当に思います。

2．ホスピタリティ&ツーリズムを目指すなら

皆さん、それぞれご出身の地域があると思いますけども、その地域で観光客に話しかけられたときに、あるいは道に迷ったときに、アシストして助けるっていう気持ちを持つことができるでしょうか。あるいは、皆さんの出身地に何が有名なの、何が名物なの、何がいいのっていったときに、それは「これだ」って胸を張って言えるようなものってあるでしょうか。自分たちが育った地域で、その地域の中でお宝といえるものというのを、慈しんで、あるいはどういうゆかりがあって、どういう歴史があってということを、きちんと学んで、それを自分よりも若い人に伝えるっていうことを、やったことがあるでしょうか。こういう人がもう本当にいないんです。

観光地って、観光地のことを分かる人がいなかったら、案内できる人がいなかったら、観光地にならないんですよね。こういうことができないと、ジェイティービーへ行っても、JR東日本へ行っても、あんまり観光の仕事には就けないと思いますし、あるいは一番足らないのは、地域の地元で観光を担う人が足らないので、そういった人をつくんなきゃいけないという意味において、こういう感性を持つことは大事であります。

3．子供たちが地域を学び、誇りに思う

修学旅行で青森の中学生が上野駅に来て、東京駅に来て、ビラ配りすることをやっていただいているんですね。こういうことをやると、中学生頑張るんです。一生懸命青森のことを勉強するんです。そうすると、青森で観光客に来てもらうの楽しいなと思って、地元で就職しようっていう子が増えてくるんですね。岩手では、ごみ拾おうとか、声かけようとか、案内しようとか、そういう運動をしています。そんなこともすごく大事ですね。

私どもの会社では、団体のお客さまに、社員がこうやって見送りをして、旗を振って、手を振るっていうのをいつもやっています。これやると、新幹

線の目線に腰が下がってくるんです。これは振っている向こう側で、お客さまが手振ってくれるから、うれしくて腰が下がっていっちゃうんです。こういうことを通じて、やっぱり人に手を振る体験、人に感動してもらう体験っていうのを会得するようなことも、やんなきゃいけないと思っています。

　岩手県の釜石線というところを、SLが走っています。銀河鉄道を模したんで、「SL銀河」ということで、去年初めて1回だけ、夜、走らせました。夜走ってみたら、本当に銀河鉄道みたいだったっていう写真があります。

　こういうことをやるときにも、地元の子供たちに参画させるんですね。SLが走るっていう地域は、日本にそうそうあるわけではありませんから、公園にあったSLを引っぱり出してきて、チューンアップして、それで走れるように戻すんですけども、そのとき子供たちに絵本を作らせたんですね。SLが走る町だから、『SLぎんがくんのいちにち』。こうやってやると、地元の小学生・幼稚園児が、自分たちの地域はSLが走る場所なんだっていって、すごく誇りを持つようになります。地域を愛するようになるんですね。

　こんなことをやりながら、やっぱり地域っていうのは、だんだん活性化していったり、元気になってきたりするんだろうなというふうに思います。

　このSLなんですけど、SLを2年前に、震災が起きた福島と郡山の間というところで、久々に復活をさせました。そのとき、せっかくSLが走るんで、乗れる方は100人ちょっとしか乗れませんので、乗る方はいいので、ぜひ福島の皆さんは、世界に向かって、「復興支援ありがとう」ということと、「私たち福島にいてこんなに元気なんだ」というメッセージを、SLに向かって発していただいたら、それをわれわれが流してさしあげますよっていうことをいったときに、皆さんが協力してくれました。

4．鉄道はただ走っているだけじゃない

　今、キャンペーンやっていますけど、もう一回同じ区間を2015年6月に走りますので、沿線のどこかに行けば、鉄道がただ走っているだけじゃないっていうことを体感できると思いますので、もしご興味があれば、お出かけいただきたいなと思います。ということで、鉄道は、結構ただ走っているだけじゃなくて、何かと何かをつないで走っているんだっていうことをご理解いただければなと思います。

最後に、ぜひこの中におられる中から、1人でも多くの方が、地域だったり、観光に関わるお仕事に就いていただけることを、本当に期待をしまして、お話を終わりにしたいと思います。ご清聴、ありがとうございました。

【確認問題】

問 1 「観光と鉄道」に関連する記述のうち、内容が誤っているものを 4 つの選択肢のなかから 1 つ選びなさい。
① 2013 年 4 月 1 日現在で JR 東日本の輸送人員は 1 日あたり 1,680 万人であり、同時期の JR 東海の 1 日あたりの輸送人員は 150 万人余りである
② JR 東日本の鉄道輸送量（人キロ）のうち、ほぼ半数が定期券による利用者である
③ JR 東日本および JR 東海の新幹線の利用客はビジネス目的と観光目的がほぼ半数ずつである
④ JR 東日本の鉄道事業の利用客の内訳は、首都圏エリアが 75％、地域輸送が 23％、東北・山形・秋田・上越・長野新幹線が約 2％である

問 2 「観光の質的転換」に関する記述のうち、内容が誤っているものを 4 つの選択肢のなかから 1 つ選びなさい。
① 東海道五十三次ウォーキングには、延べ 1,450 人が参加し、連日 1 か月をかけて全員がゴールの三条大橋に到着した
② 東北地方では、味噌作りを体験し、できあがった味噌が参加者の自宅に届けられるツアーがあった
③ 2017 年春にデビュー予定の「TRAIN SUITE 四季島」の車両には、檜風呂がある客室を設計している
④ 「旅の英会話教室」の一環として英語で説明するガイドのツアーや「フラ・ダンス」など、シニア世代が旅を通じて自己実現をするコースがあった

問 3 「観光の質的転換」、「『地域に生きる』ということ」および「ホスピタリティの原点」に関する記述のうち、内容が誤っているものを 4 つの選択肢のなかから 1 つ選びなさい。
① 訪日外国人旅行者数は増加しつつあるが、行き先を日本国内の地域別にみると、東北 6 県に行く人はもっとも少ない
② 地元を来訪した人を歓迎し、地元の名物や名所を紹介し、また、地元の歴史や文化を大切にし引き継ぐことが、ホスピタリティには重要な要素である
③ 2011 年の東日本大震災発生時に走行中の 27 本の新幹線は安全に停止し、死傷者は出なかった
④ 東北新幹線は、2011 年の東日本大震災の本震および余震による被害を受けたが、同年 9 月 23 日に全線開通した

問 4 JR と地方自治体や地元観光関係者が協力する観光キャンペーンである「DC」の「D」の意味を漢字三文字で説明しなさい。

正解　問 1　③　　問 2　①　　問 3　④　　問 4　目的地

5　日本のホテル産業における役割

㈱帝国ホテル　代表取締役社長　定保英弥

I　はじめに

　皆さん、こんにちは。帝国ホテルの定保英弥と申します。本日はこのような貴重な機会をつくっていただきまして、まずは御礼申し上げたいと思います。なにとぞ、よろしくお願い申し上げます。帝国ホテルからホテル業界を代表する立場として、こういう取り組みをしている、将来的に向けてこんなことを考えてる、などなど、帝国ホテルのサービスについて、ご紹介をさせていただきたいと思います。

II　帝国ホテルの紹介

　現在、帝国ホテルは東京と大阪と上高地3か所に直営でホテル事業を展開しております。東京は、おかげさまで、今年11月3日で開業125周年を迎えます。大阪が来春でちょうど20周年です。上高地帝国ホテルは、日本で初めてできた山岳リゾートホテルですが、2013年に80周年を迎えました。本当に長い間皆さんにご支援していただいています。
　提携ホテルは、ハワイのホノルルにありますハレクラニとワイキキパークホテルです。これらは非常に有名なリゾートホテルですけども、実は私どもの筆頭株主の三井不動産様が100％出資をしているということで、日本における予約やPR活動の窓口としてお手伝いをしています。そのような関係で提携ホテルと呼んでおります。
　国内の営業所は、現在、名古屋と大阪と福岡です。以前は仙台と札幌にもあったのですが、今現在は、東北から北海道に向けては東京から営業チームがおじゃましてる状況です。海外は、現在ニューヨークと、昨年の秋には、

アジアからのお客様大変増えてますから、シンガポールに営業の窓口を置いております。あと、台湾にも一人、営業活動をやってもらっているエージェントの方がおります。

現在の東京の規模ですけども、客室数931室、宴会場が約30、レストラン、バーが全部合わせますと20近くあります。大変大きなホテルです。最近ではこれだけの規模のホテルは、そうないと思いますが、それに対して、従業員の数は、正社員と契約社員、パートタイマー、われわれはパートタイマーをサポート社員と呼んでますけども、全員合わせて1,800人います。ホテルとしては1部屋につき大体2人のスタッフがいるという体制ですから、理想的かもしれません。

大阪が381室で、従業員が約500名です。上高地は74部屋で100名のスタッフがいるのですが、この100名は東京から派遣してます。4月末から11月初旬までの、年間約200日の営業です。東京、大阪、上高地を全部合わせますと約2,400名、グループ会社全部入れますと約3,000名の事業で、毎日、一生懸命仕事をしておる次第です。

これは、帝国ホテル東京の売上に占める構成比の目安です。宿泊部門の売上で全体の約2割、レストランでもやはり2割、宴会で約35％です。この3部門だけで75％です。以前は宿泊の構成比がもっと高かったです。ご存じのように、最近は外国人の方が増えて、宿泊の売上が大変伸びてきてますので、売上の構成比は3割近くにまで戻ってきていると思いますが、これがいわゆる、日本のホテル、東京のホテルの特徴かもしれません。宴会の売上の比重が高い点は、他の国、他の都市ではなかなか無いことかもしれません。それだけ宴会需要が多いのです。また、最初に申し上げましたが、婚礼、結婚式をホテルで挙げる方々がまだまだ多いということになるかもしれません。

外販事業部売上というのは、ホテル商品のスープやカレーの缶詰ですとか、ケーキ、バター、パンですとか、クッキーの売上です。

それから、15％の賃貸料というのは、後ほどまたご紹介しますけれども、帝国ホテルのタワーという背の高い方の建物の中で、いわゆるオフィススペースを賃貸してるということで、その賃貸収入が大変大きくホテルの利益に貢献をしております。その収入が全体の15％になります。

Ⅲ　帝国ホテルの歴史

1．日本の迎賓館として誕生

　それでは、私どもが今取り組んでることや、今後に向けてこんなことを考えてるということをお話しする前に、やはり私どもの歴史を少しご紹介しなければいけないと思います。

　先ほど申し上げましたように、今年ちょうど開業125周年を迎えるわけですが、1890年11月3日に帝国ホテルは、まさに今と同じ場所に開業しました。いわゆる欧化政策を進める明治政府が、東京の中心、帝都東京に内外の賓客、大事なお客様をお迎えするために、しっかりとした西洋式のホテルを造るべきということでできたホテルです。当時の外務大臣、井上馨卿の提唱により、財閥のトップの皆さんから出資をしていただきました。

　筆頭株主は、何と当時の明治政府で、今でいう宮内庁でしょうか、宮内省であったわけですが、実は、日本初のホテルということになりますと、私どもより前に、1860年、横浜にできていました。横浜ホテルと当時言ったそうですが、1870年にはグランドホテル、今の横浜の山下公園の近くにグランドホテルというホテルもあったようです。いわゆる幕末に横浜が開港したということで、横浜の方に先に西洋式ホテルができ、のち、東京にも外国人の専門旅館、築地ホテルなんて言ったそうですけども、こういうホテルができたけれども、施設的にも非常に貧弱であったということです。

　それから鹿鳴館、皆さん、テレビや映画でご覧になったことあると思いますけども、帝国ホテルのすぐ横が当時、鹿鳴館だったんです。鹿鳴館はわれわれより7年先にできております。従って、鹿鳴館で毎晩のように繰り広げられるパーティー、舞踏会に出席する大事なお客様が宿泊するための施設も必要だったということも、一つの理由だったようです。

　建物は、本当に素敵なドイツ風、ネオ・ルネッサンス様式ですが、これを設計したのは日本人です。渡辺譲さんという明治時代を代表する建築家が、設計をしてできた60部屋のホテルです。先ほど申し上げました通り、今、私どもは931室ありますけども、125年前は60部屋でスタートしました。

資料1　明治23年開業　初代の建物

2．ライト館

　次の建物は、建築関係を勉強している大学生の方は皆さんご存じだと思います。アメリカの有名なフランク・ロイド・ライトという建築家がいました。今でも大変有名です。アメリカ人の旅行者、ビジネスマンは、この建築家のデザインや雰囲気、意匠が残ってるバーに訪ねてきて、一杯だけ飲んで帰る人もいます。それだけ有名な建築家でした。

　いよいよ部屋の数も60部屋では足りなくなってきて、施設も新しくしなきゃいけないということで、当時の林愛作さんという支配人が、旧知の仲であったフランク・ロイド・ライトに依頼して1923年の9月1日にできたのがこの二つめの建物で、270部屋まで一気に部屋数が増えております。

　実は、1923年、大正12年の9月1日は、11時58分に関東大震災が起きた日です。ちょうどこのフランク・ロイド・ライト氏の建物の開業披露を12時からやろうと思っていました。その数分前に、残念なことでしたけども、関東大震災が起きまして、東京はこんな状態になったのです。これ、JRの線路

資料2　関東大震災直後、有楽町の様子
　　　　1923年（大正12年）9月1日　午前11時58分
　　　　開業披露パーティー準備中に関東大震災が発生

が見えます。有楽町駅から新橋に向かっている方向です。
　他の建物はほぼ倒壊してしまったんですが、実はライトの建物だけが、被害は受けたのですが、残ったということです。ライトは非常に日本のことをよく知っていて、浮世絵等々の有名な収集家であったとも聞いております。従って、日本は地震が多い国だということで、当時からその地震に耐えうる工法を採り入れて造ったようですが、おかげさまで見事残ったということが、非常に大きな歴史の1ページとしてあるわけです。
　当時も、大震災発生後、炊き出しをしたり、外国のメディアや大使館向けに、ホテルの中の施設を貸したり、そんなことをやりました。東日本大震災が起きたあとも、実は帝国ホテルにも多くの家に帰れない方々、2,000名ぐらいですかね、最終的には集まって一晩を過ごされたことを、私はよく覚えております。スタッフもそのときは、椅子や毛布を出したり、毛布が足りなくなったらバスタオルを出したり、ペットボトルの飲料水を提供しました。もう二度と起きてほしくない東日本大震災で、われわれも関東大震災のときと同じようなことをやったわけですが、そんなことがあったということを、

資料3　日比谷公園上空からみたライト館全景（昭和30年代後半の写真）

少しご紹介させていただいた次第です。

3．本館・タワー／上高地／大阪

　さて、実は現在の本館ができたのが、1970年です。もう45年前になりますでしょうか。大阪で万国博覧会が開催されたり、飛行機で申しますとジャンボジェット機の就航により、大量輸送時代の幕開けということで、客室の数がまたさらに必要になったということでオープンをしました。

　そして、1983年、約30年前には、日本初の商業施設とホテルの複合ビルが建ち、地下はレストラン街、1階から4階はショッピング、そこから上はオフィス、そして、20階から31階にはホテルができました。今では、東京都心はほとんどこういう形態のビルが多いのですが、われわれがホテルビジネスをする上では、このように賃貸スペースの収入を安定的に得られるということが、今振り返りますと、当時の経営陣に感謝を伝えたいと思っています。

　それから、上高地帝国ホテルです。赤い屋根の山岳リゾートホテルです。今の季節、特に、雪が解け一気に新緑に変わる季節ですから、本当にきれい

資料4　前方：本館　後方：タワー

資料5

上高地　開業
1933年（昭和8年）

大阪　開業
1996年（平成8年）

な時です。夏、それから秋の紅葉の時期もいいですね。

そして帝国ホテル大阪は、間もなく開業20周年になります。このホテルの立地は川のほとりで、桜の季節は本当にきれいな所です。

4. 帝国ホテルが始めたサービス
(1) ランドリーサービス

宣伝になってしまって申し訳ないのですけども、帝国ホテルが始めたサービスがいくつかあります。

まずはランドリーサービスです。皆さん、将来就職されたら、恐らく出張の機会等、どこかにご旅行される機会があろうかと思いますけども、ホテルに長い間滞在しますと、洗濯に出したり、ちょっとアイロンをかけてもらったりするかと思います。実はこのようなホテルランドリー・サービスを日本で初めて導入したのは、私どもでした。もう百年以上前になりますけども、当時、外国から船を使って長い時間旅をしてきたお客様のために、洗濯をする機能が必要だということで、先ほど言いましたフランク・ロイド・ライト氏を連れてきた林愛作という当時の支配人が導入したサービスです。

資料6

ライト館当時の洗濯場　　　　現在のランドリー

左上が、1911年当時の洗濯の様子です。当時、洗濯部と言う部門があったそうです。その右が現在のランドリーです。実は、このサービスは私どもの社員が担当しており、ランドリーの技術を学んで、一生懸命やらせていただいています。

キアヌ・リーブスさんというアメリカの有名な俳優をご存じかと思います

けれども、20年ぐらい前でしょうか、お泊りになったことがあって、ランドリーサービスを利用して非常によかったということで、映画の中でシャツが汚れてしまうシーンがあったんですけども、キアヌ・リーブスさんはそのときアドリブで、「洗濯を頼みたい。東京の帝国ホテルで出すような洗濯だ」ということを言ってくれたんです。先日、残念ながらお泊りにはなっていなかったのですが、久しぶりに日本にいらしてまして、私どもに立ち寄ってくれたんです。

(2) ホテルウエディング

次はホテルウエディングです。フランク・ロイド・ライトの建物がオープンしたときに関東大震災が起きました、ということを先ほど申し上げましたが、私どものホテル周辺の主だった建物は、全部倒壊してしまいました。そして、多くの神社も実は倒壊してしまったのです。当時の支配人は、それだったらホテルの中で式も挙げられて、写真も撮れて、美容着付もちゃんとでき

資料7　大正14年頃　披露宴の様子

資料 8

当時の様子　　　　　　　　　現在の様子

て、披露宴も挙げられる、そういう一貫したサービスを提供しようと、現在のホテルウエディングのスタイルを確立し、お客様にご提案・ご提供したのです。

(3) アーケード

続きましてアーケードです。今、帝国ホテルの本館地下1階でも、これはどちらかというと外国人が喜んでいただけるような日本ならではの陶器ですとか、骨董品ですとか、宝飾・宝石関係、真珠などを販売している店があります。これらのホテル内のアーケードも、実は私どもが初めて導入をしたわけです。

(4) バイキング

いわゆるバイキングスタイルのレストランを初めてご提案・ご提供したのも、私ども帝国ホテルです。

57年前近く前になります。バイキングという食事スタイルは、もともと北欧料理のスタイルで、当時は、スモーガスボードと言っておりました。当時、後の料理長になりました、村上信夫という、日本のフランス料理界で大変有

資料9

（上）開業時

（下）現在 ※2004年改修

名なシェフがおりました。残念ながらもう亡くなりましたけど、村上信夫自らが北欧に飛んで、そのスモーガスボードを勉強して日本に持ち帰り、帝国ホテルで初めてバイキングスタイルのレストランを始めたのが、1958年です。

　今、いろんなバイキングがありますね。ケーキバイキングですとか、中華バイキングですとか、その発祥の地と申し上げてよろしいかと思います。当時、海賊が主役の「バイキング」という映画が上映されていたようでして、大男がよく食べるということで、これは一説なんですけども、社内公募したところ、「バイキング」という名前をつけたということになっております。

(5) サービスの原点

さて、今年で開業125年です。原点は、日本の迎賓館として誕生したわけですけども、さまざまな歴史の流れの中でチャレンジの連続でしたが、それぞれの時代背景の中で、常に原点の気持ちは忘れずに、お客様のニーズ、時代のニーズに合わせた形で、変えるべきものは変え、変えてはならないものは守るという選択をずっと続けてきたというのが、私ども帝国ホテルです。お客様のあらゆるご要望にお応えできるように、いろいろなことをご提案してきました。ただ、基本的な原点、日本の迎賓館であるということは常に頭の中のどこかに置きながらやってきています。

近年は多数の外資系ホテルが続々と新規開業しています。正直申し上げて、営業的には本当に大変です。もう勘弁してくださいって言いたいのですが。東京もようやく、そういう意味では、ニューヨークとか、ロンドン、パリと肩を並べられる、同じようなホテルが出そろったということは、東京のブランド価値を上げられたということになろうかと思います。従って、オリンピック・パラリンピックがまた開催されることになった、一つの要因でもあるのではないかと思うのですけども。

そういう意味では、新規ホテルを大歓迎したいと思います。新しいホテルができますと、われわれも、もっとサービスを良くしようですとか、もっといい建物、施設を造ろうということになりますので、競争は大変ですが、私どもにとっては良いこともたくさんあると思います。

Ⅳ　ブランドを支える三要素

1．三つの要素とは

さて、ブランドを支える三つの要素について、よく私どもの中で話をしています。ハードウェアというのは施設面ですし、ソフトウェアというのはそのサービスの仕組みというか、マニュアル、組織と言ってもいいかもしれません。それから、最後がヒューマンウェア、これは人、従業員です。この三つの要素が高いレベルで維持できていれば良いと思います。

ホテルというのは、メンテナンスがしっかりされてて、お客様のニーズ、時代のトレンドに合わせながら、ソフトウェア、サービスの仕組み、マニュ

アルが柔軟的に変更されていて、最後は、ホテルマンが笑顔で元気良く、「いらっしゃいませ」、「お帰りなさいませ」、「ウェルカム」、「グッドモーニング」と言える、やはりそこだと思いますね。一番大事なのは、ヒューマンウェアだと思うのですが、これらの三つの要素が高品位にバランス良く保たれ、三位一体となっているホテルは素晴らしいホテルだと思います。

特に最後のヒューマンウェア＝人です。多少施設がちょっと古くても、人がいいと私はいいなと思いますし、施設だけがよくて、他がいまひとつだったら、私なら、多分もう絶対行かないと思います。

2．ハードウェア

最近では、開業120周年を迎えるタイミングで、もう6年ほど前になりますけども、180億円を投資して、本館を中心とした大きな改修を行いました。ちょうどこの頃に外資系のホテルがいくつかオープンしましたので、当初の予定よりもちょっと予算をかけて、いい施設を造ろうということでやりました。おかげさまで、今のところ無借金経営でやっております。従いまして、こういう投資をしながら施設的にもよくすることによって、お客様にもっと来てもらって、生み出された売上、利益で、また投資をしていくというサイクルが大事だと思っている次第です。

フランク・ロイド・ライトという有名なアメリカの建築家が、私どもの二つめの建物を建てたということは、先ほどご紹介しましたけれども、本人のデザインや意匠・雰囲気が残っているスィートが一つだけあります。これは日本でも一つ、多分世界でも一つだけだと思います。このスィートを指名されるお客様がおかげさまで結構いらっしゃいます。ベッドルームが二つありまして、正規料金は40万円です。

婚礼の花嫁さんが、当日、式・披露宴に向かう前に支度をするためのブライズサロンという部屋があります。6年前、このようなサロンを18部屋つくりました。今いらっしゃる顧客、お得意さまは、年齢層がちょっと高いです。従いまして元々客室だったところをあえて投資したのは、、次の世代の、まさにここにいらっしゃる皆さんのような若い方々に、われわれ帝国ホテルとしてもファンになってもらわなければならないということで、まずは婚礼の事業について一生懸命取り組んでおります。

116　5　日本のホテル産業における役割

資料10　フランク・ロイド・ライトスイート（2005年 完成）

資料11　ブライズサロン（2009年）

従いまして、客室であれば、毎日お客様が入って、一部屋においては3万円、4万円、きっちりお支払いされて、いわゆるキャッシュで入ってくるのですが、キャッシュをすぐに生みださない婚礼という事業がわれわれにとっての将来のファンづくりに必要であるから、あえてこのように新設しました。

　日本の人口は残念ながら減少していまして、結婚式を挙げてくれる年代、年齢層、適齢期の人口も減っています。私どもの婚礼組数は、最高時には年間で1,200組を超えてたのですが、残念ながら今900から950組ぐらいの間になってきております。それだけ新規ホテルがオープンしたということもあるんですが、ただ、これからもしばらくの間は、将来のファンをつくるために、婚礼のビジネスについては、一生懸命力を入れていきたいと考えております。

　先ほど申し上げましたが、おかげさまで日本の迎賓館としてスタートした帝国ホテルというブランドが、最終的には利益を生んで、その生まれた利益を、さらにブランドを強くするために施設や人材に投資をする、こういうサイクルをしっかり回していきたいのです。やっぱり元気良く一生懸命仕事をしましょう、笑顔でお客様をお迎えしましょう、とスタッフにもいつも言っています。そうすれば、お客様が増えて、お客様が増えれば売上は増えます。売上が増えれば利益が確保されて、またその生み出された利益で施設にも投資することができ、また、人を育てるための研修にも投資ができて、それができればまたモチベーションが上がって、また給料が上がって、また一生懸命仕事をすると、そういう回転をきっちりやっていこうという話をよくやっています。非常に単純なことですけども。

3．ソフトウェア

　ハードウェアの次はソフトウェアです。これは、仕事の仕組みや、組織、マニュアルです。いわゆる固定化されたマニュアルだけに固執することなく、外国人が増える、日本人が増える、観光客が増える、ビジネスマンが増える、そのお客様の動き、ニーズ、流れに対して、どううまく柔軟に変わっていけるか、対応していけるかということだと思います。これも一つ、重要なポイントです。

4．ヒューマンウェア

　それから、最後にヒューマンウェアです。何の仕事をしても、何のビジネスをしても、「結局、最後は人である」と思います。ティエリー・ヴォワザンというフランス人が、レ・セゾンというメインダイニングのシェフをやっています。顔良し、腕良し、ハート良しということで、非常にいい男で、もう10年ぐらい帝国ホテルで頑張ってもらっています。それから、企業のトップ、国を代表するトップの方々を主に接遇する、着物を着たアテンダントという担当者もいます。

　人材の育成については、私も社長になりましてから2年たちまして、これからも重要な課題としてとにかく力を入れて取り組んでいきたいです。2020年に向けて、またさらにその先に向けて、海外から来るお客様がどんどん増えてきますので、世界に出ても恥ずかしくないホテルマン・ホテルウーマンを、一人でも多く育成していくことが、私にとっても非常に重要なミッションであると思っています。皆さんもぜひ、ホテル業界、観光業界、旅行業界に、少しでもご興味を持っていただければと思っております。

V　おもてなしの心は現場の発想

1．現場の発想を広告として掲載

　さて、帝国ホテルの宣伝になりますけれども、「おもてなしの心は現場の発想」ということで、『文藝春秋』という月刊誌に毎月企業広告を掲載しております。現場を実際に担当するスタッフ自ら考案して、全員で考えて、こういうサービスをしましょうということでスタートしたサービスを、今までの広告から少し紹介させていただきます。

(1) ポケットマネーは1万円

　まず、「ポケットマネーは1万円」です。帝国ホテルの正面に着きますと、ドアマンがいます。車で来る方、ハイヤーで来る方、バスで着く方、そういう方々のドアを開けて、お荷物を下ろして、中にご案内するドアマンのポケットには、常に5,000円1枚と、1,000円札5枚が入っているんです。

　なぜかといいますと、外国人の中には既に両替をしているけど、1万円しか持ってない、千円札を持っていないという方がいるんですね。最近タクシー

のサービスもかなり良くなってきていますから、「大丈夫ですよ」と言うタクシーの運転手さんが多いと思いますが、中には「1万円って、お釣りがありませんよ、お客さん」って言われる方も確かにいるということで、ドアマンがそのお客様の1万円をすぐ両替できるように、常にポケットに忍ばせております。こんなサービスを自分たちで考えてやっております。

(2) 紙くずはもう1泊します

それから、「紙くずはもう一泊します」というのは、例えばお客様が帝国ホテルに泊って、今日チェックアウトしました。お客様の部屋に残ったごみは、その後もう一泊取っておくという意味です。

お客様が今日チェックアウトして、例えば次の出張先の香港に行ったとしましょう。香港のホテルで、「帝国ホテルで大事な書類をごみ箱に捨ててきたような気がする」ということで、電話がかかってくることがあります。そのときのために、お客様の滞在した部屋のごみは、一晩余計に置いておくことをしています。女性の方ですと、大事な指輪ですとかネックレスを落としてしまったかもしれませんという方もいらっしゃいます。

これも、私どもの客室係が、931部屋分のごみを余計に取っておかなければならないので、スペースの確保も本当に大変なんですけど、そのようなサービスです。これも現場のチームが、直接自分たちでこういうことやりましょうということで始めておりますので、これはやっぱり、おかげさまで私としては大変にうれしく、そういうスタッフが、お客様にとってどういうサービスが一番いいんだろうか、お客様のご期待をさらに越えて、喜んでいただくためには何をしなければいけないかという気持ちが常にあるから、こういう発想が出てくるのかなと思います。

(3) 二度目のモーニングコールもあります

「二度目のモーニングコールもあります」という広告です。他のホテルは大抵、客室にある電話でセットできるモーニングコールやホテルに備え付けの時計で目を覚まします。

帝国ホテルの場合は、客室にある電話でモーニングコールをセットできますが、それだけではなく、お客様が私どもの交換台に、「〇号室の定保です。明日7時に起こしてください」と依頼されると、私どもの交換台は、直接7時に電話して起こしてくれるのです。「定保様、おはようございます。7時で

ございます」。そのときに、この定保様という方は、また寝てしまったかもしれないと思ったときは、何分かしたらもう一回電話します。これは本当です。それで、飛行機とかバスに間に合いました、電車に間に合いましたという方がいらっしゃったものですから、こういうサービスもしているということをご紹介させていただきます。

(4) 花嫁の力水

「花嫁の力水」という広告もあります。結婚式や披露宴に入場する花嫁さんが緊張しているところ、ちょっと一口水を含んで落ち着いてもらうために、お水のグラスにストローをさして、差し上げます。きれいに紅も塗り終わってますから、グラスに口をつけてダッと飲むわけにはいきません。ストローをさして少し一口含んでもらうようなサービスではありますが、私どもの婚礼担当の介添えのチームの担当者が始めたサービスです。例えばこんなサービスをやっております、というご紹介でした。

Ⅵ さすが帝国ホテル推進活動

1. 帝国ホテルの評価

「さすが帝国ホテル推進活動」というサービス向上運動があります。これはレストランや海外のホテルでもよく名指しで、このスタッフには大変お世話になったというお手紙が来たときには、そのスタッフを表彰しましょうということをやってるレストランや、海外のホテルがたくさんあると思います。もう15年前ぐらいになるのですが、社内のサービス活性化を、外資系のホテルも進出してきて、帝国ホテルとしてできることは何かないかということで、もう一回サービスのレベルをみんなで上げようよ、モチベーションを高めることによって一生懸命やろうよということで始めた運動です。

実は、お客様からの評価は、「さすが帝国ホテル」「帝国ホテルともあろうものが」の二つしかありません。お客様の期待にお応えできたときは「さすがですね」と言われる反面、期待通りではなかった場合には、「どうしちゃったんですか、帝国ホテルは、定保さん」と言われることがあります。そのときはショックでしょうがないのですが。

お客様からのコメントレターが、1日あたり大体3から5通、年間にする

と1,500から1,600通ぐらい届きます。今、副総支配人が2人いますから3人で、全員がすべての手紙に目を通すんですけども、おかげさまで半分以上はお褒めの言葉です。ただ、中には、「どうしちゃったんですか、今日は笑顔がなかったですね、あそこのレストラン」ですとか、「一生懸命手を挙げてコーヒーのお代わりを頼んだけど、誰も来なかった」というコメントもあります。これは悔しいですが。ですから、こういう比較的当たり前のことが当たり前にできていないと、「帝国ホテルともあろうものが」と、お叱りを受けます。これは絶対に起こしてはいけないということで、良いことも社員全員で共有して、社内でどんどん真似をして、お客様に楽しんでいただいて、もっと来ていただこう。悪いことは、絶対こういうことが起きないように、これもあえて全員で共有して、起きた事例をみんなで聞いて、学んで、そういうことを起きないようにするためにはどうしようか、という活動を今やっております。

2．「さすが帝国ホテル」表彰制度

　名指しで褒めていただいたサービス優秀者は、月に3名から5名、年間で40～50名選んで、1年間終わりますと、年間大賞ということで一人を表彰します。職場組織の活性化、そして従業員のモチベーションアップです。年間大賞は従業員全員が投票して決めますので、非常に盛り上がります。全員が、この人が一番良かったよねということを考える良い機会になるわけです。

　一つご紹介しますと、7年前になりますのでちょっと古い事例ですが、大阪のルームサービス係の事例です。客室からビールとカレーを願いしますとか、例えばオーダーが来ますよね。そして、お客様から依頼の受けた品を、女性の担当者だったのですが、お部屋に届けて、セットして、サインをもらって、部屋を出て、閉まったドアに向かって深々と頭を下げて帰って行ったのです。どうしてなのか私はいまだに分からないんですが、そのお客様はドアスコープからのぞいて外を見ていたらしいです。閉まったドアにその担当者が深々と頭を下げたのです。それを見たお客様からのお褒めの手紙をもらったときは私もちょっとびっくりしました。

　皆さんご存じのように、新幹線に乗りますと、「やっぱり日本ってすごいな」って外国人の方が言うのです。新幹線に乗るときに、車掌ですとか、運

転手ですとか、新幹線の中を清掃する担当者の方は、一礼して新幹線に乗ると思います。降りたときも一礼しますね。外国の有名なホテルのオーナーや社長、総支配人が集まった大きな総会があったんですけども、そのときに私は何人にも言われました。京都に行かれた方が多くて、新幹線に乗って帰ってきて、「定保さん、日本はすごいね。新幹線に乗る前に乗務員の人たちが一礼してるよ」と言ってました。それと同じように、感謝の気持ちを表したわけです。

先日、興味深いお手紙を頂きまして。この話を掲載した広告を読まれたんですかね。「先日、本当にやっているか確認させていただいた」と。「さすがですね。ちゃんとやってらっしゃいましたよ。感銘を受けました」という手紙でした。それだけ皆さんよく見ていただいているということだと思いますので、こういうサービスは今後もしっかり続けていきたいです。

要は取り組む姿勢だと思うんですね。皆さんもこれから海外に出る機会もあると思いますし、やっぱり日本人としてこのような姿勢をいろんな場面で見せていく、取り組んでいく姿勢を大事にするということは、すごく大切なことだと思います。

3．九つの実行テーマ

今年、134人の新入社員が入社しまして、最初に教えたことは、非常に単純なことなのですが、「帝国ホテル行動基準」です。その中で九つの実行テーマという言葉があります。これは本当に単純なことです。最初の三つが、挨拶、清潔、身だしなみ、です。われわれは、いわゆるサービス業ですから、清潔で身だしなみがきちんとしていますか、これは当たり前のことなのですが、挨拶がきちんとできますか。すみません、偉そうなこと言いますが、皆さんもお父さん、お母さんと挨拶を交わしていますか。挨拶、清潔、身だしなみ、まずこれをきちんと実行しましょう。

次の三つは、感謝、気配り、謙虚です。私も「感謝」という言葉が好きです。こんな元気な体に産んでもらった父、母にも感謝しますし、今、帝国ホテルに来ていただいてるお客様にも感謝したいですし、今日こうやって皆さんにお会いできたことも、やっぱり感謝したいですし、一緒に働いている仲間にも感謝だと思います。感謝し、やはりホテルマン、ホテル業、サービス

業ですから、気配りしてますかと。そして、謙虚ですかと。この謙虚だという気持ちも大事です。感謝、気配り、謙虚、この六つができて初めて、知識、創意、挑戦です。さきほどのような新しいサービスを提案したり、新しいバイキングという食事スタイルを始めたりということだと思います。

　従いまして、帝国ホテルの社員は、社会人になったら、まず挨拶、清潔、身だしなみ、それから次の感謝、気配り、謙虚、最後に知識、創意、挑戦、これをきっちりやっていこうと、よく話をしています。後に皆さん社会に出られるわけですから、社会人の基本としては、特に挨拶、清潔、身だしなみ、感謝、気配り、謙虚の六つは、私は大変大事だと思っていますので、少しだけでも覚えていただければと思います。

Ⅶ　帝国ホテルの企業理念

1．インバウンド増加と受け入れの方向性

　2020年まで観光業界、ホテル業界は間違いなく今の盛り上がりが続いていくと思います。重要なのは、2020年も大事ですけども、2021年以降が大事だと思います。今、日本政府がターゲットとしている訪日外国人2,000万人というのは、もう容易に達成できる状態なのかもしれません。この状態が2021年以降、東京オリンピック・パラリンピックが終わったあとも、続いていかなくてはいけないですね。そのためには今後どういうことをしていく必要があるのか、ホテル業界の立場でお話させていただきたいと思います。

　改めて2014年、去年1年間を見ますと1,340万人の外国からの方々が見えました。ご存じのように、全世界見渡しますと、フランスは8,000万人をゆうに超えてるということですから、どうしてこんなに違うのかというように思います。

　実は、元々リーマンショックまで帝国ホテルにご宿泊のお客様の半分は外国人でした。その中で一番多いのは、アメリカ、北米から来ているビジネスンの方、そして観光客でした。次にヨーロッパ、次にアジアです。それで半分が外国人だったのです。リーマンショックの次に東日本大震災が起きてから、一気に外国人比率が2割、3割程度まで落ちたことがあります。今、おかげさまで4割に戻り、一番伸びてるのは、やはりアジアからのお客様です。

これはやはり、政権が交代したあと為替が変動し、円安になり、アジア各国に対するビザの発給要件の緩和が実施され、そしてオリンピックが決まって、その良い状態が今、ずっと続いてます。今年も、中国やアジアでいう春節・国慶節のあと、桜の花見シーズン、4月、5月に入っても、その勢いは止まっていません。非常にわれわれにとってはありがたいことですけども、これをいかにこれから続けいくかということだと思います。

　ただ、私どもでは、日本人も半分来ていただきたいですし、アメリカ、欧米からも来てもらいたい、アジアからも来てもらいたいです。バランス良くいろんなとこから、各国から来てもらうということが、リスク対応の上でも一番重要なことだと思っておりますので、国内のお客様、リピーターもすごく大事です。先ほど申しましたように、宿泊売上が全体売上の大体2割で、その宿泊売上の大体4割近くが、日本人の、国内のリピーターの方々ですから、この方々を大事にしながら、いかに外国人客を増やしていくかということが重要なテーマだと思っております。

2．「IMF・世界銀行年次総会」で見せた日本らしいおもてなし
(1) MICE への取り組み

　皆さんは、「MICE（マイス）」という言葉を聞かれたことがあると思います。これはミーティングとインセンティブとカンファレンス、またはコンベンション、そしてエキジビション、これらの頭文字 M、I、C、E を取って MICE と呼んでおります。いろんな学会や大きな国際会議、これらをどんどん日本に誘致していこうということです。このように大きな集まり、学会、国際会議が、東京、横浜、大阪、福岡、京都、いろんな所で開催されますと、それだけで経済波及効果は非常に大きなものがありますので、力を入れていこうということで、今、観光庁や本日いろいろとお世話になっております、日本観光振興協会の皆さんを含め、取り組んでいると思います。

　私ども帝国ホテルは、客室が930、宴会場も30ほどあって、レストランも20近くあると言いましたけども、大きな会議を受け入れられる施設です。新しくできた外資系のホテルでは、なかなかこれだけの規模はありません。やっぱりわれわれも、そういうお客様も大歓迎しながら、個人でいらっしゃるお客様も大歓迎できる、おかげさまでそんなホテルになっておりますので、こ

のMICEに対する営業は、これからも強化していきたいと思っております。

　少し古い資料ですが、国際会議の開催件数を国別で見ますと、日本は世界で7位です。アジアでは1位です。都市別でいきますと、なんと東京は世界で26位、アジアで7位です。特にシンガポール等、アジアでも、われわれよりも積極的に国際会議を受け入れている都市が多数あるということを、ご紹介をしておきたいと思います。

(2) IMF・世界銀行年次総会の開催

　もう2年半前になると言っていいでしょうか。皆さん、ご存知かもしれませんが、IMF・世界銀行年次総会という大きな国際会議が、東京で開催されました。有楽町の駅前に東京国際フォーラムという大きな国際会議場があります。本当に素敵な、きれいな、立派な会議場です。ここにIMF（国際通貨基金）、そして世界銀行に加盟する188カ国の財務大臣、蔵相、大蔵大臣、そして中央銀行総裁が集う会議だったのです。

　私ども帝国ホテルも、東京国際フォーラムと一緒に、メイン会場として皆様をお迎えするという経験ができました。帝国ホテル始まって以来、端から端まで全部貸し切り状態になりました。空港でよくある金属探知機も各入口に全部セットされて、入館するお客様、会議に関係ないお客様も全員チェックされました。関連して、当時の民主党政権の野田総理主催の大きなパーティーを、私どもが会場となりお手伝いをしました。和のイメージを出そうと、東北のお酒、地酒、焼酎、食事等も出し、着物を着たコンパニオンがサービスをしながら、大変素晴らしいパーティーでした。

　大きなパーティーや国際会議、また、その国を代表する方がお泊りになると、われわれスタッフが集まり、皆でお見送りをよくしています。その際、IMFのトップで女性のラガルド専務理事、世界銀行のトップであるキム総裁、皆さんおっしゃったのは、当然ホテルのサービスも良かったし、食事もおいしかったが、やはり東京、日本は、安全で、安心で、いろんなインフラがきちんと整備されていて、特に面白かったのが、いろんな会場の間を走るシャトルバスが時間どおりに、ほとんど予定に狂いなく来たり、会議の運営も非常にスムーズで、すべて予定どおりに、時間どおりに、内容も予定どおりにすべてセットされていたことです。予定通りに、全員に熱いコーヒーがさっとサービスされるということを、おっしゃっていました。やはり、日本

はそれだけの力があるのではないか。われわれにとっては当たり前だと思うんですけれども、他国で開催される場合は、なかなかそうは簡単にいかないそうです。

　従いまして、私も一ホテルマンとして、また帝国ホテルの代表として、大変うれしいコメントであったと記憶をいたしておる次第です。

(3) インバウンドにおける役割――民間外交の窓口

　このように国内外の重要な方々をお迎えしたり、もちろん、北海道、福岡、九州、沖縄からいらっしゃる、ディズニーランドに遊びに来ましたというご家族もいらっしゃいますけど、こういう方々をお迎えしたり、非常に面白いです。いろんな方にお会いできます。そういった意味では、毎日いろんな大変なことがありますけど、楽しくやっております。

　特に海外からいらっしゃる、これからも増える外国人の方々が、当然いろんな場所にショッピングに行ったり、観光に行ったり、浅草に行ったり、おいしい食事を食べに行ったり、富士山に行ったり、箱根に行ったりするわけですが、一番滞在時間が長いのは旅館であり、ホテルだと思います。従いまして、われわれホテルも、民間外交の窓口として、帝国ホテルならではの日本のおもてなしの心を皆様にお伝えしたら、日本に初めて来た外国の方は、絶対またもう一回いらっしゃって、リピーターになります。いろいろな外国人の方々がそうおっしゃっていただいて、何度もお越しいただいている方がいますので、確信を持って言えると思います。このような役割をわれわれホテルも担いながら、日本のおもてなしを今後もしっかり発信していきたいと思っております。

　今、帝国ホテルはオリンピックに向けての大改修は計画しておりません。ただ、タワーの客室が大体360室あるのですが、30年間あまり大きな手直しはしていなかったため、上層階の客室より、バスルーム周辺を中心に快適性を上げ、空調環境も上げて、建物が高いですから、上から皇居、日比谷公園もきれいに見えますし、銀座も見下ろせるということで、特に海外からいらっしゃるお客様に楽しんでいただけるように、現在、内装も少し手直しをしております。ちょうど高層階の特別フロアはオープンしたばかりですので、これから本格的に稼働していくことになろうかと思います。

　外国人客を元来の宿泊客数の50％に戻そうというのが今の目標です。都内

資料12　タワー客室改装工事　概要
　　　　対象：タワー全361室、31階〜20階
　　　　時期：2015年1月〜2016年4月　まで順次

　　　　第1弾　31・30階の改装が完了　→「特別階」と位置づける
　　　　名称：「プレミアムタワーフロア」
　　　　室数：58室
　　　　販売：4月16日より

のホテルは現在、ほとんどが50％を超えていると思います。東京もそうですし、大阪の各ホテルも、ご存じのUSJの影響が大変プラスの効果として働いておりまして、混んでおります。また依然として京都も大変人気ですから、関西は大変賑わってると聞いておりますし、私ども帝国ホテル大阪も、おかげさまで客室が混雑しています。

3．今後の課題――人材育成

　さて、申し上げましたように、やはり人材育成が私にとっては非常に重要な課題です。皆さんは、少なくとも英語は話せるようにしておくと、絶対武器になります。卒業して何のビジネスに就かれてもそうなると思いますし、仕事に就かなくとも、将来の役には絶対立つと思います。

　今、私どもの従業員は2,400人おり、全員が全員、高いレベルには達していませんので、英語力の向上、英語の研修をどんどん増やす、それに対する予算もしっかり取って、ということをやっております。例えばレストランのサービスもですが、極端な話、ニューヨークやパリに行っても恥ずかしくないようなサービスができるスタッフを増やすということです。大げさな言い方ですけども、世界に出ても恥ずかしくないようなホテルマン・ホテルウー

マンをつくっていきたいというのが私の目標ですし、おかげさまで私達には125年の歴史があり、先達が残してきてくれたDNAがきっちり引き継がれてきておりますので、すでにアドバンテージが他のホテルに比べてあると思います。よって、その上にさらに彼らが高めた力が加わってくれば、もっと強く、大きくなれると思っております。

　従いまして、ビザの関係もあって、一度にそう多くのスタッフを海外に勉強に出すわけにはいかないのですが、海外への出向や研修できる機会、留学できる機会を少しでも増やしているところです。

　実は今年1月、23歳以下で行われるジュニア・ワールド・ペストリー・チャンピオンシップという、ペストリーの若手の世界大会がイタリアでありました。9カ国参加し、日本代表は帝国ホテルでしたが、見事に、総合優勝、世界一を勝ち取ってきた若い22歳のペストリースタッフがおります。9カ国とはいえ、まさにワールドカップですし、入社してまだ2年ぐらいしかたっていないです。専門学校を出て、ホテルに入って、毎日一生懸命、先輩の力も借りながら、もちろん練習も何回も繰り返しながらやってきた中での優勝でした。私どもの場合はこのような人材をさらに増やしながら、どう育成していくかということが、大きな課題であります。

4．「さすが」と言われるために──「基本の大切さ」「100－1＝0」

　「さすが帝国ホテル推進活動」という活動を一生懸命やっていると申し上げました。

　私は九つの実行テーマのうち、まず大事なのは、挨拶、清潔、身だしなみ、感謝、気配り、謙虚だと申し上げましたが、基本的な取り組みは本当に大事です。

　例えば、私はスポーツが大好きですが、当時の早稲田のラグビー部の監督がいて、早稲田がなかなかラグビーの大学選手権、王座を奪還できないでいました。昔強かったんだけど、他の大学に負けるようになってしまったのです。その王座をもう一度奪還するために一生懸命やったのは、やはりラグビーの基本の練習らしいです。で、もう一度王座を奪還できたという本を読んだことがあります。

　ホテルの仕事、社会人の仕事、何が大事かというと、ホテルの場合、お客

様から頼まれたことを、きちんと期限を守って、お客様のところにお届けする、納める、こういう基本的なことがすごく大事です。これは、誰がやっても、何の仕事をやっても大事だと思います。書類を書くのも一緒です。会社のルールに従って書けているかどうか。ルールに従って、決められた人からきちんと承認をもらっているかどうか、基本的なことをきっちりやろうということです。これは、全員ができていれば、「帝国ホテルともあろうものが」とは、基本的に言われないです。この基本ができていないと、「コーヒーください」と言っても、誰も気がつかなくてお客様の席に行かなかったということが起こり、だめです。このように基本的なことをきっちりやるということが非常に大事だと思っています。何か起こったときは、大体この基本ができていなくて、怒られています。当たり前のことが当たり前にできてないということで怒られてしまいます。従って、基本をきっちりやろうということを、まず一つ言っています。

　それから、代々受け継がれてきていますのが、当たり前ですが $100-1=99$ ですが、私どもの場合には、$100-1=0$ です。これはだめです。一つでもどこかが失敗したら、もう終わりです。全体のサービスにむらがあってはいけないということになろうかと思います。一つのミスが全部の評価をだめにします。

　例えば、ホテルに着いて、チェックインして、にこやかに迎えてもらって、素敵なお部屋に案内されて、食事もおいしくて、サービスも良くて、帰るときに、会計のときに手間取って何かミスがあったとしますと、大変残念でしたということになりますね。よって、$100-1=0$ だということを忘れないように、みんなで頑張っていこうと言っております。

　ですが、いろいろな国の方々との出会いと喜びがあり、そういう意味では、非常にやりがいのある仕事だと思っております。

5．帝国ホテルの原点と企業理念

　まず一つ言えるのは、帝国ホテルは日本で誕生したホテルです。メイド・イン・ジャパンのホテルの代表として日本ならではのおもてなしの心をお客様に伝えることが、また海外から来るお客様を増やすことになると思っていますので、このプライド、矜持だけは、絶対に忘れずにがんばっていきたい

と思っている次第です。

　さて、帝国ホテルに来て良かった、おいしかった、サービスが良かったという方は多いのですが、面白いことに私どもは担当者めがけて来るお客様が結構多いです。今日は誰々さんに会いに来たというお客様が結構多いです。従って、先ほどから申しておりますように、人をどうやってつくっていくかということが大事になると思います。

　最後に、帝国ホテルの企業理念の一部をご紹介します。「帝国ホテルは創業の精神を継ぐ、日本の代表的ホテルであり、国際的ベストホテルを目指す企業として、最も優れたサービスと商品を提供することにより、国際社会の発展と、人々の豊かでゆとりある生活と文化の向上に貢献する」という文面が、私どもの企業理念にございます。日本で誕生したホテルですが、日本の代表として、国際的ベストホテルを目指していく、これが原点であり、永久に変わらない、特に大切なところです。そういう気持ちで、私も今後とも頑張ってまいりたいと思いますし、ぜひこの業界でお会いできるかと思います。卒業されて社会に出られたあとも、何かの機会に、帝国ホテルにぜひ立ち寄っていただきたいです。

　改めまして、貴重なお機会をいただきまして、本当にありがとうございました。長時間おつきあいいただきまして、感謝を申し上げます。皆さん、一生に一度しかない大学生生活でございますので、本当にエンジョイしていただいて、後悔のない、楽しい、有意義な生活を送っていただきたいと思います。本日はこのような機会をいただきまして、ありがとうございました。今後ともよろしくお願いします。

【確認問題】

問 1　帝国ホテルの歴史に関する記述のうち、内容が誤っているものを 4 つの選択肢のなかから 1 つ選びなさい。

① 帝国ホテルは、1890（明治 23）年鹿鳴館に隣接して、日本で初めてのホテルとして 60 室で開業した
② フランク・ロイド・ライトが設計したライト館が 1923（大正 12）年 9 月 1 日に開業するにあたり、開業披露宴の準備中に関東大震災が発生したが、ライト館の被害は周辺の建物に比べてかなり少なかった
③ 2011 年 3 月 11 日に東日本大震災が発生したので、帰宅困難となって帝国ホテルに集まった 2000 人に、水のペットボトルや毛布を提供するなど、積極的に対応した
④ 1958（昭和 33）年北欧の伝統料理「スモーガスボード」を提供するレストラン「インペリアルバイキング」を開業し、「食べ放題」のバイキング方式の先駆けとなった

問 2　帝国ホテルのブライダルに関する記述のうち、内容が誤っているものを 4 つの選択肢のなかから 1 つ選びなさい。

① 関東大震災のために東京の神社が消失したことから、ホテル内に神前式結婚式場、美容室、写真室を設置し、ホテルウェディングの先駆けとなった
② 新婦の控室として、本館の客室 30 室をブライズサロンとして改装した
③ 結婚式の件数は、減少傾向にあるが、披露宴などを担当する宴会部門の売上は客室部門やレストラン部門よりも多い
④ 結婚披露宴前の新婦の緊張を和らげるために、披露宴会場への入場前にストローをさした水を提供している

問 3　よいホテルの条件に関する記述のうち、内容が誤っているものを 4 つの選択肢のなかから 1 つ選びなさい。

① 設備関係のハードウェアは、とくに水回りや空調が劣化することが多いので、2020 年の東京オリンピック・パラリンピックに向けて準備を進めている
② ソフトウェアとは、仕事の仕組み、組織、マニュアル、ノウハウなどに関するもので、2005 年に新設した「ロビー・マネージャー」を例としてあげていた
③ ヒューマンウェアについては、「最後の決め手は"人"である」という言葉に尽き、どんな産業・組織・業務でも当てはまる
④ ホテルの三要素は、ハードウェア、ソフトウェア、ヒューマンウェアであり、それぞれが高品位にバランスよく保たれ、三位一体となっている必要がある

問 4　帝国ホテルのおもてなしに関する記述のうち、内容が誤っているものを 4 つの選択肢のなかから 1 つ選びなさい。

① 帝国ホテルでは、宿泊客の忘れものの問い合わせに対応するために、客室の紙くずなどのゴミを 1 週間保存している
② 帝国ホテルのドアパーソンは、千円札 5 枚と五千円札 1 枚をいつもポケットに入れている
③ ルームサービスの注文品を客室に届け終えたスタッフが、退出後に閉めたドアに向かって一礼したのを見て感激した宿泊客からコメントがあり、そのスタッフは表彰された
④ モーニングコールは、機械ではなくオペレーターが行い、場合によっては、二度目のモーニングコールをかけることがある

正解　問 1　①　　問 2　②　　問 3　①　　問 4　①

6 観光活性化によるまちおこし
——観光イノベーションの必要性——

㈱リクルートライフスタイル　事業創造部部長　じゃらんリサーチセンター
センター長　沢登次彦

I　はじめに

　皆さん、こんにちは。じゃらんリサーチセンターの沢登です。私のテーマは観光活性や地域活性です。皆さんが将来、地方とか地域を元気にすることを仕事にしていこう、観光領域で仕事をしていこう、旅行領域で仕事をしていこう、もしかしたら公務員という形で、地方公務員で地域の元気を取り戻していきたいとか、そういう方には、役に立つ話だと思っています。

　また、昨今「グローバル」といって、世界の中にビジネスチャンスがたくさんあると耳にすることが多いと思いますが、実は日本の地方にも注目したい。地方と企業の関わりの中でたくさんのビジネスが生まれる可能性があるので、そういうビジネスチャンスのヒントも皆さんにお伝えできたらと思います。

　その前に、私が所属するじゃらんリサーチセンターは、リクルートの中に唯一ある観光の研究機関です。立ち上げて10年で、地域活性や旅行業界の活性化に関する仕事をしています。会社から戦略投資をもらい、その投資に見合うリターンを返していくということで、業界が活用できる調査結果とか、実証実験を自らやっていくということがテーマになってます。

　こういうバックボーンから話をしますので、今日は、消費者側の調査や、今の日本の観光の状況から皆さんが明日から何か行動を始めるヒントをお届けしたいと思います。特に地方は、今、地方創生と言って、1,700億と2,500億、延べ4,200億が、地方を元気にするための予算として、2015年4月以降、地方に交付されています。地方はこの予算を何に使っていくのかすごく悩んでますので、その解決策のヒントも幾つか出していきたいと思ってます。

Ⅱ 現状把握──日本の置かれている状況

1．日本の人口動態

　最初に、日本の今置かれてる状況を、特に人口の分布から見てみたいと思います。将来、皆さんが第一線で社会に出て活躍するときに、日本の人口、あるいは地方の置かれてる状況がどうなってるのかというのを共有したいと思います。日本の今後の総人口の推移について、出生率が今のまま減りも増えもしなければ、日本の人口はどうなっていくのかというのを、総務省がデータで発表しています。実は日本はこれから、全世界、先進国の中で、最も急激に人口が減っていく国になると予測されています。今の日本の人口は約1億2,800万人です。2060年には9,000万人を下回り、8,600万人台になります。3分の1の人口が、これからあと45年間で日本からなくなっていくんです。このことは、結構重要なことだと思います。

　日本は、西暦500年とか600年から2000年ぐらいまでは、毎年人口が増えていくという国でした。第2次世界大戦だけは減少しますが、それ以来、日本は毎年人口が増えていく中で、経済をどうしていくかということを考えていった国なんですよね。1900年の人口は5,000万人でした。5,000万人が100年で1億2,800万人になったということは、たった100年で約2.4倍に一気に人口が増えた国です。でも、今の出生率である1.44のままであれば、2100年には、また5,000万人の国に戻ります。

　これが、今、日本が置かれてる状況です。そこで、出生率をどうやって上げて人口を増やしていくかとか、移民施策をどうしていくかとか、今まさに、日本は本当の転換点で、いろんなところでいろんな動きが起こってます。皆さん、そういう中で社会に出ていくので、転換点を目の当たりにしていくということで言うと、非常に面白い時期です。でも、当たり前なこと、要は今までやってたことを踏襲するだけだと、もう難しい時代になってきてると思っていいんじゃないでしょうか。

2．2020年以降の問題

　あと、トピックスとしては、「2020年」って、よく最近キーワードで出てき

ますよね。東京オリンピックが2020年に開催が決定し、「2020年、頑張ろうよ」っていうことでいろいろな動きが進んでいますが、2020年は、まだそんなに人口減少起こってないんですよ。

　大変なのは、2020年以降です。以降、急激に人口が減ってきます。なので、喪失感っていうのは、私は今から怖いなと思ってます。東京オリンピックまでは、みんな元気に「頑張ろう、頑張ろう」というモードです。インフラ投資も積極的に行うし、いろいろな資産の投資っていうことに対して言うと、日本は成長するということで、2020年まで行くと思います。東京オリンピックが終わったあと、人口も減少し、そのあとどうやって成長を継続していくのかということは、2020年以降どういうふうに国は成長曲線を描いていくのかということを考えて、今から戦略を打っていくってことが、すごく大事だと思います。

　あと、生産性年齢というのも、非常にシビアなデータが出てると思います。日本では15歳から64歳までの生産性年齢は、2060年には総人口の50％になります。2人に1人になってしまいます。これも、日本が統計を取り始めてから初めてぐらいに少なくなります。そうすると、働く担い手をどう獲捕するのかということも、これから考えなきゃいけない新しいテーマとして浮上してきます。シニアの雇用をどうしていくのか、あるいは女性の活用。主婦や、今、仕事から離れてる人たちに、また仕事をしてもらうのか。日本の中で担い手が補えない場合、じゃあ、移民の受け入れについて考えていくのか。実は、高度移民、高度のスキルを持った人たちは、日本に住んでもらうことを奨励していくような方向になってきてます。こういうふうに変化が起きていくのが、これから先の10年だと思ってます。

Ⅲ　観光宿泊動向──「「じゃらん宿泊旅行調査」2014年」データより

1．調査方法

　では、国内の観光の状況にポイントを絞ってお話をさせていただきます。我々は年に1回「じゃらん宿泊旅行調査」を発表しています。業界や地域から重宝されています。この調査は観光宿泊旅行をしてる人たちだけにしたんです。出張・帰省・修学旅行、日帰り、訪日外国人旅行者は対象から省きま

した。純粋に、自主的に「よし、行こう」と思ってる旅行に限って、統計を取っていってます。これは、市場をどこにしようかというふうに考えたときに、地域は新しい価値を作って人を呼ぼう、プロモーションを頑張ろうと一生懸命取り組んでいます。そのプロモーション先の市場だけに絞るということにして、観光宿泊旅行のデータを、インターネット調査でとっています。

　もう一つ大事なのは、人が動いたんじゃなく、動いた人がどれだけ地域でお金を使ったのかということです。何人、来たかではなくて、地域でどれだけのお金が消費されたのか。47 都道府県の観光の今のコンディションがどうなのかというのを資料にまとめ、いつでもお渡しできるような状況にしてます。それを都道府県単位のカルテということで、我々は「県別カルテ」と呼んでます。

　今日、皆さんにお話しする 2014 年の今回の最新のデータなんですけど、これは 2013 年度です。毎年 7 月に発表してます。安倍政権が 2012 年の 12 月 16 日に自民党の政権になり、その後の、2013 年 4 月から 2014 年の 3 月。アベノミクスの効果が観光にどう影響したかっていうのも、ちょっと見ることができる 1 年だったかなと思っています。

2．量的変化の把握
(1) 旅行実施率と宿泊旅行実施回数

　日本人の 20 歳から 79 歳で少なくとも観光の宿泊旅行をしてる人は、日本平均で言うと 57.5％なんです。4 割以上の人が国内旅行を 1 回もしてないんですね。

　われわれ、このデータを 10 年間、毎年同じ方法で取り続けてます。10 年間で見ると、上がったり下がったりは多少ありますけど、2004 年、2005 年の調査結果では実施率は、65％、66％、いわゆる 3 人に 2 人ぐらいが旅行をしてたのが、今は 4 割以上の人がしなくなっています。7～8 ポイント下がってるっていうのが、今の日本の状況です。こんな感覚、皆さんにありました？日本の旅行の実施率自体は、今若い人だけじゃなくて、全体で非常に下がってるんです。これは、われわれにとってみたらすごく大きな課題です。観光や地域活性、あるいは観光でビジネスを回してこうと思う立場からすると、宿泊施設はすごく大きな心配事になってると思います。

実施率のほかに、もう一つわれわれが大事にしてるのは、実施回数です。宿泊旅行している人の年間平均旅行回数をとると、2.7～2.8回の間ぐらいです。旅行してる人は、3回程度となります。でも、旅行をしない人は4割以上います。もしかしたら、日本を旅行している人、してない人っていうのは、一言で言うと二極化してるかもしれないですね。してない人は4割以上、してる人は3回以上行ってるというのが、今の日本の状況になってます。単年度で見ると、実は実施率も上がり、宿泊旅行回数も上がるというのが、今の状況になってます。アベノミクス効果で経済が回ってきたことによって、旅行をしようと思う人、回数を増やしたりっていうことが起こってる可能性があるかなと思います。

(2) 性別・年代別の動向

　では、どの層が一番旅行をしているのでしょうか。性別・年代別で見ると、皆さんも当てはまる20歳から34歳。ここは、両極端です。ここも覚えていただきたいんですけど、あらゆる性別・年代別の中で、若い男性は、一番旅行をしてないです。実施率は51.3％です。2人に1人しか旅行してません。20歳から34歳の女性が64％、全性別・年代別で一番旅行をしています。アベノミクス効果で男女全年代で実施率が上がったのかなと思ったんですけど、唯一下がったのは、若い男性です。この3年間で見ると、若い男性の旅行の実施率の減少幅は、すごく大きくなってます。あと、どの性別・年代別も、男性よりも女性の方が多く旅行を実施してますね。今、女性が旅行市場を支えてると言っても過言ではないかもしれません。

　けれど、様々なところで「旅行の未来を考えよう」とか、「地域でどういう新しい旅行商品を作ろうか」という会合を開くんですけど、そこに参加する人は、ほとんど男性ばかりです。しかも、年齢が高い男性です。こういうところから変えていかないと、人を動かすことってなかなか難しいでしょう。おそらく、若者を動かすのはどうすればいいかということに対する解は、それは、若者しか持ってないと思うんです。私が若かった頃の話をしたって、今の皆さんの感覚は多分違うと思います。将来、日本人に旅行をもっとさせようという会議を開くときに、現在の国の政策では、女性を4割入れようということになってきてますけど、まだ地方では、なにも決まらずに時間だけ過ぎていくことが多いです。

(3) 国内旅行の延べ宿泊者数と訪日外国人客の将来性

　続いて、延べの宿泊旅行者数の話です。東日本大震災前の 2009 年度は、大体 1 億 6,239 万人いて、震災が起こってから減少傾向です。2013 年度は実施率と実施回数が両方増えたので、今回、だいぶ延べ旅行者数は回復しました。前年比 1,000 万人ぐらいまで回復したという状況です。

　ここで比較すると面白いのが、訪日外国人の旅行者数。2014 年は 1,341 万人ですけど、2015 年に伸びて 1,500 万人だとすると（注　日本政府観光局（JNTO）の資料によると、2015 年の訪日外客数は、推計値で 1,973.7 万人となった）、日本人の旅行者と外国人の旅行者の割合が 10 対 1 ぐらいです。しかし、消費金額は、外国人の旅行者の方が約 2 倍ぐらい落としてます。人数だと 10 対 1 ですけど、要は消費金額で見ると、5 対 1 ぐらいです。これがもし 3,000 万人になるとどういうことが起こるかっていうと、さらに掛ける 2 ですから、5 対 2 ぐらいになってきます。相当、観光の消費額の中で訪日外国人のウエイトが大きくなってくるというのが、見てとれるかなと思います。

　皆さんの出身の地域も、2020 年とか 2030 年になったら、日本人の旅行と訪日外国人の旅行の観光消費額の比率は 5 対 2 ぐらいになるんですよ。でも、「訪日外国人、どう応対しようかな」とか、「ちょっと考えちゃうな」っていうようなことをすごく言ってるんですね。インバウンドに対して、もっと本気の施策を打っていかなければいけません。この市場規模が、日本人の旅行だけでやっていけるという状況では、この先はもう全くないんですよ。人口も減少していきます。その中で、インバウンドに対しての戦略を本気に取り組めていない地域がたくさんあるっていうのは、大きな課題だなと思ってます。

3．国内旅行の市場規模
(1) 消費支出額とその内訳

　続いて、資料 1 を見ると、日本の旅行者の消費額は、平均 1 回の旅行で 4 万 6,800 円です。皆さんの旅行で使う金額より大きいんじゃないかなとは思いますけど。これには、沖縄とか北海道とか、少々長期で行く旅行金額も入った平均です。

　そして、個人で旅行するデータでは、宿泊費と交通費と現地のお小遣いが、

資料 1　国内旅行の市場規模

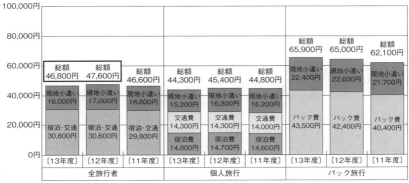

1 回あたり旅行費用は 800 円減少（現地小遣い 1,000 円減）。
国内旅行市場規模は 7.3 兆、前年比 5.5％大幅アップ。
※現地小遣い：宿泊費・交通費以外の現地で使用した金額合計

出典：「じゃらん宿泊旅行 2015」㈱リクルートライフスタイル じゃらんリサーチセンター

大体 1 対 1 対 1 で使われています。地域側がマネジメントできる、いわゆる強化したり、増やしたり、減らしたり、一番影響するのは、現地のお小遣いです。お昼ご飯を食べたり、お土産を買ったり、体験プログラムを申し込んだり、観光施設、水族館行ったり、そういう支出がこの金額になってきます。交通費は、飛行機や新幹線などの金額、宿泊費は泊まるときの費用ですよね。

今、地域側は「現地での消費額」にすごく注目してます。何とかして現地の 1 人当たりの平均消費額を、あと 500 円上げられないか、1,000 円上げられないか。そのために、特に強化して取り組んでいるのは、ご当地グルメです。泊まった人が、次の日もチェックアウト後にその地域に滞在してくれて、消費をしてくれる最初の機会って、昼食だったりするんですよ。そのお昼ご飯を魅力的に、その地域のものを作って出していく。昼食まで何とか泊まった地域にいてもらうことによって、平均 1,000 円とか 1,500 円とか単価が変わってくるんです。まずそういうとこから手を広げ、次に、滞在プログラム、体験プログラム。街歩きとか、地域の魅力を 1 時間、2 時間で体験できるようなプログラムを作って、チェックアウト後にそれを体験してもらいます。それらを 500 円や 1,000 円で体験してもらいます。

(2) 土産物への支出額

資料2　現地支出の詳細

主目的地における現地到着から退出までの消費額。
買い物は平均5,830円、食事はランチでも1,480円。

※現地での交通費、旅館・ホテルでの追加飲食などを一部含まない額。

消費行動、平均回数・金額は旅行件数ベース

		飲食					体験・観光				買い物	他
単位(%)	何も実施しなかった	朝食を食べる	昼食を食べる	喫茶・スイーツを食べる	夕食を食べる	バーなどでお酒を飲む	各種体験プログラムに参加	観光施設に行く、遊ぶ	スポーツをする	立ち寄り温泉に入る	直売所や道の駅、お土産屋で買い物をする	その他
消費行動　宿泊エリアに到着してから出るまで	10.0	21.9	57.0	22.8	40.7	8.7	3.0	45.1	3.6	7.1	53.2	16.2
平均回数(回)		1.7	2.1	1.9	1.8	1.3	1.3	2.0	1.7	1.4	ー	
平均金額(円)		860	1,480	970	2,980	4,190	3,530	3,070	5,580	920	5,830	金額は十の位までの四捨五入
推計消費額(億円)		515	2,805	687	3,587	872	220	4,483	648	146	4,845	
					8,466				5,497		4,845	→総額 18,809 億円

出典：「じゃらん宿泊旅行2015」㈱リクルートライフスタイル　じゃらんリサーチセンター

　細かいデータですけど、面白いデータを皆さんにご紹介します。資料2は、例えば温泉地に泊まったら、その地域のお土産をどのくらいの人が買って帰るのか、あるいは、その地域でどれくらいの人が昼食を食べてるのか、を示しています。

　最初に注目していただきたいのは、地域に泊まった人でその地域で買い物をしている人のシェアは、53.2％です。これは、お土産を買って帰る人のシェアだと思います。でも、半分ぐらいの人は、何も買わずに帰ってるのが今の状況です。

　これから見ると、地域行政、観光課の人とかは、「まだやれるじゃん」っていうふうに思う人が多いですね。もっともっと魅力的なお土産を作っていったりとか、あるいは、お土産を売ってる場所を魅力的にしていったり、そういうことで地域消費は上がっていくって考えたりしますね。

　あと、平均単価がちょっと高くないですか。お土産の額は、平均5,830円だそうです。この、地域での実施率を10％上げたら、その人数×5,830円が

地域消費として回っていくということだと思います。お土産は、地域の消費を上げるために、すごく大きなファクターになってますね。

(3) 飲食への支出額

続いて金額が大きいのは夜の飲み代ですね。泊まったときに、夜、バーなどでお酒を飲んだりする金額が4,000円を超え、4,190円。これ、実施してる人はすごく少ないんですよ。泊まった人の中で、宿でご飯を食べたあとにちょっと外出て、「バーでお酒を飲もうよ」とか、「もう1軒行こうよ」とか、「2次会行こうよ」というような人が、今、非常に少ないんですけど、行ってる人は結構地域の中でお金を消費しています。これは、きっと地酒だったり、また環境として、終電がないから安心して飲めるということで長時間滞在したり、そことの出会いでの地酒みたいなものを楽しんでいる人が結構いるんでしょう。

でも、これだけしか体験してないってことは、多分、地域側に課題ありますよね。魅力的なお酒を飲む場所がなかったりとか、あるいは車で行かなきゃいけないってなると、当然行けないです。「じゃあ、宿泊施設の中でもう1回飲み直そうか」となっても、宿泊施設にバーみたいなとこがなければ、若い人たち中心に、あんまり行かないですよね。まちづくりの中で、もう少し地域の中で安心してゆっくり時間を過ごせる、特に夜過ごせる場所を作っていく。また、地方はお店を閉めるのが早いですよね。夜、閉まっちゃうのが早いので、夜遅くまで安心してお酒を飲める場所とか、なかなかないですよね。こういうところとかをもう少し変えていくだけでも、地域の消費は上がっていく可能性があるなと思ってます。

あともう一つ、昼食を食べるというのが500円、600円という金額じゃなく、旅行してるときは平均1,480円だそうです。1,500円ぐらいの昼食代を平均で払っています。ご当地グルメっていうのを作るときには、大体1,000円から1,500円で地域側は頑張って作ってるんです。「ちょっと高いかな」って思われたかもしれないですけど、平均で見ると全然高くないですね。このぐらいの金額は、旅行者は払います。旅先では財布のひもは緩くなりやすいので、いろいろな取り組みをしていくと、お金が回っていくチャンスはすごくあると思います。

(4) 旅行者の支出額に基づいたマネジメントの必要性

　旅行者がこのようなお金の使い方をしているとなると、地域はここをマネジメントしたいんです。滞在時間が長くなれば、多くの人はその地域の中で使ってくれる金額は増えてくるので、どうやって長くいさせようかと考えます。

　マネジメントっていうのは、ちゃんとコントロールして、毎年どこで何％ぐらいの人に経験してもらって、平均単価をどのぐらいにしていきたい、これを上げていきたいっていうことがベースなんですけどね。こういうことを計算して、頑張っている地域もあります。

４．宿泊旅行の目的

　続いては、目的です。日本人旅行者の目的は、簡単に言うと「飯・風呂・箱」です。これはすごく覚えやすいので、ぜひ覚えていてください。旅行をするときの目的は、地元のおいしいものを食べに行きたいっていうのが１番の目的です。これが飯ですよね。２番めは、温泉・露天風呂です。温泉入りたい、露天風呂行きたい、これが風呂ですよね。「箱」っていうのは、日本人特有かもしれないですけど、宿泊施設でゆっくりしたい。宿泊施設の中で籠もって、「今日はゆっくりしたい」「エステに行きたい」みたいなことで泊まりに行く人たちが、３番めに多いです。

　４番めが名所・旧跡です。海外旅行だと名所・旧跡が１番になりますし、外国人が日本に何で来るのかっていうときには、名所・旧跡が１番になってきます。で、５番めが、街歩きですね。こんなところが、１位から５位までの目的になってます。街歩きとか名所・旧跡とかはですね、ここ最近はちょっと下がってるように見えるかもしれないですが、10年間で見ると、だいぶ上がりました。特に街歩きは、だいぶ上がりました。日本人の旅行も、だいぶアクティブな旅行に変わってきてると思います。

５．増える一人旅──誰と旅行するか

　日本は今、一人旅がすごく多くなってきてます。これ、若い人を中心に多くなってるので、「当たり前じゃん」っていうふうに思われたかもしれないですけど、元々10％前後だったんですよね。今は、夫婦２人で旅行をするのに

次いで、2番めに一人旅が多いです。これは出張を除いてますので、観光の宿泊旅行を1人で行ってる人のシェアが、今、15.4％まで上がってきてるというのが特徴として挙げられます。

さらに細かくみていくと、男性と女性では男性の方が多いです。特に若い男性が最も多いです。20歳から34歳は、今、22％の人が一人旅をしてますので、5回の旅行のうち1回は1人で旅行してるというのが現状です。

実は悪いことではないと思います。ヨーロッパは、一人旅がすごく多いです。一人旅をすると、その地域のリピーター率が、すごく高くなるんですね。これは、相手に気兼ねなく、自分の好きなところを自分のペースでゆっくり回ることができるということで、地域の魅力を深く知り、また行きたくなるというようなことが起こってるんじゃないかなと思っています。われわれの調査では、さまざまな同行者の中で、一人旅で行った場合が再来訪することが一番多いです。

でも、宿泊施設は、踏んだり蹴ったりですね。実施率が減少し、旅行者がすごく減っています。実は宿泊回数は、この10年間で、約5,000万人泊減ってるんです。5,000万人泊っていったら、どうなんでしょうね。宿泊施設としては厳しい現状だと思います。

旅館の方と話すと、「一人旅のマーケティングをちゃんとしなきゃいけないって覚悟を決めました」という声が、すごく増えました。元々私は箱根を担当してたので、箱根の旅館さんと話すときに、元々「一人旅は泊めません」っていう旅館が多かったんですね。それは、部屋の単価が落ちるからです。特に女性の一人旅は、全部お断りしてると。これ、20年ぐらい前ですね。大体20年より前は、やっぱり1人はちょっと危険だ、何をするか分からないっていうこともあって、箱根の多くの宿泊施設では泊めていませんでした。待ってれば3人のお客さんとか4人のお客さんが来るから、1人はお断りするということが多かったそうなんです。

ところが、今、こんなに増えるとですね、一人旅の人に喜んでもらえるプランを考え、提供しています。レストランは、カウンターで食べられるような改装をしたりとか、あるいは女性1人で来た場合は、「もしよろしかったらお部屋で料理出しますけど、どうしますか」と聞いたりとか。あるいは音楽が好きな人には、音楽を本格的に聴ける部屋を作ったりとか、あるいは読書

が好きな人のための読書用のちゃんとした部屋を作ったりとか、そういうことにも投資をし始めてるようになってきてるというのが特徴ですね。1人旅が増えているということを皆さん、覚えていただくといいと思います。

6．新たな旅行のニーズ
(1)「着地型」のニーズ

　抜粋の最後のデータになりますけど、さっき見た旅行の目的って、おおまかです。温泉や食というふうになっていました。そこで、旅行をするときどんなことを大事なこととして意識しますかということを聞いたデータがあります。当たり前のような項目が上に来てます。例えば、立ち寄り先を大事にするとか、ゆっくり旅することを大事にするとか、費用を抑えることを大事にするとか、どこを楽しむのかを大事にする。こういう当たり前のことが、上の方に挙がってきてます。

　いくつか皆さんと共有したいポイントがあります。最初は、旅先での旅行行動。どこでご飯を食べるとか、どんな体験プログラム、施設に行くかというのは、現地で決める人が68％ぐらいです。旅行はよく行程表を作るじゃないですか。修学旅行などは、「旅のしおり」を作って、行く前に全部行くところを決めていて、それをもとに旅をすることが当たり前です。特に私ぐらいの年齢は、計画を立てないと気が気じゃないっていうところがありました。しかし、今は65.8％なので、3人に2人は、それを現地で決めるんです。現地で情報を得て、例えば現地に住んでる人に、今はやっているお店を教えてもらって、ご飯を食べに行きたいし、どこが行ったら面白いかっていうのは、現地に行ってから聞けば大丈夫でしょうと。「だって、スマホがあるじゃん」とか、あるいは、「リアルに交流する方が楽しいじゃん」っていうふうに思い始めてるっていうのは変化かなと思ってます。

　実は、ここにすごいビジネスチャンスがあるんですね。地域側は、今、旅先で全く情報を提供できてないです。提供できてないってことはどういうことかというと、例えば旅行したときに、スマホで、「じゃあ、どこかの観光協会のページを見ようか」って見てみると、残念ながら最新の情報なんてほとんどないですね。例えば1ヵ月前だったり、2ヵ月前の情報がアップされてるだけで、最悪は、1年前の情報がそのまま残ってたりしています。今、位置情

報さえ分かりますよね。ここの場所からどれだけの距離のところに何があるのかってことも、ちゃんとサービスとしてリアルタイムで提供できている地域はほとんどないです。これは、ICT、ITテクノロジーの進化をちゃんと観光地に取り入れていけば、もっともっとそこは進化するという話です。

(2) 現地での「リアル」な情報提供の場

あと、皆さんが旅先で訪れる立場でいうと、バーチャルではなく「リアル」の場所も重要です。例えば現地で情報提供を受けるとこはどこかというと、宿泊のチェックインだったり、観光案内所だったり、そういうところなんです。じゃあ、宿泊のチェックインをするときに、その地域の魅力的な情報が提供できてるかっていうと、ほとんどできてないですね。

旅行したとき、観光案内所に寄ることありますか。日本には、ほとんどの観光地に観光案内所あるんですよ。だけど、残念ながら全然活用されてないんです。海外旅行したときの観光案内所は、すごい活用されてますよね。その地域に着いたら、まず最初に観光案内所に行って、その地域の楽しみ方をコンシェルジュと一緒に計画をして、どういう過ごし方をするのかっていうのを決めてから、この地域を楽しみに行きます。日本ももしそういうふうになっていくのであれば、地域の消費とか、地域の満足度とかは、相当変わっていくでしょう。

今までは旅行者の満足度はそんな高くなかったと思います。でも、今は、消費者側、旅行者側が、これを求めてきてるんですよね。でも、地域側が、受け入れ環境が整っていません。誰がやらなきゃいけないのかといえば、これは行政がやらなくてはいけないことだと思うんですね。観光行政が、ちゃんとここをやっていかなければなりません。したがって、今、「観光×ICT」とか、着地型の情報提供事業とかっていうのがすごく増えてきてます。商業の活性化っていうことで言うと、こういうところにはすごくチャンスがあるなと思ってます。

(3) 「地域らしさ」を求める旅行者

また最近、旅をするときにある程度の層が意識することとして、私がちょっと興味を持ったことがあります。旅行するときに大事にするのは、「地域らしさを感じられるものを選ぶ」ということです。せっかく旅行をするのだったら、その地域にしかないものとか、その地域の個性とか、「ここにしかないも

の」みたいなことを非常に大事にするっていう人たちが多いです。

　それから、地元の人に積極的に話しかけて情報を聞いたり、交流したりするっていうことを大事にする人が、パーセントはちょっと低めなんですけど、4割弱ぐらいいます。以前は、旅行するときに、日本人の旅行の特徴としては、その地域の人と交流をしないで帰るというのが本当に多かったんです。宿に籠もる旅行もそうですし、あるいは、ガイドさんに連れられて行って、歩いて帰ってくるだけの人が多かった。

　でも最近は、せっかく旅行をするんだったら、その地域の人に「積極的に」交流するっていうのがすごく特徴だと思うんですけど、積極的に話しかけて友達になったりとか、なじみを作ったりとかして、また旅行する機会を作りたいみたいなことを言っている人たちが4割ぐらいいるっていうのは、だいぶ変化が起こってるんじゃないかなと思ってます。

　あと、「地域のためになること、貢献できることを選ぶ」という項目を挙げているのも興味深いです。旅行なのに、地域のためになること、貢献できることを選ぶ。ボランティア旅行みたいなことがベースにあるのかなと思います。

　また、「地域に根ざした生活体験をしてみたい」とか、「将来のライフスタイルの参考にするために地域の人とふれあう旅行」をしたり、「将来の移住先の参考にするために旅行先を選ぶ」という項目は、若い人じゃないと思います。多分、私ぐらいの年齢で、都市部でがんがん働いて、「ちょっと今の生活じゃない生活をしてみたいな」みたいな人たちが震災以降結構出てきていて、移住の参考にするために旅行をするなんていう人たちがいること自体、過去は想定もしてなかったんですよね。でも、今は、将来の移住先の参考にするために旅行先を選ぶという人が2割以上。今のライフスタイルの中で、地域のものを取り入れていったりとか、参考にするために旅行しているっていう人も3割弱ぐらい出てきてるっていうのが、特徴的だなと思ってます。

　一言で言うと、どんな地域にも、地域の個性みたいなもの、大事にしてるものをちゃんと磨いてプロモーションすれば、消費者側は、地域に根ざした生活体験をしたいとか、住むことに対して「ここはどんなライフスタイルを大事にしてるのかな」とか、そういうことで旅をする人たちが出てきてるっていうのが今の特徴だと思います。異文化体験に近いかなと思います。

ヨーロッパの人たちは、旅行って文化だと思って、実施率を測ると9割ぐらいの方が旅行してるんですね。ほとんどの人が旅行を1年間に必ずしてるというような国なんですけど、「何で旅行するんですか」って訊くと、大体地域に対しての思いとか愛着とか、すごく強いんです。この地域は素晴らしい、自分の住んでるとこは素晴らしいっていうことを分かっているので、他の地域の素晴らしい文化を持ってたり、アイデンティティーを持ってたり、その地域の違った体験をまた自分は目の当たりにして、自分の生活の中に取り入れていく。異文化体験をしたいっていうことが旅行のベースになってるので、日本人も少し、物見遊山で「テーマパーク行こう」とか、そういう旅行から、「その地域の本物を見に行こう」みたいな、生活を見に行こうっていう旅行に変わってきてるっていうのが特徴かなと思います。

　そうすると、温泉がなくても勝負できるんですよ。カニがなくても勝負できるんです。どんな地域でも、この地域の大事にしてるものは何かというものをしっかり考えて磨いていけば、観光客を獲得する可能性がある時代になってきてることはチャンスだなと思っています。したがって、皆さん、もし地元に戻って「どうしよう、こうしよう」っていうことをやる機会があったときには、ちょっとこのデータを思い出してもらうと、地域の人を勇気づけることはできると思います。

7．観光宿泊動向のまとめ

　まとめると、景気が回復傾向で、市場の縮小が下げ止まりから上昇へ。単年度で見るとずっと下がってたんですけど、上がりました。実施率・実施回数が回復し、単年度で見ると市場は拡大、10年間で見ると市場は縮小というのが、今の状況です。増える一人旅、個人の興味に特化して、若い世代を中心に旅行の地域らしさ、絆に目覚める消費者が増えてきてるというのが、今の状況かなというふうに思います。

　なお、今は日本全国のデータですけど、先ほどご紹介した通り、我々は県別のデータ「県別カルテ」もあります。

　日本は今こんな状況なんです。日本人の旅行が減っているというのは大きな危機感です。逆に訪日外国人は、今すごく増えてきてますが、日本人に飽きられてるのと同じように、外国人にもこれから飽きられる可能性はあるん

ですね。やっぱり住んでる日本人が、もっと旅をしよう。ディスカバー・ジャパンじゃないですけど、日本のいろんな発見をしていこうという、実施率が増えていかない限り、外国人の旅行者の獲得っていうことにもつながっていかないので、危機感をすごく感じてるんですね。

Ⅳ　地域活性化に向けての課題

１．地域での新しい価値創造が少ない──余暇の多様性
(1) 余暇の多様性の中での旅行の相対的価値の低下

　その中で、どういうことから手をつけていけばいいんでしょうか。業界側とか地域側とか、いっぱいあると思いますけど、まず地域の中での課題って何でしょうか。たくさん課題ありますよ。その中の私が注目してるのは、二つです。

　一つは、「地域で新しい価値創造」。いわゆる旅行商品の創造力っていうのが、地域の中ですごく不足してると思ってます。地域の中で、宝はたくさんあるんですよ。その宝を生かして新しい価値を作って、それをわれわれにプロモーションする、プレゼンテーションする。びっくりさせたり、サプライズだったりとか、そういう感動につながるような機会が、だいぶ薄れてきてるなというふうに思ってます。

　ここ10年間で見ると旅行離れが顕著で、経済事情だけが原因じゃないと思ってます。余暇が多様化してきて、比較するものがたくさんあって、その中で旅行の優先順位が下がってきてると思います。こういう世の中なんだけれども、やっぱり旅行に行ってもらうっていうことが、地方の経済効果のシェアの中で宿泊を伴う旅行って、すごく大きいんですね。諦めてしまってはしょうがないので、地域自ら新しい価値を創造していくという、こういうプロセスをしっかり作っていくってことが、大事なんじゃないかと思います。

(2) 地域外部からの支援

　ただ、地域の中で、地域の人たちだけで新しい価値を作りなさいと言っても、難しいです。やっぱりよそ者、外の人間が、企業だったら商品開発のプロセスをすごく分かってますので、マーケティング・プロセスのリサーチをして、輝く宝が何かっていうのを見つけて、その宝をどう磨いていけばいい

のか。そして、販路とか流通というものを作ってあげて、世の中に出したときに、検証もしっかりやり、課題感、来年の改善ポイントは何かっていうのを見つけて、そして、来年の進化につなげていく。そのPDCAをぐるぐる回していくっていうことが、今、地域側になかなか根づいてないんですね。それを、コンサルタントがやるのではなく、地域にいる人たち自らができるようにしていくということに対しての、よそ者の支援、企業側からの支援みたいなところが、今、すごく必要だなと感じてます。

2．地域が一枚岩になれていない
(1) 合意形成の難しさ

　もう一つは、地域が未来に向けて一枚岩になれていないことです。どういうことかというと、いろいろな事業が起こって、「新しい価値を作りましょう」とか、あるいは「地域ビジョンを作りましょう」とかって言って始まることは、すごく多いです。そのときには、行政も「予算を出してやりましょう」となります。しかし長く続かない。

　あと、お金があったとしても、それぞれのエゴのぶつかり合いがすごいです。皆さん、これからいろいろと地域に入って仕事をする機会があるとすると、一番身につけなきゃいけないスキルは、利害調整をするファシリテーション力です。地域の人だと、利害調整が難しい。そうすると、空中分解することがすごく多いです。「合意形成スキル」とも言うんですけど、地域の中で、みんながちょっとずつ妥協しながら、でも、前に進む着地点っていうとこを作ってやっていくってことが非常に大事なんです。しかし、これが日本は非常に遅れてると思います。ヨーロッパの場合、合意形成スキルは非常に高いです。去年、北欧とか行ってきたんですけど、外堀からしっかり埋めていって、「自分の要求の6割のところを着地点でいい」というふうに思い、ちゃんと合意形成をしていきます。

　合意形成って、どっかで絶対何をやるかって決めなきゃいけないんですよね。決めるポイントやタイミングは必ずあるんです。「このタイミングだな」っていうのが分かってると、会議がすごくうまく進みます。発散して意見を言い合うタイミングと、もう合意形成をして決めて、決めたことに対しては、不満の部分が仮にあったとしても、全員それをのんで、その決定に従って一

生懸命汗をかく。こういうことができる地域っていうのは、やっぱり前に進んでいくんです。これは、企業も一緒ですけどね。経営側は合意形成スキル、メンバー側はコミットメント・スキルが高いと、ちゃんと進化していきます。日本は、これが非常に遅れてるというふうに私自身は感じてます。

それは、地域に行ってこういうことやるときに、すごく感じます。「10 の要求を 10 通さない限り、絶対許さない」とか、あるいは「俺よりあいつの方がちょっと得してる。これはだめだ」ということとか。あるいは過去の成功体験。ちょっと話は違うんですけど、過去の成功体験が邪魔をして、新しいことに対して反対をするとか。反対し続けても未来はないんですけど、それを「コミットメントするタイミングだ」っていうときにちゃんとコミットができないというあたりが、地域の課題かなと思ってます。

(2) 観光は手段で、「地域ビジョンの実現」が目的

とはいえ、いきなり「コミットメント・スキル上げましょう」とか、「ファシリテーション・スキルを高めましょう」「合意形成スキル上げてください」って言っても、これは教育から入ってかなければならないので、すごく長い時間かかる。地域の中でどうすれば未来に向けて一枚岩になれるのかと見ると、観光振興とか、いろいろやってることはあくまでも手段で、地域の最高な状態っていうものの実現が、地域が一番求めてることだと思うんです。目的をちゃんと地域の未来像っていうところに置いて、地域の人たちが「本当にこの社会を作っていきたい」「この地域を作っていきたい」というふうなところを設定できるかどうかっていうのが、第一だと思います。その目的のために、今回ちゃんと進んでいこうよと。短期的に見ると、損得って当然あるかもしれないけれども、長い目で見ると、「これは絶対目指してるところに行くよね」と、こういう会話を何回も何回も地域としていくということだと思います。

この目指すべき未来像っていうのは、地域自ら作らないと、全くだめですね。地域の人たちが合意形成をして、その着地点に行こうと決めたら、時々忘れちゃう人はいっぱいいますけど、「未来像は、こうだったですよね。これってそれに向かえますか」っていう質問をすると、「これは向かえますね。だったら、今の損はちょっと我慢しましょう」というところで妥協していきます。

(3) 共有・共感そして「共創」

あと、もう一つ大事なのは、行政で地域の未来像を創ること。観光ビジョ

ントか、地域ビジョンとかっていうのをたくさん作るんです。皆さんの地域、もし地方から来てる人、東京の人でもいいです。「観光ビジョン」とか「未来ビジョン」とかあるかどうか、ホームページでちょっと見てもらうといいと思いますね。ほとんどの地域で結構作ってます。でも、知ってる人は、ほとんどいないんですよね。

　ここにはですね、行政側がやらなきゃいけないステージが三つあると思ってます。まずは、ちゃんと多くの人たちにそのビジョンを共有できてるかどうか。ビジョンを住んでいる人全員で作るって、さすがにできないですよね。何千人、何万人の人と一緒に作るってことはできないので、最初に作るときは、キーマンと一緒に少数で作ると思います。でも、それをちゃんと共有しなくてはなりません。多くの行政の人は、「共有してます」と言います。「ホームページにアップしてます」とか、あるいはシンポジウム開いて、「そこでちゃんとプレゼンテーションしました」って言っています。

　しかし、共有で終わりじゃないんですよ。その内容にちゃんと共感させるというステージを踏んでいく。共感というのは、地域が作ったビジョンじゃなく、「自分もそのビジョンを応援したい」「自分もそのビジョンに深く共感する」というところにちゃんと持っていく。

　これでもまだだめなんですね。最終的には、地域で、共に創る「共創」という、その未来ビジョンに向かって汗をかく参加者に自分もなりますという、その次のステージにもっていかなくてはなりません。こういうことを、イベントだったり、コミュニケーションだったり、取り組みの仕組みっていうことで、共有・共感・共創というところにもっていくということをこれから地域はやっていかないと、エゴの問題、利害調整の問題があるので、なかなか難しいと思ってます。

　共創とか、例えば「コ・クリエーション」って言葉が最近、電通さん、博報堂さんも、われわれも言ってるんですけど、これが地域成長とか企業成長のために一番大事なキーワードです。「共創マーケティング」という話も出てきています。企業とか地域が共創状況、共創環境になると、すごく強いです。一言で言うと、経営者感覚を持つ社員が、増えていく。地域も、地域の未来を自ら考えて行動するという人たちが増えていく。こういう状況になるっていうことが、これから目指していく状況だろうなというふうに思ってます。

ちゃんとそれぞれの人たちがそれぞれの役割を全うして、共創していくってことができていくと、地域のゴールに向かっていくんじゃないでしょうか。エゴとか利害調整とかっていう小さな話ではなくて、大きなところへもっていくっていうことが非常に重要だなと思ってます。

3．地域・観光産業が取り組むべき3つの方策とその推進母体
(1) 価値創造
　じゃあ、われわれはどうするのかということで、キーワードだけ皆さんにお話しさせていただきます。私の中では、地域が成長していくためのこれらの三つのキーワードがすごく大事だと思ってます。

　一つは「価値創造イノベーション」を起こしてかなきゃいけません。ここにしかない価値を持つ地域自らが商品開発を進めていくマーケティング・プロセスが、やっぱり必要だと思ってます。仕組みだったり、型が必要だなと思ってます。「やれ」って言ったってできるわけじゃないので、一応、箱を用意してあげて、箱をどういうふうに詰め込むのかとか、利用するのかっていうのは地域の人が考えなきゃいけないんだけれども、一つ一つ進んでいくプロセスっていうものは、地域にちゃんと教えてあげる必要があると思います。でも魂を入れるのは、地域の人です。このプロセスをちゃんと考えていくっていうことを地域の人たちが自分のものとしたら、強くなるなと思います。

(2) 需要創造
　二つめは、もしその地域が頑張ってこういうことができて、毎年必ず魅力的な商品が生まれるようになったら、ちゃんとそれを消費者とマッチングしてあげる場所っていうのを作ってあげなきゃいけないと思ってます。頑張った商品が、結局一人も人が来なかったら、地域が本気になった気持ちも折れますよね。これをやるのは、産業界だなと思ってます。例えば楽天さん、Amazonさん、たくさんの消費者を抱えている企業があると思います。その人たちが、地方の魅力的な商品をちゃんとプラットフォームの中に入れていって、消費者とつなげていくっていうことは、責務としてやっていかなきゃいけないなと思ってます。

(3) 環境創造
　最後は、価値創造をしていくための、「環境創造、共創」ということですよ

ね。コ・クリエーション、共創環境を、やっぱり地域の中に根づかしていかないと、誰かが足を引っ張る、あるいは出るくいを打つ、そういうことをやってたら、巡環しないです。どこから始めてもいいです。地域が環境創造から入って、環境ができたら価値創造をやって、産業界と一緒になっての需要創造につなげていって、成功サイクルをぐるぐる回していくというようなことをやっていくことが、非常に重要だなというふうに思います。

(4) 3つの方策を担う「推進母体」が必要

　これは上半身だと思っていて、実は下半身があるんですよ。下半身は何かというと、こういうことをちゃんと進めていく推進母体が、今、地域の中にはないんですね。今までで言うと、「行政が頑張る」、あるいは「観光協会が頑張る」みたいなことを言ってきましたが、行政は担当者が2、3年で異動になることが多いです。なので、こういうことが分かり始めたなと思うときに、課長、係長、主幹といった担当者がみんな異動してしまいます。全然根づかないです。また一からスタートです。じゃあ、観光協会というとこはどうなのかと見ると、観光協会は、新卒で入社して頑張っている人は1人か2人しかいないですね。大きな観光協会は違いますよ。でも、5万、10万の地域の観光協会は、ちゃんとやらなきゃいけないと思っても、どちらかというと行政の役場を定年退職した人が事務局長になったりとか、そういうことが多いので、経営をちゃんとモニタリングしていくっていうことができていないっていうことだと思います。

　下半身はですね、皆さん、もし今後耳にしたら「あのときの話だ」と思ってほしいのですが、今、国も含めて、デスティネーション・マネジメント・オーガニゼーションっていう、「DMO」を作らなきゃいけないっていうことをすごく言ってるんですね。それは、こういうようなことをちゃんと経営としてマネジメントしていく会社組織、あるいは推進母体っていうものがないと、絵に描いた餅になってしまって、「じゃあ、これ、誰がやるの？」って言った瞬間に、「いや、やりたいけど、誰がやってくれるんでしょう」、あるいは「行政、やってくれるんだよね」「リクルートさん、全部やってくれるの？」みたいな話になって、地域の中に全く根づかないんです。下半身の課題と上半身の課題と両方、地域が産業界と一緒に解決していくってことが、今、すごく大事なテーマだと思ってます。これは、私自身がやらなきゃいけないテー

マだと思ってます。

V　地域愛――インターナル・マーケティングの重要性

　あとはですね、実は「地域愛」っていうのが、全て何かをやるときのベースになっていくんじゃないかなと思っています。「じゃらん ご当地調査2010」で日本の地域愛についてアンケートを取りました。地域に住んでいる人が、自分の県、自分の地域に愛着を感じるかどうか。「とっても愛着を感じてる」っていうパーセントだけです。結果は、沖縄県は、65％ぐらいの人が、沖縄県にとても愛着を感じてます。「まあまあ愛着を感じてる」っていう人もこれ以外にいるので、トップ・ボックスで65％、結構高いかなと思います。あと、上位をみると、北海道から広島までが20位までですね。「とっても愛着を感じてる」っていうのが50％以上なのは、滋賀県まで。滋賀県が50％もあるっていうのは、ちょっと意外だったんですけど、何に愛着を感じるかっていったら、「琵琶湖がある滋賀県のことが大好き」っていう人がすごく多かったです。

　この地元への愛着を高めていかないと、観光振興っていうのは成長しないなと正直思ってます。なぜならば、海外の人にも地域に来てほしいですよね。日本の人も地域に来てほしいですよね。自分の地域のことが本当に大好きだったら、世界中からこの地域を選んでくれたり、日本中からこの地域を選んでくれた人に対しての、おもてなしの心というか、サービスの提供のレベルっていうのは、必ず上がってくると思います。自分が誇りを持ってたり、大切に思ってることを楽しみたいと思ってくれる人に対してのサービスの提供というのが、日本はちょっと課題なんですよね。

　この愛着度が高い・低いっていう問題とともに、奥ゆかしい県民性なので、来てくれた人に対しての、先ほどの逆側ですよね。消費者側が「積極的に地域の人に話しかけたい」っていうのと逆なんですけど、地域の人が、積極的に来てくれた人たちに対しておもてなしをするっていうことも、実は海外の人たちを考えると、もっともっと日本は積極的にやっていくべきなんです。そこが、「この地域はもう寂れちゃって」とか、「この地域は楽しいところはないよ」とか、おいしいご飯も「どこなんだろう。全然分からない」みたい

な会話が、四六時中、特にタクシーの運転手と旅行者の中で結構起こってるっていう問題もあります。ベースは地域愛をどうやって高めていくのかということが、いろんな施策をするときのポイントになっていると思います。

VI　地域における観光マーケティング

1．価値創造

では、先ほど言った価値創造のマーケティング・プロセスを、リクルートがどのように地域に提供してるのかというと、価値創造というのは、やはり地域発の商品開発力だと思っています。R＆D、新しい事業開発、商品開発をしていく力を地域につけてかなきゃいけないと思ってます。

今までは、地域も旅行会社も、我々旅行雑誌も、地域のいいものを、今あるものを見つけて、認知させて、関心を持ってという、こんな動きしかしてなくて、新しい価値を作りに行くっていうことってあまりしてなかったんです。でも、ここをやってかなきゃいけないっていうことで、例えば我々は、さっき「箱を作る」っていう言い方をしましたけど、資料3のように、五つの箱を用意して地域に議論してもらったら、地域の人は知らない間に商品ができているというようなことを、今、地域の中で行なっています。これまでにおよそ100地域とやってきました。

資料3　地域発の商品開発を進めるフレーム

例：1泊2日の新しい過ごし方を創る

カスタマー視点		地域側の視点
①	・地域資源の棚卸/発掘/再発見	
②	・観光資源化＝地域資源＋行動ソフト	
③	・消費者視点での現状把握（いつ、どこの、誰に）	
④	・ターゲットを意識した「目玉資源＋周辺資源」組み合わせ	
⑤	・ターゲットを意識した「1泊2日のストーリー構築」	

出典：「じゃらん宿泊旅行2015」㈱リクルートライフスタイル
　　　じゃらんリサーチセンター

2．需要創造
(1) 地域と消費者をつなぐマッチング

　そして、一番大事なのは、先ほど言った、頑張った成果を「流通させてあげる」「マッチングさせてあげる」っていうところまで責任を持たないといけないということです。要は種を植えて、水をやって成長して、やっと収穫をできるってことで、収穫できなかったら本当に徒労感で終わってしまいます。我々は、旅行情報誌『じゃらん』を使ったり、旅行サイト『じゃらんnet』を使ったりして、地域と一緒に考えたプランを世の中に出して、それで人を動かすというところまでちゃんとやらなきゃいけないっていう責任は感じてます。

　一般消費者と地域側の、マッチングの総量を上げていくっていうことは、『じゃらん』というメディアでこれを見せていくことによって動かしました。これは、われわれだけの会社じゃなくてもいいと思います。楽天さんがやったり、いろいろなところがやってもいいと思うんですけど、ちゃんと地域の魅力を上げていくという商品作りにも関わっていくし、消費者が「旅行しよう」と思うような機会をどんどん提供するっていうことにわれわれも頑張っていって、地域と消費者がどんどん出会う場、マッチングの場の総量を上げていくっていうことがすごく重要だと思って、取り組んでます。

　われわれ、資料4を「リボン図」というふうに呼んでいて、ビジネスを考えるときの全てのベースだなと思ってるんですけど、今日の話だったら、ここは地域になります。でも、「ホットペッパー　グルメ」で考えると右側は飲食店ですよね。「ホットペッパービューティー」で考えると、美容室だったり、あるいはネイルサロン、エステサロンだと思います。要はいい商品をたくさん仕入れて、そして、消費者にそれを提供することで行動してもらって、マッチングさせると、地域もうれしいし、消費者もうれしい。また、それを提供してるわれわれも、ちゃんとビジネスとして利益をもうけていくというようなことが成り立っていくということだと思ってるので、われわれはこれをリボン図と言っています。私の立場だったら、それが地域です。この地域をどうやって消費者とつなげていくのかということを、考えています。

(2) 地域と学生とのマッチング──「マジ☆部」

　一例として、地域と学生の皆さんとのマッチングを一生懸命やりたいと

資料4　地域と消費者をつなぐリボン（マッチング）の最大化

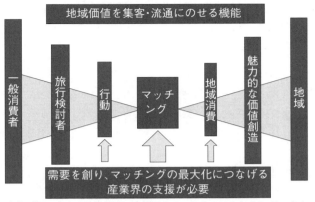

出典：「じゃらん宿泊旅行2015」㈱リクルートライフスタイル　じゃらんリサーチセンター

思ってるのが、今日1枚チラシを持ってきた「マジ☆部」なんですね。「マジ☆部」っていうのは何かというと、「雪マジ！19」「ゴルマジ！」「お湯マジ！」「Jマジ！」とか、ご存じの方いますかね。

　例えば、「雪マジ！19」をなぜやったかっていうと、若者が地域に行くという旅行需要を何とかして作っていかなきゃいけません。でも、若い人が、「旅行しようよ」とはほとんど言いません。結果的に動いたっていうことがあったとしても、「旅行しよう、旅行しよう」と言ったところでなかなか動きません。それであるならば、目的を何かにして、結果的に移動するということを作っていくことが大事なんじゃないかと思いました。

　当時、長野県の人と話しているときに、一度スキー場を造ってしまうと、毎年赤字であっても、それを更地に戻すのには、さらにそれ以上のお金がかかると話していました。また、スキー場の運営自体は赤字だが、スキー客による地域消費があるから、地域からは「やめないでくれ」という声が上がる中で、スキー場を運営していく会社がすごく少なくなり非常に厳しい状況になっているそうです。最繁忙期と比較すると、今のスキー客は半分ぐらいになってるんです。

　この状況を何とかできないかっていう話と、若者を何とか動かすことができないかっていうことで最初に考えたのが、この「雪マジ！19」です。19歳

の1年間であればですね、スキーのリフト代は全て無料にしようというプロジェクトで初年度は89のゲレンデが賛同し、会員として約4万9,000人。延べ12万人ぐらいが、動いてくれました。2014年〜2015年シーズンだと、181ヵ所が賛同してくれて、15.6万人が会員になり、延べ51.5万人が「雪マジ！19」を使って旅行をしてくれています。ゲレンデのリフト代は無料ですけど、スクールだったり、レンタルだったり、飲食だったり、と地域の消費がすごく上がってきてるという実績が出ています。また、最初は19歳無料でも、2年目に元19歳会員だった人が、継続して行きましたか、有料で行きましたかというアンケートを行うと、93%の人は、次の年もお金を払って行ってくれてるんですね。

　これは、ロイヤルカスタマーに対して最初の機会を無料で提供してあげて、ライフタイムバリュー、つまり人生においてスキーをする機会、スノーボードをする機会を作っていくということで、業界の人たちに、最初の19歳の1年間だけはリフト代を無料にしてくれませんかと協力を依頼しました。無料にしたリフト代をわれわれが払ってるわけではなく、業界活性化のために、スキー場の人たちに協力してもらい、スキー場自らが無料にしてるプロジェクトなんですね。その代わりわれわれは、仕組みを作ったり、プロモーションっていうことを徹底的にやります。

　では、リクルートは、何でこんなことに一生懸命汗かいてるのっていうと、「雪マジ！19」というところの中でちゃんと会員を獲得していくっていう、そこがわれわれとして投資をする価値だというふうに思っています。リクルートの中のライフタイムバリューも上げていきながら、スノーボード、スキーに行くライフタイムバリューも上げていくというようなことを考えています。想定よりも効果が見えたのは、行ってくれた人たちの付帯の金額。リフト代は無料なんだけれども、それ以外で結構地域にお金を落としてくれてるということが分かり、今シーズン（2015年時点）も継続しています。

　この、「雪マジ！」の仕組みを、「ゴルマジ！」「お湯マジ！」「Jマジ！」に応用して、「マジ☆部」という取り組みをやってます。

　消費者の実情と地域の実情を話をさせていただいて、将来、私がもし起業するんだったら、こういうポイントでちゃんとビジネスっていうのは起こっていく可能性があるんじゃないかなということを、まとめてお話をさせてい

ただきました。
　時間になりましたので、以上で終わります。ご清聴、どうもありがとうございました。

【確認問題】

問1 「じゃらん宿泊旅行調査」に関する記述のうち、内容が誤っているものを4つの選択肢のなかから1つ選びなさい。
① 日本の人口は、2010年代以降減少傾向にあり、合計特殊出生率に大きな変化がないと仮定すると、2050年には1億人を、2060年には9,000万人を割り込むと予想されている
② 2012年の試算によると、定住人口が1人減少した場合に同じ経済効果を得るためには、外国人旅行者11人、国内宿泊旅行26人、国内日帰り旅行81人の交流人口が必要になる
③ 2004年～2012年にかけて、延べ宿泊数、実宿泊者数、宿泊旅行実施者の年間平均旅行回数、宿泊旅行実施率は、一部の例外を除いて、おおむね下降傾向にあったが、2013年度は前年比で増加した
④ 2011年度～2013年度にかけて、延べ旅行者数および旅行実施率は、すべての性別・年代別データにおいて減少している

問2 「じゃらん宿泊旅行調査」の説明に関する記述のうち、誤っているものを4つの選択肢のなかから1つ選びなさい。
① 2011年度～2013年度にかけて、1旅行件数あたりの支出額は、個人旅行よりもパック旅行のほうが多い
② 旅行者が目的地に到着してから退出するまでの消費額の詳細は、昼食を食べる、買い物をする、夕食を食べるといった行動の順に支出額が多い
③ 2009年～2013年にかけて旅行の形態の傾向を見ると、夫婦二人の旅行が最も多いが、一人旅が増加傾向にある
④ 旅行の目的としてあがっているのは、俗にいう「メシ（食事）」「フロ（温泉・風呂）」「トコ（のんびり過ごす）」の順に割合が高い

問3 「じゃらん宿泊旅行調査」の説明に関する記述のうち、内容が誤っているものを4つの選択肢のなかから1つ選びなさい。
① ご当地愛という「インターナルマーケティング」が起点になるが、ご当地愛ランキングの上位は、沖縄県、北海道、京都府、福岡県、宮城県の順である
② 地元の愛着度が強いほど首都圏定着者の来訪意向が強いという相関がみられるので、愛着が高く来訪意向が低い地域は、マーケティングによって来訪意欲を押し上げられる可能性がある
③ 「じゃらん宿泊旅行調査」と「地域状況」から見る2つの課題は、地域で「新しい価値創造（進化）」が少ないことと、地域が「未来に向けて一枚岩」になれていないことである
④ 未来に向けて地域・観光産業が取り組む3つの方策は、価値創造、需要創造、環境創造であり、行政や観光協会がこの方策の推進母体の役割を担うことが多い

問4 「マジ部」について、本文中で説明がなかったものを4つの選択肢のなかから1つ選びなさい。
① ビアマジ！20
② お湯マジ！22
③ 雪マジ！19
④ ゴルマジ！20

正解　　問1　④　　問2　②　　問3　④　　問4　①

7 観光まちづくり
——観光による地域活性化——

㈲オズ　代表取締役／海の幸とやすらぎの宿　海月　女将　江崎貴久

Ⅰ　人が幸せになる観光

1．自己紹介

　こんにちは。私は三重県伊勢志摩の鳥羽というところから来ました。今日は伊勢志摩に行った気分になっていただければいいなと思っております。また、今、近所の三重大の大学院生でもあります。そんな私なんですけど、旅館の女将と、もう一つ、エコツアーっていう地元のガイド、両方の仕事をしています。会社もこの両方があります。見た目に全然違う仕事をしているので、「どうやって割り切って仕事をしているの」と、よく言われるんですけれども、私の中では同じ仕事をしていると思っています。それは、鳥羽の魅力、伊勢志摩の魅力を伝えることです。それを通してもちろん観光なんで、お客さんに楽しんでもらうのですが、受け入れる側の私たち住民も一緒に幸せになる、人を幸せにする仕事をしていると思ってます。服装は違っても、やってることは同じなんです。これは、たまたま私が一人でしてる仕事ですけれども、地域の中でみんながやってる仕事は、見た目は別々なことなんですけれども、何のためにやってるのかと言ったら、地域の中でみんなが幸せに、豊かに暮らしていけるために、いろんな道を選んでいるのだと思います。目標は一つだっていうことなんですね。

2．鳥羽市の概要
(1) 鳥羽市の観光コンセプト

　鳥羽は、「恋する鳥羽」というコンセプトで観光を進めています。3世代の海女さんが、キャンペーンガールなんです。この「恋する鳥羽」のコンセプ

トは、「あなたは鳥羽で恋をする」「鳥羽はあなたに恋しています」、この二つから成り立っています。「あなたは鳥羽で恋をする」というのは、鳥羽に来て、皆さんに鳥羽を好きになってもらえるような商品づくりの話なんです。そして、「鳥羽はあなたに恋しています」という部分は、鳥羽の人たちは、お客様のことが大好きなので、皆さんが快適に過ごしていただけるようにおもてなしをしますっていうこと。だから、商品づくりとおもてなしと、2本柱でできているコンセプトなんですね。

(2) 観光と漁業の関係

鳥羽市は観光がすごく盛んなんですが、元々やはり新鮮な魚介を食べに来てくださるお客様が多いっていうことで、住んでいると漁業と観光のボリュームが一緒ぐらいに思えるんですね。でも、実際は、今ほとんどが、3次産業です。全て観光とは言いませんが、3次産業が多いです。そして、1次産業は、12％位になっています。昭和45年から平成22年を見てみても、3次産業がどんどん増えていって、1次産業が減っています。

だんだん観光が盛んになって、お客さん来るのはいいことなんですけれども、その一方で1次産業が減って、1次産業が地域から消えてしまうということは、地域の存続によくないと私は思ってます。なので、観光がいいからといって、皆さんが産業転換して観光の人ばっかりが増えないように、バランスを取ることも、地域にとって必要なことだと思ってます。

資料1 鳥羽市の産業構造

鳥羽市産業別就業者数　合計人数10,866人（平成22年度）

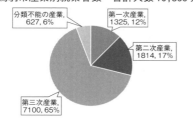

鳥羽市産業別就業者数割合（平成22年度）
出所：鳥羽市統計資料（平成25年度）

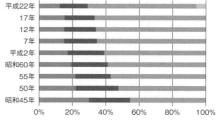

鳥羽市産業別就業者数割合の推移
出所：鳥羽市統計資料（平成25年度）

(3) 観光と漁業の現状

　漁獲高と宿泊人数の推移をみると、漁業は昔は、悪いときもあるけども、いい時もあったりしてたんですが、最近はすごく儲かる年っていうのが訪れないような状況になってます。そして、観光もだんだん下がりつつもあります。2013年が伸びてるのは、鳥羽の隣の伊勢市で伊勢神宮が20年に1回遷宮をするんですけれども、神宮さんの遷宮がある時は、20年に1回、たくさんの人がいらっしゃるんです。2013年はその遷宮の年だったので、なんと1,400万人ものお客さんが来ていただきました。でも、やっぱりその後、減ってきてます。

3．地域での観光
(1) 地域観光は住民が大好きだと思うものへの気持ちから

　今日は、エコツーリズムという、地域着地型の商品や、ガイドとか地域づくりのお話をしていきたいと思います。私たちの大好きなものは、大体どの地域でも一緒なんです。地元の人、それから、地元の食材、地元の自然。これがそれぞれどんなふうに違うのかっていうだけで、どこの地域でも、皆さんこれに誇りを持ってます。例えば私たちにとって地元の人々とは、海女さんとか漁師さんとか、こういう方々。それから地元の食材は、新鮮な魚介類。それから地元の自然は、海女さんが潜る海とか、リアス式海岸とか離島とか。そういうものをみんなに知ってほしいと思う気持ちから、商品づくりがあります。そして、ずっとあり続けてほしいという気持ちから、地域貢献の事業化があります。これからお話しする「海島遊民くらぶ」という、私のガイドの会社の事業は、この2本柱でできているということなんです。

(2) 観光とは「らしさ」と「ならでは」

　観光とは、これはずっとツーリズム産業論の中で皆さんも勉強されてると思うので、ご存じだとは思うんですけれども、観光立国基本法の一番最初に、「観光は、国際平和と国民生活の安定を象徴するものであって」って書いてあります。決して町の旅館とか観光産業が潤うことが一番に書いてあるのではなく、私たちが平和で、安心して安全に暮らせて、自分たちが豊かさをちゃんとかみしめて、幸せに暮らしているということの上にしか観光は成り立たないってまず書いてあるっていうところが、観光立国基本法ができたときに

私が嬉しかったところです。

　この「観光」も、「国の光を観る」ということから来ていると言われておりますが、じゃあ、光とは何なのでしょうか。「らしさ」と「ならでは」だと思ってます。

(3) 地域資源の観光資源化

　この「らしさ」と「ならでは」のお話を進めていくんですけれども、地域資源と観光資源は、まず違いますよね。どんな地域資源をどうやって観光資源にしていくのかっていうことが、地域の観光の中では大事なことです。で、「らしさ」と「ならでは」って何かというと、「らしさ」っていうのは地域の素材です。そして、「ならでは」っていうのは、地域の素材、地域資源のいいところを、どこがいいのか、どこが光なのかっていうことを考え、光る仕掛けを作るところが「ならでは」です。

資料2

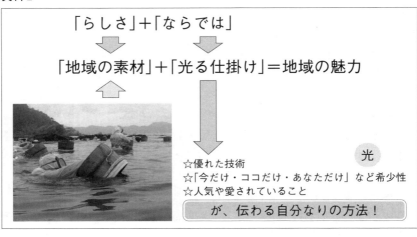

　この二つがあって、初めて地域の魅力になります。片方だけでは、地域の魅力にはならないのです。イセエビがどんだけ海にいても、それをおいしいと思ってもらえる、光らせる方法がなければ、皆さんはおいしいと思いません。そんなふうに地域の魅力を出していきます。この地域資源の光らせ方は、優れた技術があったり、「今だけ、ここだけ、あなただけ」とかっていう希少

性があったりとかですね、何かみんなに人気で愛されてるってことがありますが、これが何でなのかっていうところをしっかり明らかにしてくことが大事です。それを伝える自分なりの方法が重要なんです。

　さっきイセエビの話をしましたが、私が旅館でイセエビの良さを伝えるとするならば、料理人さんと協力して、イセエビがおいしくなるように、どうやってお客さんにタイミングよく出すかなとかっていうふうに考えて、イセエビっていうものの良さを出していくと思います。でも、これがガイドの場面になれば、イセエビの生態がどうなっていて、生きるためにこんな工夫をしてるんやっていう話をすると、イセエビの素敵さが伝わりますよね。同じイセエビでも、伝わる自分なりの方法っていうのが違うんです。最初にお話をした、地域それぞれの人がやっている職業は違います。だけど、目的は一つですっていうのは、そういうところにも表れてくる話ですね。

Ⅱ　地域と商品づくり

1．地域資源を活用した「海島遊民くらぶ」の商品づくり
(1)　海島遊民くらぶの活用する地域資源

　鳥羽の場合、有人離島が4つあります。海藻の多い海があって、海女さんがたくさんいます。海藻が多い海っていうのは、実は砂浜ではなくて、石がごつごつしている海なんですね。菅島っていう島では、すごく狭い路地があるんですけど、そこが一番のメインストリートで信号もないんです。鳥羽にある4つの有人離島には、信号は一機もありません。警察は、4つの島を合わせて駐在所が一ヵ所だけあります。道を歩けば干物が干してあったり、砂浜に行けば、おばあちゃんが海藻を拾ってちょっと乾燥させて、軽くなったところで大漁旗を再利用した袋に入れて、家に持って帰ってたりします。こんなシーンに出会えることも地域の資源なんですけれども、そこに「らしさ」があるんですね。この鳥羽「らしさ」を生かして、私たち海島遊民くらぶ「ならでは」の商品づくりをしてるんです。海島遊民くらぶだけじゃなくて、町の人たちとか島の人、漁村の人たちと一緒になって、「ならでは」の商品づくりをしています。

(2) 地域の価値をお客様の価値に

コンセプトは、「素敵な自分を発見する旅」です。私たちは自分たちの地域が大好きですし、素敵だと思ってます。住んでる者が素敵って思ってるところから、来ていただいた方にとってどう素敵なのかっていうところまで価値を変換させないと、売れないですよね。私たちは、住んでて魚介類がおいしいし、空気もいいし、人が優しかったり、暮らしやすいなっていう価値なんですけど、お客様にとってはどうなんでしょうか。

自然が豊かにありますし、離島に行くと、離島のおばさんとか漁師さんとかが、「あんたら、どこ行くんや」って気軽に声をかけてくれます。普段に、知らない人が、道歩いてて声かけてくれることないじゃないですか。でも、そんなふうに声をかけてくれたりすると、ちょっと優しい気持ちになると思うんです。そういう環境に囲まれて、いい自分になってもらいます。私も、ストレスが多かったりすると、今日はいい人ですけど、すごく嫌な江崎貴久になってる日があるかもしれません。もしかして、意地悪な江崎貴久になってる日があるかもしれません。だけど、楽しい1日になってると、いい人になれるように、鳥羽に来てもらって、私たちのツアーに来てもらうと、いい

資料3　海島遊民くらぶのツアー

年間30種類以上のツアー＋オーダーメイド！

海藻の森
シースルーカヤック
ツアー

海藻の森シュノーケルツアー

無人島たんけんツアー

海ほたると4億年のタイムスリップ!!

つりざお片手に
路地裏お散歩ツアー

伊勢海老お料理大学

ワカメ刈り♪と採れたてワカメしゃぶしゃぶランチツアー

ほたる＆海ほたる観賞とワインを楽しむツアー

人になれるんです。素敵な自分を発見して、帰ってもらいます。お客様に「ここ、すごくいい所やわ」って思ってもらって、「もう帰りたくないわ」って思って帰っていただくのは嫌なんです。この地域に来て、「よし、明日からも頑張ろう」と思って、自分の地域に帰ってもらう。自分のところに帰ってもらって、自分のいるべき場所で頑張ってもらうために、私たちは送り出しをしてるのだと思います。

(3) 社会にとって観光の価値を

　観光が世の中にとって必要なことの理由って何かなって考えると、個々のお客様の満足度を高めるっていうのは、もちろんだと思います。このお客さんが何を求めているのか、それは商売としてやらなきゃいけないことなんです。けれども、観光が世の中に必要かどうかって言われたら、社会に対してできることっていうのは、人を元気にして、また頑張ってもらえるっていう機能を果たすことだと思ってます。なので、素敵な自分を発見してもらって、自分のことを好きになってほしいんです。で、帰ってもらって、「よし、頑張ろう」と思って、またその場所で頑張ってもらいたいって思ってます。うちのスタッフは、全員そう思ってます。毎日そう思ってお客様をお出迎えして、送り出しをするのが、私たちの仕事です。

　その為にはどうしたらいいのかなって、色んなツアーを行ってます。その中で素敵な自分を発見できるように、シナリオをいろいろ考えて作ってるんですね。年間30種類以上のツアーがありまして、最近オーダーメイドのお客様も多くなっております。

2．商品づくりの起点と視点
(1) 宝探しの起点の商品づくり

　プログラムを作るときには、二つの起点というのがあります。まず一番基本なのは、宝探しですね。自分たちの地域の中で、「面白いな」と思うものを探します。何気なく、普通当たり前と思ってたところで「もしかしてこれって、すごい面白いことなんじゃないの？」っていうのを見つけて、そこから作っていく場合です。そのときは、作るだけじゃなくて、この資源を使うのはいいけれども、これを使ったらどう地域にいいのか、地域がどう喜んでくれるのかっていうのを、ちゃんと考えます。こういう視点も、プログラムを

作るときに組み込んでいきます。

(2) 地域課題起点の商品づくり

　それと、もう一つの起点は、地域の声、課題やニーズから作っていく方法です。地域に深く入っていくと、本物の課題が見えてくるんですが、そのネックにあるものがだんだん見えてきます。そうすると、これを何とかしたいなと思ってくるわけです。「何とかしたいな」と思うのですけれども、そもそもの出発地点が課題やニーズっていうことは、地域の暗いところから始まるんです。でも、観光なんで、お客さんに楽しんでもらわなきゃいけません。その中に何か面白いことって潜んでないかな、何か「おっ」と思うようなものがないのかなって、もう1回探します。それを何とか見つけたら、じゃあ、どんなふうに課題解決につながるのか、どう仕上げれば面白くなるのかっていうのを考えて、作っていきます。だから、面白いことと地域が喜ぶことっていうのは、必ずセットで作るんです。どっちから始まってもっていうことですね。

(3) 商品づくりの事例──「海ほたると4億年のタイムスリップ」──

　宝探し編をちょっとご紹介します。「海ほたると4億年のタイムスリップ！」っていうのがあります。ウミホタルっていうのは、大体7月ぐらいから9月の前半ぐらいまでいる、海の底にいる生き物です。ミジンコとかの仲間ですけれども、心臓を持っている生き物の中で一番小さいと言われています。4億年昔から、ほぼ形を変えることなく今まで生きている、そんな完成度の高い生き物なんですね。ウミホタルは、海の底にいて、すごくきれいな青に光るんです。このツアーが、どのように進んでいくかっていうと、4億年前にタイムスリップします。桟橋の一番手前を現在に見立てて、一番奥を4億年前に設定するんです。で、ここをタイムスリップしてくんです。聞いただけでワクワクするでしょう。これは、親子連れで来てもらうのが多いツアーです。

　これ、ストーリーはすごく良かったんですけど、ある年、うちの新人の女の子に、「すごく面白いんですけど、せっかくタイムスリップって言ってんのに、『じゃあ、タイムスリップしまーす』って言ってただ桟橋を渡っていくところがすごく地味になってて、残念な感じがするから、ちょっと変えたいんです。」って言われて、「いいよ、いいよ。どうやって変えるの？」って言っ

て、「予算をあなたに5万円あげるから、何か作ってもらってもいいし、改良してください。」ってお願いしたんです。そうしたら、彼女はですね、1円も使うことなく、すごく面白く変えたんです。実際に何をしたかというと、かけ声を作ったんです。「4億年前の世界へ！ターイムスリップ！」って必ず言って行くんです。「『ターイムスリップ！』っていうところだけは、絶対皆さん、一緒に言ってくださいね。これを大きな声でみんなで一緒に言わないと、時空が乱れて、この橋から落ちてしまうかもしれないんです。だから、絶対言ってほしいんです。」てやるんです。これだけで、すっごく楽しくなったんですよ。こんなふうに、ちょっとした工夫で楽しくなります。

　ウミホタルっていう生き物は、食べる物じゃないし、獲って売るわけでもないので、漁師さんたちも全然気にも留めない生き物でした。このツアーって自然のことだけなんで、全然地域の皆さんが絡んでなさそうに見えるでしょ。でも、実は、調査をしたり、場所を貸してくれたり、筏を一緒に直してくれたりとか、全部してくれるのは漁師さんたちなんですね。なので、代わりに私たちができることは何かっていったら、「こんなにきれいな海だから、こんなウミホタルがいるんです。そんなところで育っているカキだからおいしいです。冬にはカキを食べに来てください。」っていうPRをします。

(4) 商品づくりの事例——「鳥羽の台所つまみ食いウォーキング」——

　次は、地域の課題からでき上がったものです。どこの地域でもそうですが、うちの事務所の近所も、シャッター街といわれるような通りです。そこに、かろうじて残っているお店があります。そんなお店を1時間で、ちょっとずつ、つまみ食いをしていく、そんなツアーがあります。

　そのツアーの中で、お寿司屋さんに行きます。大将は、88歳の父さんです。お客さんは、お寿司を1個だけ食べさせてもらうんです。みなさん「バラン」って分かりますか。よく、お皿とかお弁当の中に、プラスチックの葉っぱが付いてるじゃないですか。あれは、今はプラスチックですけど、本当は昔は全部葉っぱで作ってたんです。それが、飾りにもなるし、滅菌とか防腐とかの役割になってて、昔からそういうふうに使われてたんですけど、今は冷蔵庫もあったりして、使われなくなっちゃったんです。

　そのバランを、この父さんがすごい素敵に細工してくれるんです。今は阿吽の呼吸でシナリオができてるんですけど、目の前で実演してくれて、お客

さんもすごく興味津々で見てもらうというふうに進んでいきます。

　あとは、海産物問屋さんに行くと、カオリちゃんっていう看板娘がいます。彼女がサザエはどんなふうに生きてるのか、海女さんがどんなふうにサザエを獲るのかっていう話をしてくれて、見せてもらったあとに、ちょっとお造りを作ってもらって食べるんです。

3．海島遊民くらぶのツアーによる効果
(1)「鳥羽の台所つまみ食いウォーキング」における経済効果等の事例
　ものの背景が見えることで、各店舗の商品が、よく売れるようになりました。私たちは、お客さんが買ったもののマージンは、もちろんもらってないんですけど、地域にどれぐらい貢献できたかなっていうことがいつも実感できるように、お客さんが買ってくれるのを、ガイドが目の端っこで追ってるんです。「お客さん、何買ってくれたんかな」と思って。それをずっとデータ化してるんですが、すごくたくさん買ってくれるんです。最近はお店の方から、別に私たちは知りたいだけなんでって言ってるんで、ちゃんと申告してくれるようになりました。かといって、それで無理やりお客さんに売るということもないです。せっかくの素敵な商品が、押し売りされるように見えるとよくないので、あくまでもお客さんが「欲しいな」って言ってくれたときに売ってあげてくださいっていうふうにしてます。

　どんなに売れてるかっていうと、一番初めは、関東からのお客様が4人で来てくれたんです。ツアーは1時間2,000円頂いてるので、4人で8,000円頂いたのですが、さっきの海産物問屋さんで25,200円も買ってくれました。その後も近所でいっぱい散財してってくれました。ここは、日本中にある普通の、閉店したお店がすごく多いシャッター街なんです。ここでですね、なんとうちのツアー料金以外で57,540円も買ってくれてるんです。

　皆さん、ほとんどお買い物をしてくれます。どれぐらい買ってくださるかっていうと、平均1,030円余分に使ってくれます。うちのこのプログラムのツアー（一般2,000円・団体1,500円）と合計すると、平均2,773円です。そうすると、この商店街は、半分は観光のお客さんに関係あるお店の人たちですが、半分ぐらいは関係のない人たちなのです。でも、「観光に関係ないわ」って言ってた人たちが、「なんかあの子たちと一緒にやってると楽しい、いいことがあ

る」っていうので、協力してくれるようになったり、賛同してくれるようになったんです。

　さっきの海産物問屋さんは、昔からアワビの煮貝を作っていました。その際、地元のアワビを炊いた醤油を、全部捨ててたんです。あとは自分の家で使っていたぐらいでした。つまみ食いのお客さんだけに、ナマコとかサザエにつけるお醤油の代わりに出してくれてたんです。それ、おいしいに決まってるじゃないですか。地元の海藻を食べて育った、すごいりっぱなアワビを炊いたお醤油なんですから。おいしくて、みんなお客様がそれを「欲しい、欲しい」って言いだして、「売ってないんです」ってずっと言ってたんですよ。でも、あんまり言われるから、とうとう半年位経って商品開発をするっていうことになって、そこからまた半年ぐらいかけて、「あわび醤油」として商品化ができました。1本120 ml、1,400円で売ってるんです。すごくよく売れるようになってます。

　そんなふうに、あわび醤油が商品化されたり、もう作らなくなっていたちっちゃい最中屋さんが、そこも毎日作ってくれるようになったりとか、色んな効果が広がって、海島遊民くらぶのお客様に皆さんすごく親切になってくれるということなんですね。同じようにガイドして街を歩いてても、「ああ、なんかガイドしてるな」と思って町の人が見るのと、「いらっしゃい」って声を町の人がお客さんにかけてくれるのって、全然違うんです。町の人がウエルカムと思ってくれると、急にツアーの品質も変わっていくっていうことなんです。

Ⅲ　観光の役割

1．集客交流効果
(1) 多様な人々をつなぐ観光
　私たち観光の役割なんですが、お客様と地域の魅力をつなぐっていうことも、もちろんなんですけれども、色んな人たちをつなぐっていうことにもつながってます。さっきのつまみ食いのツアーでも、もちろんお客さんとお寿司屋さんとか、お客さんと海産物問屋さんっていうふうにつながっているのは目に見えることなんですが、例えば寿司屋の父さんが、「今から丸傳（海産

物問屋）さんに行くんやわ」って言ったら、「あそこの丸傳さん、昔からこういうお店でな」って話をしてくれたりします。で、丸傳さんも同じように話をしてくれたりすると、直接出会ってないけれども、お互いがお互いを大事にしてる思いが、私たち通して間接的に分かるんです。

(2) 修学旅行生と菅島の島民の出会い

　先程言った、菅島っていう島なんですが、きれいな島です。だけど、至って普通の島なんです。この島に、修学旅行の子ども達や、一般のお客様もツアーで行きます。初めて私が修学旅行の子どもたちを連れて行った時のことです。これ、イセエビ漁の後の、網小屋って分かるでしょうか。その網からイセエビを外したり、海藻を外したりとかやってるシーンに会えたんですね。地元の母さんに「見せてもらっていいですか」って言ったら、「いいよ」って言ってくれて、見せてもらいました。それで、この人たち仕事をしてるので、手を止めたら悪いから、私たちが見せます。母さん達の手は止めません。「ちょっとこのイセエビ触らせてもらっていい？」って言って、「いいよ」って言うから、私が見せてたんですね。

資料4　だんだん、お母さん達も…

　これね、何も打ち合わせをしてなくて行ったんです。ちょっと経ったら、そこにいる母さんが、何となくそばにいる子ども達にイセエビ見せてる感じ、分かりますか。何となく見せてるんです。「お願いします」って言ってないの

に、勝手に喋りだしてくれたんです。すごい奇跡なんですけど、初めて島の人が、私たちのプログラムに自分から登場してくれた瞬間です。こうやって喋ってくれて、1回喋ったらすごいです。2日目になったらもう慣れたから、この子ども達が来たら、「それそれ、そこの見てみ」とか言って、すっごい喋ってくれるんです。私達ガイドは、こうなったら、「母さん、おはよう。何しとんの」って言うだけで、このシーンになると自分たちは何も解説しないです。

　すごいなって思うのは、この母さん達と1回も打ち合わせしたことないんです。私たちは毎日修学旅行で行くんですけど、「母さん、おはよう。何しとんの？」と聞いても、この母さんたちが、「あんた、昨日も教えたやろ」って1回も言ったことないんです。「昨日も教えたのに、また聞くの？」って絶対言わないですね。私達が聞くけれども、それを通して誰に言ってほしいのか、この子ども達に言ってほしいってことは、ちゃんと分かってるんです。だから、絶対に「昨日も言うたよね」って言いません。

2．ツアーにおけるマネジメント
(1) 登場人物によるツアーの品質管理

　こうやって地元に入っていくんですが、すごく大事なことがあります。地元の人にとって、地域の自然とか人々を大切にしてくれる人は、いい人やし、大切な人って思えるんです。お客さんとか、私達みたいな観光事業者も。でも、自分たちの地域にすごく大事にしてるものがあるのに、それ踏みにじる人は、嫌な人やし、来てほしくない人です。お客さんにとっても、全然知らない地域に来て、全く何の案内とか表示とかもない、不安がいっぱいの中で、そういう思いを察してくれて、大事にしてくれる住民っていうのは、やっぱりいい人やし、大切な人です。だけど、そういう気持ちも考えてくれずに、「誰か来たわ」っていうふうに扱われてしまったりするとやっぱり嫌です。

　こうした出会いが、ラッキー、アンラッキーでは困るんです。「今日はいい人に出会えたね」「今日はちょっと残念な人に出会ったね」っていう、ラッキーとアンラッキーになってしまうと、地域の商品を作っていくのに、品質が下がってしまったり、地域のイメージがよくなくなってしまったりとか、愛される地域になっていきません。「素敵なお客さんが来てくれたな」って住民が思ってくれて、お客さんも「ここの人たち、いい人やな」って思ってくれる、

両方がいい人同士だなって思えるように気配りをする、心配りをするっていうのが、実は私達の仕事なんです。

(2) 事業の方針

そのために、普段からうちのルールの一番の基本は、お客様、自然資源、住民、そして、ガイドとか自分達、この四つのバランス、四者に優しいというバランスを大事にしています。どれ一つを取っても、マイナスを作っちゃいけないんです。ここにあるものっていうのは、どっかにマイナスを作ったら、どっかで補えないんです。例えば、ウミホタルすっごくきれいで、ファンが多いんですけれども、「このウミホタル、すごいきれいだから、獲って帰ってもいいですか」ってお客さんが言ったとします。「いいよ。」ってガイドがもし言っても、直接は困らないかもしれません。だけど、ウミホタルは、分解したりとか、海の底で担ってる役割もあるんです。それを私たちが代わりにできるんだったらいいですよね。でも、できません。そこには、カキの養殖をしている人達もいます。その人達が、カキの養殖ができる環境を作ってるのには、ウミホタルもその一端を担ってるんです。だから補えないっていうように、この四者のバランスって、どっかがどっかで補えるものではないから、どこにもマイナスを作っちゃいけないっていうのが、私たちの地域の中で観光を作っていくっていうことの一番大事にしているルールです。

(3) ルールづくり

じゃあ、具体的にどういうルールがあるかっていうのは資料⑤です。私がこの中で一番好きなのは、島の人と仲良くするために努力・工夫をすることです。プログラムが面白くなるようにっていうのを努力・工夫するのは当たり前なんですけれども、島の人たちと仲良くするためにも努力や工夫をするんです。何となく「仲良くなれたらいいな」じゃなくって、どうしたらこの人達とずっとうまくやっていけるのか、どうしたら仲良くやっていけるのかっていうのをちゃんと考えて、努力・工夫をするっていうのが、私達のルールになってます。例えば、磯場を荒らさないようにするためのルールは、たくさんあるんです。将来、海女さんたちが獲る生き物達の赤ちゃんがいっぱいいるので、すごく大事な場所だからです。これは、自然を守るためのルールでもありますし、一緒にこの磯場を使っている漁民の方たちへの配慮のためのルールでもあります。

資料5　漁場を荒らさないようにするためのルール

①持ち帰る貝殻・石は一人1つまでにする。
②ゴミを残さない　→逆に清掃活動をし、持ち帰る。
③フィールド管理：浮島上陸はガイドを除き、1日1回30人まで、長者が浜付近は1日1回40名まで
④同じ磯場に3日より多く続けて入らない。
⑤観察時の生き物採取に関して、1人1種1固体とし、観察後は生息条件にあわせて海へ返す。
⑥魚類や皮膚の薄い生き物については、素手では、触らない。
⑦プラケースに入れる時間の制限をする。スタッフが管理する。
⑧棘皮動物・特にウニ・ナマコなどの鳥羽の食用となりうる水産資源については、海に返す際は、スッタフが、生き物がその後弱らないよう、その生息環境に合わせて海に返す。
⑨観察前に、お客様の意識付け・指導を必ずし、効果的なオリエンテーションを心がける。（島の背景・住民の人たちの大切な島・生き物のための観察時の注意など。）

| 自然を守るためのルール | 漁民への配慮のためのルール |

Ⅳ　地域観光の柱である連携の確保

1．地域の基幹産業と観光の連携
(1) 産業との連携に必要なこと

　地域には観光だけがあるわけじゃなくて、その基礎に観光に対して影響の大きな産業があるんだと思うんですね。鳥羽だったら、漁業と観光っていうのが大きな2本柱になってます。なので、お互いの連携っていうのはすごく大事なことなんですね。地域で連携をしなきゃいけないって色んなところで動いてるんですが、本当に相手のことを理解しているかっていうことです。

(2) 観光業と漁業におけるそれぞれの課題

　観光って色んな課題があると思うんですけれども、よくあるのは、まず観光資源ですよね。今までのありきたりの観光資源のところから、本当に自分

たちが大事にしたい地域資源を観光資源化していくっていうことを考えると、新たな観光資源を作っていかなきゃお客さんにまた来てもらえないっていう悩みとか、後継者が少なくなるとか、あと、若い人が旅行にあまり来なくなってしまった、そんなふうにも言われたりしました。じゃあ、漁業はどうなのかっていうと、やっぱり一番の問題は、水産資源が減っていることです。後継者の問題もありますね。それから、日本人が魚をあまり食べなくなっています。普通は魚が減って売るものが少なくなったら、希少性が高まるので、値段が上がると思いがちなんですが、食べる人が少ないので、値段が上がらないっていうことになっていきます。そうすると、収入が減るから、後継者の問題につながっていきます。こういう連携する相手のことを、ちゃんと理解しているかっていうことですね。これは、ちょっと想像したら分かるぐらいの課題です。

(3) 観光業と漁業の相対のイメージ

でも、現場でどうなのかというと、観光はまだまだ使ってない資源があると思ってるんです。地域資源がいっぱいあるのに、使えてない。だから、「観光資源の掘り起こし」っていう言葉、よく聞きませんか。「掘り起こす」っていうことは、「資源はある」という前提です。観光事業者から漁業に対しては魚が売れたらいいと思っています。だから、買えばいいと思ってるし、地産地消っていうところだけ見ればいいと思ってしまいます。じゃあ、漁業者はどう思っているでしょうか。買いたいときに買いたい量だけしか買わないっていうのが観光だと思ってます。

(4) 背景による考え方の違い

漁業って、昔からの流通の流れがあって、売り残しを作らないっていうことがすごく大事なんですね。魚って、絶対に売り残しを作らないシステムになってるんです。だから、最後に引き受けてくれるところが一番大事なんです。そういう仕組みになってるのに、買いたいときに買いたい量しか買わない観光っていうのが最重要視されるのは、難しいというのが現実です。言葉では「連携する」って言えるけど、本当に根底から連携することは難しいのが現状なんですね。そんなふうに、漁業者は観光とは違うことを考えています。

2．漁業の資源「海女」
(1) 豊富な漁獲物と海女の豪快さ

　さっき海女さんが多い地域って言いました。海女さんが多いのにも理由があります。海藻がたくさん生えるからなんですけれども、その中でも特に「アラメ」と呼んでる海藻を食べてアワビは育ちます。アワビがあるから、海女さんがたくさんいます。サザエやウニではだめなんです。安いから。アワビは高級なんです。1個が高いんです。これが獲れたから、海女さんがすごく増えました。今は100万円から300万円ぐらいの間を1年間で稼ぐ海女さんがほとんどですけれども、いいときは海女さん1人あたり1,000万円ぐらい稼いでたそうです。そのため、海女さんが一番多い町では、「男一人ぐらい養えへんかったら、一人前の女じゃない」と言われ育てられたほどです。すごいでしょう。今だから、男性・女性っていう時代ではないんですけれども、当時それぐらい女性が海女さんとして稼いでたのです。

(2) 海女の漁獲物減少と神事の変化

　そうやって稼げたから、ちゃんと自然への感謝とか畏敬の念があって、神事も行ってきました。でも、だんだん海藻が激減してしまって、アワビも90％減です。私が20代に帰った頃と今とを比べたら、水揚げ量が10％になってるんです。それぐらい減っています。当然、後継者は少なくなります。昔から代々稼いだものをちょっとずつ積み立て、それでお祭りをしたり、神事をしたりってしてきたんです。ということは、お祭り自体ではなくて、アラメがたくさん生えて、アワビがいっぱい育ち、それを海女さんが獲って稼げるっていうサイクルが本当は大事じゃないですか。お祭りの形だけ残ってても、本当にこのサイクルが残ってるって言えるのかなっていうのは、私が現場にいる実感です。水産資源もピンチですし、それによってでき上がってきてる海女さんの文化もピンチになっているんです。

(3) 海女の減少

　海女さん、鳥羽志摩で1949年に6,000人以上いたのが、この60数年の間に10数％まで減っているんです。今、どんどん減ってます。2014年に久しぶりに鳥羽志摩の海女さんの数を数えて、すごく減っていることが判明しました。761人になったんですね。

資料6　鳥羽志摩　海女の人数

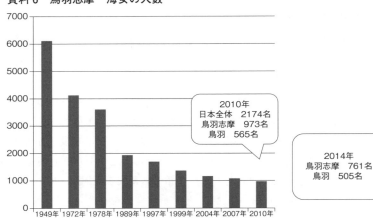

2010年
日本全体　2174名
鳥羽志摩　973名
鳥羽　　565名

2014年
鳥羽志摩　761名
鳥羽　　505名

3．観光資源としての海女
(1) 観光資源は経営資源
　私たちはガイドをしてるんですけど、この地域資源を観光資源にしていて、それは経営資源なわけです。この経営資源がなくなってしまいそうなとき、二つ選択肢があるんですけど、どっちを選択するでしょうか。近い将来なくなる可能性が高い資源だから、使わないっていう判断をするのか、もしくは活用して持続するように取り組んで、何とかならないようにするのか、どっちかを取るんだと思うんですね。観光とは違う産業の場合、たとえば石油がなくなるという場合、違うエネルギーを探す、代替物を探します。でも、観光の場合は、それでいいんでしょうか。

(2) 海女の観光資源としての魅力
　私は、もちろん活用して持続するように取り組む、守るっていう方を取っているわけです。地域で観光に取り組むことは、そうじゃないといけないのかなと思ってます。例えば今、海女さんの減少問題がありますが、海女さんの魅力にふれる色んなプログラムがあって、最近は海外のお客様もたくさん来てくれるようになってます。お客さんが海女さんのどういう魅力に惹かれているのかというと、まず海女さんが獲った水産物があります。「おいしいな」って思ったり、新鮮さの証明になったりすると思いますし、海女さんの

技術とか能力にも魅力を感じます。それから、自分の知らない海の世界の話を聞くっていうのも、すごく魅力的です。で、海女さん、ものすごい明るいんですよ。だから、その底抜けの明るさに触れるっていうのは、本能的に嬉しいです。それから、女性の生き方としても感動できますね。そんないろんな魅力をお客さんに楽しんでもらってます。

(3) 観光客と海女との接点

こんな観光客の方々と、観光資源となっていた海女さんの接点なんですけど、朝ドラの話もありますが、ドラマだとかマスメディアとかで海女さんを知るっていう段階があります。あのドラマのおかげで知ってくれた人も多かったと思います。

それから、昔から海女作業をショーを行っており、海女作業のショーを観光商品としてつくり、見物するっていうパターンがありました。最近は、海女小屋体験ができたり、漁村を散策することで、さっき話した菅島の母さんたちも実は海女さんなんですけど、ああいう海女さんに出会ったり実際に潜って海女漁を体験するっていうようなことができたり、ありのままの海女さんとふれあう機会を海女さんのいるフィールドで演出しています。それによってお客さんと海女さんの理解が深まっていく接点に、ステップがあると思うんです。

(4) 観光商品の変化

昔から、ミキモト真珠島ができたときに、海女作業のショーをやってたんで、これが一番海女さんに近づける場所だったと思います。でも、それが最近、私たちのガイドのチームができたり、海女小屋体験っていうのができたりして、観光施設ではなく、現地で海女さんと直接話しができるようになりました。で、本当に1年に1回だけですけど、海女漁を体験できるっていうプログラムを作ってるところができてきました。そんなふうに、海女さんがだんだんブームになってくると、プログラムが増えていくわけですね。海女さんに関連するようなツアーにお客さんが参加してもらって、これはうちの会社だけのものですけれども、増えていってます。プログラムも種類が増えていって、海女さんに関連するツアーでの収益も伸びていってます。

(5) 「見せる」から「ふれあう」ことで効果増大

これで海女さんが守れるのかっていう論点になっていくと思うんですが、

海女小屋体験では海女さんとお話をしながら、海女さんが焼いてくれた貝類を食べるんです。そこにアルバイトとして登録してる海女さんたちが増えてきました。おばあさんたちですよ、70歳とか80歳の。50歳とかの人もいるし、30歳代も入りましたが、すごいのは、去年78歳の海女さんが、途中で、このアルバイトを休ませてと言ってきたそうなんです。「何で」って言ったら、「私、扶養に入ってるから、稼ぎすぎると扶養から抜けなきゃいけなくなるから」って言って休んだんです。でも、今年は、もう扶養家族から抜いたそうです。扶養って分かりますか。年間103万円以下で稼ぐんだったら、配偶者の扶養家族になれます。78歳になってそれ位稼ぐんです、すごくないですか。それは、海女小屋体験をやってたり、自分も潜るしの両方で、収入が増えていくのかなと思うと、地域の活性化にはつながっていったりとか、高齢者の方々が健康に暮らすっていうことにもつながってるのかなと思うんです。

V 新しい観光による様々な影響や効果

1．多様な人々の気づき
(1) お客様の態度は事業姿勢の表れ

　こういう観光を進めていくために何が大事かというと、私たちが何のためにやっているのかっていうことを、ちゃんと理解しておくことだと思います。みんなと共有しておくっていうことが、すごく大事だと思ってます。そうすると、いろんなことが生まれるんです。さっき話した菅島に行く修学旅行の子ども達に、私たちはルールを言います。「四者に優しい」という考え方をしっかり守っていくために、ルールが決めてあるんです。どんなルールかというと、必ず島の人に会ったら挨拶をしてくださいって言います。これは子ども達だけじゃなくて、大人の人の普通の一般のお客様が来ても、島を楽しんでもらうためのコツとして言います。それと漁具に触らない。その辺に置いてありますが、これは捨ててあるんじゃないんです。置いてあるんです、道端でも。なので、必ず触らないでくださいねっていうことと、私より前を歩かないでくださいっていうルールが決めてあります。そんなふうに最初にお客さんにお願いしてあるので、こうやって歩いていったときに、島の方々に迷惑かかるってことはほとんどないです。皆無です。挨拶もちゃんとしてくれ

ます。「おはようございます、母さん」って言ったら、みんな「おはようございます」って言ってくれます。そういうのを見ていると、快く迎えてくれているので、良かったなと思ってたんです。

(2) 集客交流がもたらす多様な気づき

　そうしたら、ある日、ここの母さんが「よそから来る子たちは、すごくよく挨拶をしてくれる。逆にうちの菅島の子たちは、よそに行ったときに、こんなに挨拶ができるんかな」って言われたのです。今考えると、自分たちの島の子たちがよそに行ったときに挨拶ができていないってことを何となく気付いてたんだと思うんです。で、たまたま菅島小学校の先生も知り合いだったので、子どもたちについて聞きました。すると「島の子たちはおさないけど、純粋でいい子だが知らない人と話す機会が少ないため、中学生になり本土に通うようになるとコミュニケーションでトラブルを抱える」っていう話を聞きました。そして「ほんなら、先生、何か一緒にやりましょうよ」って言って始まったのが、「島っ子ガイド」です。

2．島っ子ガイド事業
(1) 島っ子ガイドの指導

　子ども達だからこそガイド・ボランティアにしてもらってます。最初にガイドって、何かを教えます。「自分たちが地域で素敵だと思ってるとこをお客さんに知ってもらうけど、楽しんでもらいながら知ってもらう、そんな仕事だよ」って伝えます。そして菅島の自分たちの大好きなことを探してきてもらうんです。100でも200でもいいから、いっぱい探してきてもらいます。そして、探してきた中から一つに絞ってもらうんです。それから、どうしてその一つを選んだのかという理由を、うちのガイドと子ども達と話をしながら探していきます。そうすると、子ども達の中で、その一つに絞った理由っていうのが見えてくるんです。それが、子ども達の作るガイドの一番の芯になります。単に好きなものを紹介するだけじゃないんです。何で自分がそれを大事と思ってるのか、それを伝えたいと思ってるのかっていうことを、ちゃんと見つめ直します。

**資料7 「あり続けてほしい」地域貢献：子どもガイドボランティア
　　　　菅島「島っ子ガイド」**

育成・企画期間 2008年12月～現在に至る

菅島小学校の協力の下、自分の島の自然の特徴と生活文化のつながりを調査し他所から来た人たちにガイド・プレゼンテーションすることにより、島の貴重な資源を大切に思う心を育てる。

第1回　12/19 しまっこガイド誕生！！
　　　　ガイドってなあに？？

第2回～4回　僕の私の大好きな菅島
　　　　　　見つけた！これが一番やぁ！

(2) 「島っ子ガイドフェスティバル」

　普段のときは、一般のお客様をみんな受け入れるっていうことはできないので今は、「島っ子ガイドフェスティバル」として、1年に1回だけ11月の第2週ぐらいの週末で実施します。島っこガイドフェスティバルは学校行事として実施され、運動会みたいに代休を取る形になっています。

　子ども達が始めたことで、すごく大人も変わりました。

(3) 子どもたちが島の大人を変化させた

　まず、どうせ島から出ていく子どもだからというので、大人は今まで、島のことは教えてなかったんです。それが、島っ子ガイドをしなきゃいけないから、小さいうちから色んなことを教えてくれるようになりました。だから、子ども達の知識量がすごく変わりました。お客さんも毎年たくさん来てくれるんです。リピーターさんもいるぐらいです。「子どもだから、しかたなく見てあげよう」じゃないんです。本当に面白いんです。そんなふうに頑張ってる子たちを見て、菅島の旅館組合がイセエビ汁の振る舞いをしてくれたりとか、子ども達のお母さんがお店を出したり、干物や海苔の試食を出してくれたり、漁協の青壮年部が商品を作って出してくれたりするようになって、変わってきました。

(4) 大人の変化はさらに子どもたちの変化へ

そうすると、また島の子たちも変わるんですね。もっともっと島のことを伝えようっていうふうに変わってきました。菅島の職業ランキングでは、1位は漁師、2位は会社員、3位が公務員、4位が自営業ってなってます。海に囲まれてる島なので漁師が多いのは当たり前の話で、「漁師が多いです」って言うだけなら普通なんですけど、彼らのシナリオは、菅島の職業について、「今の菅島は漁師が一番多いけど、会社員が増えてきています。会社員が増えると、菅島から出ていく人が多くなると思います。なので、漁師さんが減っていかないように、漁師さんのために、皆さん魚をたくさん食べてください。よろしくお願いします」って言うんです。絶対食べようと思いますよね。こんなふうに島の人達も子ども達も変わってきました。

Ⅵ　連携と循環

1．海島遊民くらぶへの協力
(1) 感謝の気持ちは必ず形にする

今の私たちの活動は、決して私たちだけじゃできません。色んな人と連携を取りながら行ってます。私たちは何も持ってなかったので、皆さんにお願いして今までやってきました。でも、やってもらうばかり「ありがとうございます」っていう言葉だけではだめです。必ずやってもらったことに対しては、感謝の気持ちを形で返します。やってもらって「ありがとう」「ありがとう」って言うだけでは長続きしませんからね。ちゃんとお返しをする。

(2) 相互の依存関係が協力体制の持続と強化の鍵

で、こうやってみんなが必要で、みんながいなかったらできなかったからこそ、逆にみんなに必要とされるようになったなって思ってます。もしも自分で全てができて、完結できていたら、恐らく地域の人から必要とされることはなかったと思うんです。これが、依存ということだと思います。それぞれにとって私たちっていうのは、価値があるんですね。個々のお客様にとっては、旅の楽しみっていうのを対価で得られるっていうことでしょうし、お取引させてもらってるとか、協力してくれてる皆さん、業者さんにとっては、それこそ私たちが代価を払うことで、仕入れだったりとか、逆に今までなかっ

資料8

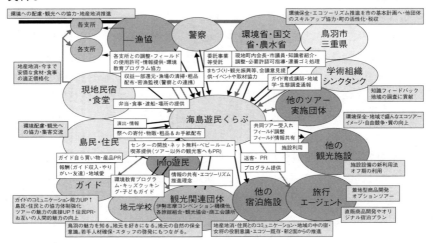

た自分たちの専門性を生かして、ちょっと違う商品開発ができたりということにもつながっていくと思います。

　地域にとっては、もちろんこうやって集客交流があったり、経済効果が生み出されるっていうことがあると思います。また、こうやって地域にちゃんと役に立つ企業や団体であると理解してもらっていると、町の人々がお客様に声をかけてくれ、そこに信頼関係ができて、企業のイメージ、私たちガイド・チームのイメージがすごくよくなるのかなというふうに思ってます。お互いがちゃんと依存しているっていう関係は、ものすごく大事ですよね。どっちか一方がやってあげてるっていう関係では、成り立ちません。お互いに必要だと認識することが大事です。

2．地域での広がり
(1) 地域観光の推移

　2001年から海島遊民くらぶの受入客数の推移を見ると、ずっと上がってきてるというか、業績もよくなってきておりますが、消費税が8％になったときにガンと落ちました。

　今では、いろんなチームがこういう商品を作っているんですけれども、鳥

羽市の着地型ツアーやプログラムの受入数で言うと、2012年で28,000人位のお客さんがいます。お隣の志摩市とかも合わせたら、もっとたくさんのお客様が参加してくれてると思います。鳥羽市は人口約2万人なんです。人口よりも多いお客様が、鳥羽のもう一歩深いところ、もっと生活・文化の素敵なところを知りたいなって思って、足を踏み入れてくれているってことなんです。2013年はこれに1万人の増加となっています。

(2) エコツーリズムの戦略と協議会の発足

　エコツーリズムは、こうやって地域のものを大事にしていく観光です。エコは生態系と捉え、生態系と観光との二つの循環機能を活用して、地域の奥深くまで、観光から受けるメリットをもっと地域全体隅々まで浸透させていく、そんなふうにしていきたいと思ってます。多様な人々が一緒に考えられるテーブルを作ろうということで、「鳥羽市エコツーリズム推進協議会」が発足しました。

(3) 会員と活動内容

　そこには漁業者の方も入り、林業の人も入り、観光事業者じゃない人たちがいっぱい入って、自分たちの抱えてる課題をみんなが持ち寄って、その課題を、観光を使った解決方法を考える、そんなテーブルです。ビジネスモデルを考えるんです。なぜかっていうと、予算がたったの年間40万円しかありません。だけど、もしもそこでビジネスモデルができるんだったら、別に行政がお金出さなくても、それぞれの人が、みんな投資するんです。その結果、間伐の事業が始まったり、未利用魚の事業が始まったりとなりました。

3．漁観連携（漁業と観光の連携）

(1) 漁観連携に向けた初動

　鳥羽磯部漁協組合長と鳥羽市観光協会長が「漁観連携」と言い出しました。漁観連携、漁業と観光の連携っていうのが、鳥羽市の今、観光の大きな柱になりました。2014年ぐらいから言いだして、いよいよ今年2015年からしっかり始まってきてます。

(2) 漁観連携の根幹

　漁業と観光の連携っていうと、普通漁業を観光利用するような話になると思うんです。お客さんを連れていって漁業の体験をしてもらうとか、今回は、

そんな話じゃないんです。鳥羽市は、5、6年前から入湯税が導入されました。大体年間1億9,000万円ぐらい入るんです。その予算の使いみちを考える際、最初に観光側の人たちが、入湯税は観光事業者が集めてるんだから、観光のために100%使うべきだと言ったんです。そのときに、漁業者の方々がそれを聞いて、「全部使ったらええ」「その代わり、海女のことも新鮮な魚っていうのもPRに使うな」って言ったんです。この頃から「自分たちの大事なものは漁業なんやな」って気付きだして、もっと漁業を根幹から支えるような観光をしていこうっていうことで始まりました。

(3) 漁観連携は冒険

これは、観光のコンサルさんとかに言わせれば、「観光への直接的な結果がうすいから、観光戦略としてはよくない」と反対されました。だけど、私たちは絶対信じてます。観光をしっかり地域でやっていくためには、漁業の基盤を支えないと将来の観光が成り立たないと信じてるので、取り組みが始まっています。例えば、海女さんが獲るアワビをいかに増やしていくのかとか、資源を増やしていくとか、そういうところにまで踏み込んで観光が支えていくというふうに、今、動いています。

Ⅶ　戦略的な地域資源利用

最後に、「おもてなし」っていうのは、「もって成す」っていう言葉から来ています。何をもって何を成すんでしょうか。私たちの大事な地域の資源をわざわざ使ってまでやりたい、成したいことは何なのかっていうことを考えて、観光を進めていきたいと思ってます。以上です。ありがとうございました。

VII 戦略的な地域資源利用　　187

【確認問題】

問1　「鳥羽市の概要」についての記述のうち、内容が誤っているものを4つの選択肢のなかから1つ選びなさい。
①鳥羽市の観光コンセプト「恋する鳥羽」で、「あなたは鳥羽で恋をする　鳥羽はあなたに恋しています」というフレーズは、「あなたのことを好きな鳥羽に来れば、素敵な恋に巡り合えますよ」という意味である
②鳥羽市の産業構造は、平成22年度では就業者10,866人のうち約65％が第三次産業に従事しているが、推移をみると昭和45年以降のデータで第三次産業の従事者が増加している
③鳥羽市は日本一「海女」が多く、全国約で1,800人の約うち800人が伊勢・志摩の海女で、そのうち鳥羽には約500人がいる
④鳥羽市の観光魚客数の推移をみると、平成25年に約2千万人となっているが、これは伊勢神宮で式年遷宮が行われたことによると思われる

問2　「地域資源の観光資源化」の説明に関する記述のうち、誤っているものを4つの選択肢のなかから1つ選びなさい。
①「観光」とは、「国の光を観る」ことだといわれているが、その「光」とは「らしさ」＋「ならでは」である
②「らしさ」とは、旅館の場合であれば、旅館として全国的に求められる基準をクリアすることであり、「ならでは」とは、旅館の中でも抜きんでたサービスを提供することである
③「らしさ」＋「ならでは」のツアーの事例の一つとして紹介があったのは「海ほたる」の見学である
④「らしさ」はあってもそれだけでは不十分で、地元の人たちとの連携があってこそ「ならでは」の商品を開発することができる

問3　「エコツーリズム」の説明に関する記述のうち、内容が誤っているものを4つの選択肢のなかから1つ選びなさい。
①エコツーリズムとは、生態系と観光の2つ循環機能があり、あるがままの地域の文化や自然を大切にしながら、観光客も住民も、それらを楽しむことである
②鳥羽市では「発地型ツアー・プログラム」としてエコツーリズムのツアーが年々増加している
③鳥羽市のエコツーリズムでは地形・地理・自然を活かしつつ、景観、（地元の）人の暮らし、漁業・農業・林業、その他の産業で「らしさ」という魅力を提供し、観光商品・観光業が「ならでは」の魅力を観光客に提供している
④鳥羽のエコツーリズムの戦略は、「連携」と「循環」のキーワードで語ることができる

正解　　問1　①　　問2　②　　問3　②

8　食ビジネスから訪日観光への取組

㈱ぐるなび　執行役員　杉山尚美

I　はじめに

　皆さん、こんにちは。株式会社ぐるなびの杉山尚美と申します。よろしくお願いいたします。昨年もこの場でお話しさせていただき、学生の皆さんからいろいろな質問や、ヒントになるような意見をいただきました。本日の話を参考にしていただき、日本の食文化発展のために皆さんのご意見があれば、ぜひいただければと思っております。

II　ぐるなびのビジネスモデル

1．ぐるなびの企業理念

　ぐるなびは2013年からインバウンドの取り組みを開始しております。本日は、「食ビジネスから訪日観光への取組」というタイトルですので、はじめにぐるなびのビジネスモデルをお話させていただき、ビジネスモデルを基に、どのようにインバウンドの取り組みを行っているかということをお話させていただければと思います。

　まず、ぐるなびの企業理念です。「"日本発、世界へ"『食』に繊細なこだわりを持つ国民性を生かし、日本ならではのオリジナリティあふれるビジネスを展開します」というのが、ぐるなび社が持つ企業理念になります。

　昨年、ブランドムービーを作りました。1996年にサービスインをしたのがぐるなびで、2000年に分社化をし、株式会社ぐるなびになりました。私はその2000年に入社しております。企業理念は「日本発、世界へ」と、メッセージ、スローガンとしては素晴らしかったのですが、改めてわれわれは何をやっていくのかということをブランドムービーにし、クライアントさんであった

り、事業連携する企業の皆さんにお伝えし、ぐるなびの会社方針をお伝えしています。

　このブランドムービー、そしてブランドブック、同じものを作ったんですが、外向けだけでなく、1,800人の社員全員がどこを目指すかというのが明確になったという意味でも、社内にとっても非常に大きいものになります。

　われわれが考えているのは、日本の食文化、特に飲食店を中心とした外食文化を守り、育てたいということを考えております。

　検索サイト、インターネットのぐるなびというご理解の方も多かったかと思うんですけれども、今のように、日本の外食文化を守り、育てるということをわれわれのビジネスの軸で考えているのが、ぐるなびになっています。誰が考えているかというと、創業者であり現会長の滝久雄です。元々NKBという交通広告代理店の中で、これからは情報系の産業革命が起きるということで、1996年ぐるなびのサービスがスタートいたしました。

　どこに目をつけたかといいますと、外食産業においては広告販促手段がなかったという点で、インターネットを使ってそのサポートができるんじゃないかという考えの基で、外食産業に新しい販促メディアを作りました。かつては、外食、飲食店にとっては、立地が全てだったんですね。駅前にお店を持った方が繁盛しますし、駅前に大きな看板を出した方が絶対繁盛していたんですが、インターネットのおかげで、隠れ家的なお店も探していただいて、集客が取れるようになりました。今では、あえて駅前ではなくて、少し奥まったところに出店して繁盛店を作るお店も、出てきてます。

　ぐるなびは96年にサービスをスタートさせていただいて、今は月間11億ページビューとなり、利用者としては5,700万人の方に利用いただいています。日本には約50万店ほどの飲食店があるといわれていますが、そのうちの14万9,000店舗が詳細情報を掲載いただいております。

2．日本の外食産業

　ここで、外食産業全体の話をしますと、日本の外食産業は、1970年の大阪万博の時からスタートしているといわれています。すかいらーくさんが1号店をスタートされたり、アメリカからケンタッキーが入ってきたりということで、この1970年から、一気に日本の外食産業というのが加速していったと

いわれています。ただ、売上高は、97年の29兆円をピークに今は下降しておりまして、現在は約23兆円が、外食市場の規模になっています。これを補うのが、今、増えております訪日客です。ぐるなびも積極的に提案していますし、お店も努力をされています。

　ぐるなびのビジネスモデルは、何で成り立っているかといいますと、先ほど言いました、飲食店様からの販促費をいただいてわれわれの事業は成り立ってますので、飲食店様のサポーターになっていくという立ち位置で、いろんな販促だけではなく、人材育成だったりとか、食材の提供だったりとか、新しい物件探しだったりとか、さまざまなお手伝いをさせていただいていますが、軸は今、販促費。この4,500億円のマーケットが、軸になっているという形です。

3．二つのインフラ

　ぐるなびが強みにしていることが、大きく二つあります。一つは、オンラインのインフラ、飲食店にとってのオフィシャルサイトを確立する。これは、国内もそうなんですけれども、海外の方にとっても分かりやすい情報、飲食店にとってのオフィシャルサイトを確立していこうと考えています。もう一つがオフラインのインフラで、実は全従業員の約半数にあたる1,000人の営業体制をもっています。インターネット会社で1,000人の営業体制というのは、一見コストがかかりすぎとしか思えないんですけれども、実はそこが強みになっていまして、毎日、営業が全国のお店を回って、お店のサポート支援をしているというところがぐるなびの強みであり、今後も強みにしていきたいと思ってる分野です。

　オンラインで何をやっているかといいますと、サイトはもちろんなんですけれども、かなり詳細なこだわり情報を発信できるようになってます。個室だったりとか、お薦め食材だったりとか、「うちの元気なスタッフさん」を紹介できます。2013年6月から始めたのがペット同伴できるお店です。毎日、毎日お店がページを更新していますので、リアルタイムな情報が常に発信されているというような特徴があり、大きくリニューアルさせていただいたのが、2013年の6月です。

　もう一つの強み、オフラインなんですけれども、一つめは1,000人体制の

営業がいまして、コンサルティングの提案をいろいろさせていただいています。最近多いのは、やはり外国人集客や、これから海外に出店したいというお店のご相談が一番多いなと思います。営業以外に、巡回スタッフがいまして、営業は毎月2、3回ぐらいしかお店に訪問できないので、その間、1週間に1回とか3日に1回、いろいろな情報を伝えたり、お困りごとを聞いたりする巡回スタッフも300人ぐらいおります。あと、コールセンターで、営業が回れない地域だったりとか、いろいろお困りごとを電話でサポートしています。そして、特徴的なのが「ぐるなび大学」です。飲食店さん向けに、年間3,000回のぐるなび大学を開催しています。ページの更新の仕方だったり、集客する手法だったり、インバウンドに向けた準備などを講座で行っています。そして、『ぐるなび通信』という月間冊子で情報提供をしています。

　3年前から本格的に始まったのが、食材チームのオフラインになります。3年前までは、レストランのサポーターという立ち位置で、ほとんどの営業が飲食店を回っていたんですが、3年前から生産者回りをする部隊ができまして、例えば、深谷に行って、朝からネギとかゴボウを生産者さんと一緒に収穫するみたいなことを毎日やっています。恐らく今日も全国いろんな出身の学生さんがいらっしゃると思いますけれども、ほんとに日本の食材は素晴らしいものがたくさんありますので、全国飛び回ってそれを発掘する営業部隊がいまして、大きいマッシュルームを探してきたりとか、おいしい豚肉を探してきたりとかということを、毎日行っています。

　それをどういうふうにつなげているかといいますと、飲食店さんもほんとに日々忙しいので、なかなか食材を探しに行く時間もなかったりとか、年2、3回食材探しができればいいという状況なので、レストランのシェフにつなげさせていただいて、われわれの方が「こういう面白い食材ありましたよ」とか、「こういう食材使ったら面白いんじゃないですか」というような提案をさせていただきながら、マッチングをしているという形です。今、全国のシェフ、2万5,000名の故郷だったり、出身地などの、プロフィールを取って、出身の食材情報等も提供させていただいています。

　実際、お客様にどういう提供がされているかというと、こういう食材を使ったメニューをシェフが考案して、料理教室の簡易版みたいなことをしながら、地域の活性化に取り組まれてる飲食店も、今、非常に多いです。恐らく飲食

店様でアルバイトしている方も多いと思うんですけれども、これから飲食店が勝ち残っていくのは、様々な要素がありますけれども、一つは食材だと思っています。こだわりの食材ですね。そして、シェフの技術です。たくさんの競合がある中で、やっぱりこだわりの食材と、それをしっかりと見せることができるシェフの技術があるお店は、非常に今、繁盛していますので、そういった展開をわれわれもサポートさせていただいています。

4．最近の取り組み

　さらにぐるなびが考えているのは、シェフの地位を、もっと上げていきたいということを考えています。世界で見ても、日本のシェフは、相当技術力はあると思うんですけれども、地位がすごく低いというのがあります。それは何なのか、いろいろと考えなきゃいけないところがあります。これは小山薫堂さんに総合プロデュースに入っていただいて、今までやっていたメニュー・コンテストを2年前から大きくリニューアルしています。「RED U-35」ということで、「Ryorinin Emerging Dream」の略なんですけれども、35歳未満の日本あるいは世界で活躍するシェフのみが参加できるコンテストになっています。

　これから時代を背負っていく若き才能を発掘するということで、特徴的なのが、単なるメニューのコンテストだけではなくて、人間性も見るという点です。日本の外食、あるいは世界の外食を引っ張っていくに値する人物かどうか、も審査対象に入っています。2014年は、辻調理師学校の辻先生に審査委員長になっていただきまして、著名な先生方に審査をいただいて、トップに輝いたのは、ミシュラン一つ星を獲得されているフランスの「Sola（ソラ）」の吉武シェフが優勝されました。佐賀ご出身で、佐賀のお肉を使ってメニューをふるまわれて素晴らしいメニューでした。吉武シェフは優勝されて、多岐に渡り活躍されてます。シェフをもっと表舞台に上げていき、今後、世界大会に広げていきたいと考えています。

　ここで、ちょっと特徴的な、面白いぐるなびのビジネスを紹介させていただきたいと思います。実はぐるなびをスタートしたときから、会社の役員秘書の方がボスのお店探しにぐるなびを使っていただいてたんですけれども、「本当に個室なのか」とか、「本当に自分のボスが使ってもらうに値するお店

なのか」がよく分からないということで、秘書の方向けのクローズド・コンテンツをスタートさせていただいています。「こちら秘書室」というサイトです。上場企業の秘書の方中心に、今、3万人の方が会員になっていただいて、秘書の皆さん向けのお店の情報提供をさせていただいております。

リアルなイベントなんかも開催させていただきながら、今年スタートしたのが、秘書の方がお薦めする手土産で、お土産事業にも、展開を始めています。秘書がお薦めするお土産なので、お土産でも3,000円から5,000円が平均単価なんですけれども、秘書の方、非常にお土産も困ってらっしゃるというのがありますので、全国にある素晴らしいお土産を発掘していったり、あるいは新しいお土産を開発したりというのを、自治体さんなどと一緒にやらさせていただいています。

今、秘書の方にも使っていただいているのが、「クラブミシュラン」です。ここもですね、高級店のネットワークをわれわれも持っている中で、2012年にミシュランさんと提携させていただいて、ミシュランのデジタル版ぐるなびで運営させていただいています。高級店さん自身も、やはり集客に悩んでいるところもたくさんありまして、こういうインターネットを活用されながら、繁忙期じゃない、閑散期なんかには、うまく活用いただくような施策なんかも出ております。ぜひ記念日だったりとか、特別な日には、こういったものも活用いただきながら、お店探しをしていただければと思います。

株式会社ぐるなび総研のビジネスの展開の中で、2014年から「今年の一皿」というのを発表するようになりました。これは何かといいますと、毎年、清水寺で今年の一文字の漢字が発表されると思うんですけれども、それにヒントを得て、ぐるなびとしては「今年の一皿」を発表しております、2014年は「ジビエ料理」が今年の一皿に選ばれております。そして、「今年の食材」に選んだのが、「うなぎ」。「今年のトレンド」では、「高級かき氷」を選ばせていただいています。これは、ユーザー・アンケートと、審査員の方々で選ばせていただいています。『今年の一皿』は、その年に流行または話題となったことに加え、その年の社会の動きと関係が深く、世相を反映しており、さらに食文化の記録として後世に受け継ぐ価値があることを基準に選定しています。優れた日本の食文化を人々の共通の遺産として記憶に遺し、保存するために、毎年「今年の一皿」を発表していきますので皆さんも注目して下さい。

III　ぐるなびインバウンドの取り組み

1．訪日外国人数の増加と旅行消費額

　これまでお話しさせていただいたのは、ぐるなびの、「日本の外食文化を守り、育てる」という事業の取り組みになります。

　では、インバウンドを中心にどういう取り組みをしているかというところで、本題になるお話しをさせていただこうと思います。

　まず、確実なことは、訪日外国人の数が増えてきておりまして、飲食店にとってもすごい商機だとわれわれも思っております。そこを今、サポートし始めています。ただ、飲食費って、外国人の日本国内の旅行消費額全体の20％ほどしかないんですね。2014年は4,300億です。これを多いと見るか、少ないと見るかと評価は分かれるんですけれども、私は少ないと思っておりまして、30％ぐらいにまで伸ばせるんじゃないかと思っています。

　重要なのは、飲食店さん側の受入環境整備だと思っています。まさかと思うかもしれませんが、銀座のお店に外国人から予約が入るときに、銀座のお店でも断るっていうのが、まだあります。先日も電話で予約問い合わせが入って、タイの方8名だったんですけども、単価1万5,000円ぐらいのお店ですが、「うちは、ちょっとタイの方、受け入れられません」と。「なぜですか。恐らく富裕層だと思うんですけど」って言っても、どう対応していいか分からないと。これって、日本でしかありえないと思うんですけれども、外国人の方にどう対応していいか分からないという中で、まだ受入環境が整ってないお店というのが半分以上あります。そこをしっかりと受入環境を作っていって、飲食費を30％以上に伸ばしていきたいなというのが私の思いです。これから外国人の日本国内の旅行消費額が4兆円、5兆円市場になっていくといわれている中で、30％になれば、1兆円を超えてくる市場ですので、ここを作っていきたいと思っています。

2．地域の食・食文化＝観光資源

　そして、地域の食。東京だけではなくて、食文化は北海道から沖縄まで、ほんとに地域、地域の食文化がたくさんありますので、東京、大阪から、ま

た地域に行く観光資源に大きく寄与するんではないかと思っています。

　われわれぐるなびとして、各地にある食文化をもっと発信していって、食を通じて各地に人を誘客するようなことを行っていきたいと思っています。なぜかといいますと、最近の訪日外国人の分析において、訪日目的の一番が日本の食だといわれています。一番来たい理由も日本の食ですし、一番満足したというのも日本の食ですし、また来たい理由も日本の食です。これは、すごいなと思います。

　もう一つ面白いのが、これは観光庁で出しているデータですけれども、日本の食の中でも、昔は、すし、すき焼き、天ぷらの様な定番の日本の食が人気だったんですけども、今は2位にラーメンが入ってきておりまして、おさしみやうどんみたいな、いわゆる定番の日本料理ではなくて、ラーメンの様な、新たに成長している、そして、日本独自の食文化を求めて日本に来ているという点です。この間も韓国の人が、カレーうどんを探していたそうです。「カレーうどんのお店を探してくれ」みたいなことが普通に、今、行われている形です。理由はさまざまあると思うんですけれども、今、世界の中に和食のお店が5万5,000軒あるといわれていますけれども、恐らくもっとあると思います。「なんちゃって和食」も含めて、世界中に日本の食文化が普及していますので、そういった意味で皆さん情報を知っているということと、日本に来たら本物のラーメンを食べたい、本物のうどんを食べたいという目的で、日本に来られているんだと思います。

　ちなみになんですけども、ぐるなびは、外国版を持っていますけれども、この2月から4月の一番のフリーキーワード検索で高かったのは、和牛です。そして、必ずベスト5に挙がってくるのが神戸牛です。そして、今、伸びてきているのは、焼き肉です。すしとかさしみはもちろんあるんですけれども、日本に来たら日本のお肉を食べたいという訪日外国人は、非常に多いというふうに思います。特に春節の時は、すごく中国や華僑の方が多かったですね。

　まさに日本には素晴らしい食文化がたくさんあると思っていまして、東京の飲食店9万店の内訳をみると、和食だったり、居酒屋だったりありますけれども、和食の中でも65業態のジャンルがあるというのが日本の食文化です。懐石はもちろんですけれども、お好み焼きもあるし、うどんもあるしということで、日本には、非常に多彩な、バラエティーに富んだ食文化があり

ます。だから、まさにそれを求めて海外の方も日本を楽しみに来ていただいているんじゃないかなと考えていますが、飲食店はまだ受入環境ができてないという課題があり、今、その促進を頑張ってやっております。

ちなみに、先日の春節の時ですけれども、ぐるなびの加盟店にアンケートを取らせていただいたんですけれども、春節に向けて外国人を受け入れる、中国の人を受け入れる準備をしましたかと聞いたら、準備したというお店は、たったの9％です。まだそんな状況です。恐らく、あの春節のすごさを見て、爆買いのすごさを見て、次の国慶節や次の春節に準備をするお店はもちろん増えると思うんですけど、なかなかこの業界、スタートが遅れます。というのが、今の飲食店の状況だということです。

3．世界を舞台に──日本のファンづくり

では、ぐるなびとして何をやっているかという点になりますが、まず海外においては、日本の食文化発信を通じて、日本のファンづくりというものを行わせていただいております。食文化発信で、資料1のように、英語版、タイ語版、台湾、香港、フランス語版で、日本の食文化および飲食店の情報発信をさせていただいています。これが、オンラインの取り組みです。

もう一つが、今、シンガポール、台湾、香港、上海に拠点を構えているんですけれども、資料2のように、現地のレストランをネットワーク化した「ジャパニーズ・レストラン・ウィーク」というプロモーション企画をさせていただいています。シンガポールで行った例でいうと、第3回めに110店舗ご参加いただいて、お店にラックを置かせていただいて、「日本に行こう」というキャンペーンをやらさせていただいています。非常にお店側も、日本食レストラン中心に協力いただいているんですけれども、日本のために何かをしたいという思いもありますし、これによって集客が図れるというのもあります。

どういう仕組みかというますと、お店に来たらカードを必ずもらえて、ラッキードローのシステムを作っているんですが、裏にシリアルキーが入っていて、それを押すと、その場で日本旅行が当たるという、福引ができるようになっています。参加率もすごく高い企画になっておりまして、今、これを各拠点の方で展開させていただいています。シンガポールで言うと、オーチャー

資料1　Japan Trend Ranking

海外へ日本食文化や日本各地の魅力を現地語で紹介。日本ファンを育て、訪日客の増加に貢献します

■シンガポール（英語）版　　　■タイ版　　■米国 ロサンゼルス版　■フランス版

■台湾版　　■香港版　　■スマートフォン版※web

・2013/4/25　シンガポール（英語）版リリース
・2013/8/22　タイ版リリース
・2013/9/26　ロサンゼルス版リリース
・2014/8/20　フランス版、台湾版、香港版リリース

■Facebook　　　　　　　　　　　　　　■ステッカー

資料2　Japanese Restaurant Week

「本場日本で本物の和食を体験しよう！」日本の食文化を通じ、訪日観光客を創出

シンガポール　　　台湾　　香港

シンガポール　第1回 [開催期間] 2013/9/21～10/1	シンガポール　第2回 [開催期間] 2013/12/18～2014/1/26	シンガポール　第3回 [開催期間] 2014/10/1～10/20	台湾　第1回 [開催期間] 2014/12/4～12/21	香港　第1回 [開催期間] 2015/4/10～4/30
参加店舗数 57店舗	参加店舗数 80店舗	参加店舗数 110店舗	参加店舗数 130店舗	参加店舗数 79店舗

ドを中心に協力いただいているお店で展開しています。同じような展開で、台湾では、オープニング・イベントでブリをふるまったり、メディアの人が約45社来られて、非常に日本の食文化には注目度は高いなと思いました。先日行ったのが香港です。香港でも同じようなジャパニーズ・レストラン・ウィークを展開させていただいて、これは、まだ香港に入ってなかった近大マグロを一つ目玉にして、近大マグロ解体ショーのオープニング・イベントをさせていただいたんです。香港でもマグロは、よく解体ショーがあるって聞くんですけれども、なかなかこの大きさのものを見ることがメディアの方もなかったようで、非常に好評でした。こういった食を通じたプロモーションを海外では展開させていただいています。

4．日本を舞台に――受入環境整備

日本を舞台に何をやっているかというと、何度も繰り返しになりますが、飲食店の受入環境整備です。われわれが、どれだけ「外国人を取っていきましょう」「これから外国人を取っていかないと経営が継続しませんよ」と言ってもですね、飲食店の経営者のオーナーさんがやろうと思っていただかない限り、受入環境整備ができないので、そこを今、必死にやらせていただいています。今年は大きくお店の意識も変わってきているなと思いますが、どこから変わり始めたかといいますと、やはり2013年、6月に富士山の世界遺産が決まって、9月にオリンピック・パラリンピックの東京開催が決まって、12月に和食の無形文化遺産が決まってと、ここからやっぱりお店側も意識が少しずつ変わってきて、2014年度は何かしなければいけないなという状況で、やっとこの2015年1月ぐらいから、本格的に企業の社長も準備が始まりだしたという状況です。

(1) 外国人からみた、レストランガイドの課題とニーズ

ぐるなびとして何をやってきたかといいますと、まず2012年に、「インバウンド研究会」というのを発足しました。食を通じて、どういった外国人にサービスができるかとか、どういったお困りごととか課題があるかというのを、研究・勉強させていただいたという時期です。その中で、われわれのサイトリニューアルに生かさせていただいたんですけれども、面白かったのは、外国人の方がレストランのサービスにおいて課題だ、問題だと思っているこ

とは何ですかっていうのを各国調べさせてもらったんですけれども、上位三つが重要ですね。1番が、料理に使われている食材の情報が分からないので、何を食べていいか分からない。外国人の方にとっては、日本のメニュー名を見ても全くもって分からない。実際、例えばムスリムの方とか、ベジタリアンの方だけではなくて、ほんとに食べていいものかどうか、自分に向いているものかどうかが分からない、食材が分からないということです。

　2番目が、店の雰囲気が分からないので、誰と行っていいかが分からない。海外全てではないと思いますけれども、路面店とかが結構多いので、外から見れば大体中の雰囲気って分かるお店が多いんですけど、日本って、雑居ビルの中に、居酒屋さんとかクラブが一緒になって入っていたりするじゃないですか。それだとやっぱり分からないので、家族で行くのに適しているのがいいのか、あるいはカップルで行っていいお店なのかが分からないというのが2番目にありました。

　3番目です。これが一番重要だと思っているんですが、外国人が行っても断らない店かどうか。先ほどのように、外国人ウエルカムの状態のお店かどうかが分からなくって、恐らく訪日されている方も、楽しい食事を楽しみにお店に入ったのに断られるというような、面白くない経験をされた方も今までで多かったんじゃないかなと思っています。

(2) ぐるなび外国語版——メニュー情報一元変換システム
①メニューの多言語表記

　このような課題を解決するために、ぐるなびとしては、外国語版を2015年の1月19日、大きくリニューアルさせていただきました。2004年からサイトは持っていたんですけれども、ほとんど悩み解決の段階まで、きめ細やかなサービスをできるシステムは組んでいませんでしたので、2年ほど準備いたしまして、リニューアルをさせていただきました。

　目玉はいくつかあるんですけれども、一番の目玉は、メニュー表記です。何が迷うかっていうと、日本語のメニューを外国語に翻訳すると、何のメニューか分からないっていうのがあるんです。例えば普通のオムレツでも、「ふわふわとろとろオムレツ」とかついていると、それを翻訳されても、外国人にとってはよく分かりません。例えば、今の日本のメニューってありがたいことに、生産者名が入っていて、「○○県の◇◇さんが作った卵を使ったふ

わふわとろとろオムレツ」とかってなっているんです。だけど、これを翻訳しても、ほんとうに分からないんです。

　どういうふうにすると外国人にとって分かりやすいメニューになるんだろうということを考え、結論づけたのが、全部辞書機能にいたしました。今、ぐるなびの14万店のお店のメニュー数を調べると、全部で900万メニューあるんですね。オムレツに、「ふわふわとろとろ」がついていたり、「◇◇生産者さんが作った卵を使った」とか、いろんな擬音語、擬態語、枕ことばが、メニューの前後についているんですけれども、オムレツはオムレツだという形で、900万のメニューを絞り込まさせていただいて、2,500のメニュー・マスターを作らせていただきました。そうすることによって、外国人の方にとってはオムレツはオムレツだというものが、全て分かるようになっていくという形です。さらには食材も表記できるようにし、そして、調理方法、調味料も、全て表記ができるようにさせていただいています。

　今までどうだったかっていうと、これは、あるサイトの中の自動翻訳機能のまま載ってる外国語版です。例えばねぎまも、そのまま「Negima」って訳されるんですね。外国人の方は、ねぎまが何なんだが知りたいと思うんですけど。なめろうも、「Namero」という翻訳になっていたりとか、だし巻き玉子はどこを取ってきているかっていうと、「鶏スープと和風だしがじゅわっとしみ出す」の「Juwa」だけが強調されたりするんです。だから、ほんとによく分からないっていうのが、自動翻訳の課題であり、問題点です。

　以前はぐるなびも、これが問題だと思ったので、いちいちコストをかけて翻訳をしてたんですけども、今はどうなっているかというと、ねぎまというものはNegimaで、「spring onions and chicken」だと、これは辞書として登録させています。お店は、これを選ぶことによって、自動的にねぎまの変換と、その下に食材とか調理方法、調味料も全部出るという形になります。だし巻き玉子に関しましても、「Dashi Japanese Omelette」。だし巻き玉子は、その前に「◇◇さんが作った卵」と書いてようとだし巻き玉子なので、「Dashi Japanese Omelette」という表記で全て辞書にして、自動変換機能を作りました。

　これからは、これをスタンダードにしていきたいと思っていまして、今、英語だけでなく、ハングルと繁体字、簡体字、4言語で情報発信ができるよう

資料3　ぐるなび外国語版

正確で詳細なリアルタイム情報の提供で、外国人を満たすサービスを展開。

▲外国語版ページ

になっています。辞書システムにしましたので、今後は10言語、20言語まで対応ができるようになっていきます。外国人の方にとっては、何の食材が入っているのかと、調理方法も分かるので、今後、ムスリムの方、ベジタリアンの方にもきめ細やかな情報提供ができると思っています。

②店舗によるリアルタイム更新

　裏面から見ますと、お店の方が自分で更新ができるように2015年1月からなりました。今までは、英語ならまだしも、ハングルとか繁体字とか、自分で合っているかどうかも分からない状況なので、都度、都度1万円、2万円を頂いて、われわれが更新していたんです。そうすると、都度コストがかかってしまうという問題があるんですけれども、辞書機能なので、お店は日本語で選んでいくだけで、全部4言語変換が30秒でできるという形になっています。そうすることによって、コストがかからず、一方でリアルタイムな情報をお店は出せるという形になっています。

　実際どういうふうにお店側が更新をしているかというと、ぐるなびの店舗ページの管理画面とわれわれ呼んでいるものがあります。毎月、あるいは毎

日更新しているお店もありますけれども、今月のお薦めメニューなんかをここから更新をされて、アップデートされています。毎月3万店のお店が必ず更新をされているぐらい、お店自身がぐるなびの店舗ページを触っています。その中で、外国語のページの編集を選ぶと、メニュー・マスターを選べるタブが出てくるので、メニューの追加・削除の操作を、全部日本語で操作します。

　辞書機能を使うんですが、メニューの写真は、デスクトップに置いている写真をそのまま持ってきます。例えばかつ丼なら、かつ丼の写真をここに持ってくるという形です。日本語のメニューを選ぶときにどうするかといいますと、和食・洋食・中華、全部2,500のメニュー・マスターが見られるようになっています。一番上のところで、かつ丼ならかつ丼っていう検索をしていただくと、かつ丼の場所にすぐ行くんですけれども、重・丼ものから炊き込みご飯等、ずっとメニューが並んでいます。これを選ぶという作業を、お店側はされています。そして、重・丼ものの中からさらに選ぶと、あさまる丼とか、あさりご飯とか、あじ丼とか、また丼がずっと並んでいるんです。その中で、かつ丼っていうところを選んでいただくという形になります。ここだとかつ丼を選び、まずメニュー名として登録するという作業になっています。

　そして、さらに食材とか調理方法とか、調味料を選ぶんですけれども、かつ丼を選んだ時点で、もうデフォルトでロースと米は入るようになっていまして、自動的に追加の食材を入れていただくというようになっています。鶏肉だけでも何種類か選択できます。さらには、調理方法ですね。これも選択します。調味料も入れることができるようになっています。これ、パソコン上で、2、3分でとんとんって選んでいきます。

　そうするとどうなるかっていうと、かつ丼の写真と、選んだかつ丼の食材等が全部出てきます。この場合、日本語のメニューだと、「ぐるなび農業産直のぐるなび豚を使ったかつ丼」というような表記になるんですけれども、これをそのまま表記しても外国人には伝わりませんので、メニューとしては「Katsudon（breaded pork cutlet bowl）」で表記をさせていただくという形です。そして、実際に店舗ページに反映する下書きページというものがあって、お店側はこれをチェックされますが、そのときに、食材、調理方法、調味料も、

豚ロースと米と何々が入っているというものを確認するという形です。かつ丼の写真と、かつ丼の説明文と、食材・調理方法が出てくるという形になっています。ここで問題なければ、アップデートをすると4言語に変換されるというわけです。

　このまま印刷しメニューとして使われているところもありますし、最近は、外国人の方にはタブレットで対応されているというところも非常に増えていますので、タブレットでこのメニューを見せるお店もあります。今、約7万店がこの機能を使える環境にさせていただいたんですけれども、これからは、こういった情報が充実したお店を増やしていくというのがぐるなびの使命になっております。受入環境が整うと、外国人の方にとっても、日本でいろんなお店を探す楽しみができるかなと思っておりますし、お店にとっても集客につながる流れになると思っています。

(3) コンシェルジュサービス

　今のように外国語版をリニューアルしたんですけれども、それ以外に、予約システムの方もスタートさせています。海外からFIT（個人旅行）の方が増えているというのは、他の講師の方からも話があったかと思うんですけれども、飛行機のチケットはネットで取れます。ホテルもネットで取れるんですけど、お店の予約だけがほとんどできないので、FITの方にとって、すごく不便な状況になっているのが実態だと思っています。ですので、ネットで予約ができるようにしたということと、そうは言ってもメールで返信するときに「英語対応できないんですよね」っていう飲食店の方も多いですので、浜松町にあるコールセンターに外国人スタッフを入れて、英語での予約代行をスタートさせています。

　面白いのは、問い合わせとしていろんな国からあるんですけれども、4割以上は、1万円単価以上のお店への予約希望です。ミシュランのお店をとりあえず探してほしいという外国人の方も、非常に多いです。われわれが、今、どこに力を入れているかというのは、ノー・ショーをなくすというところです。ほんとに大変なんですけど、今、98.4％の実来店で、やっぱり文化・習慣が違いますので、ドタキャンをしたり連絡なく来店しないという外国人の方も多い中で、日本はそういう文化ではないんですということをきちんとお伝えしまして、われわれも工夫をして、予約をしたら必ず来店いただくよう

にして、98.4％を、限りなく100％につなげたいというふうに思っています。それが、お店にとっては、外国人ウエルカムにつながっていく重要な点だと考えております。

(4) 日本の食文化体験

　それから、体験できるレストランを、もっと増やしていきたいと思っています。食文化体験です。体験がキーワードだっていうお話も、いろいろ聞いてらっしゃるかもしれないんですけど、すし握り体験とか、そば打ち体験とか、お茶体験とか、そういった体験できるレストランを今、増やしていっています。ここもいろいろ大変なんですけど、今期中に1,000軒は入れたいなと思っています。今、お店側が体験プログラムを外国人に対して作れるようなサポートをさせていただいております。この間、面白かったのは、銀座の「いらか」さんという和食のお店ですけれども、だしを取って、あとは食べる料理教室を体験プログラムで出させていただいて、日本のだし文化を知りたいお客様にすごく好評でした。

　いろいろな体験プログラムの事例がありますけれども、銀座の「がんこ寿司」さん、やっぱりここは素晴らしいなと思っていまして、すし握り大会を125回以上開催しています。お店側にとっても、アイドルタイムの集客になるので、プラスの売り上げになるんです。何が素晴らしいかといいますと、最初に女将さんが、片言の英語で、しかも紙芝居方式で、15分ほどおすしの歴史を語られます。東南アジアからおすしはやって来てみたいなことを、語られるという形です。そして、みんなでキャッキャ、キャッキャ言いながらおすしを握って、最後に、名前を漢字で表記した卒業証書をもらえるんです。1時間おすしを握っただけなんですけれども、この間、何が行われているかというと、ずっとフェイスブックとかSNSでの拡散が行われていまして、この様子が地元の友達に伝わって、また日本に来たときにがんこ寿司さんに来られるというような、今の時代ならではだと思いますけれども、そういう集客効果が出ていると聞いております。

　レストランの情報を充実させるということと、こういう体験を通じて、日本の食とか食文化の素晴らしさというものを伝えていく。その為にぐるなびとしても受入環境整備を促進させていただいています。

資料4　食領域におけるアクティビティプランの展開

日本の文化を体験できる外国人旅行者向けアクティビティプランコンテンツの展開

(5) インバウンド対策セミナー

　インバウンド対策セミナーを、ぐるなび大学の中でも開催しています。オリンピック・パラリンピックの開催決定とか、和食の無形文化遺産決定を契機に、すごく飲食店の目が変わりだしたという話をしましたけれども、2013年度と2014年度を比較すると、インバウンド対策セミナーへの参加率は、300％アップで上がってきています。2015年度もそのときを上回るぐらいの参加率になっていますので、恐らく飲食店の受け入れ環境は、今年かなり加速していくんではないかと思っていますし、われわれも、それに向けたサポートを行っていきたいと思います。

　そして、情報集約するために、大阪の方では対面式のコンシェルジュもスタートしております。先ほどもお話ししましたが、飲食の問い合わせでは、和食とかおすしもあるんですけれども、大阪ならではで、お好み焼きが10％、鉄板焼きが9％。そして、ここでもラーメンが、必ず10％で入ってきています。ですので、多様な食文化を求めてレストランを探しているというのが分かりますし、これは大阪なんですが、今度上野にも出そうと思っております。

資料5　インバウンド対策セミナー
　　　　全国各地にて外国人を受け入れるためのインバウンド対策セミナー講座を開催

　やはり、地域が違えば、問い合わせをされる食べたいものも変わってくると思いますので、そういったデータベースも今後構築しながら、活かしていけるような環境を作っていきたいと思っております。
　外国語版に関しましては、今、まだメニュー表記が、1品1品のメニューしかできないんですけれども、10月から、コース・メニュー、そして、ドリンク・メニュー、日本酒なんかも出させていただけるようにして、幅広い食文化発信につなげられればと思っています。

(6)　海外からのアクセスの増加——着地型から発地型へ

　最後に、ぐるなび外国語版をリニューアルする前の2013年6月と、2015年4月とで、どこからアクセスをしているかという比較データをご紹介します。ほんとに逆転したんですけれども、2013年の頃は、国内でのアクセスが約6割で、海外からのアクセスが4割だったんですけれども、2015年は海外からのアクセスが6割で、日本に来てから、あるいは在日の方が見ているアクセスが4割で、逆転しています。つまり、皆さん日本の食を楽しみにしてらっしゃいますので、来日する前に「どういうお店に行こうかな」とか、「何

が食べられるかな」というようなものを探して、日本に楽しみに来られています。また、それを食べてSNSで拡散するというのが、今の流れなのではないかとと思っています。

　個人的には、海外からのアクセスを8割ぐらいにはしたいと思っていまして、現地でのSEO（search engine optimization）対策だったり、アライアンスの強化を今、行っているところです。日本の食文化は、ほんとにまだまだ外国人の方にとっても知らないものがありますし、もしかしたら日本にいる私たちの方が、日本の食文化の素晴らしさっていうものを知らなかったりすることもたくさんあるのかなと思っておりまして、そういったものを発信しながら、日本に来るきっかけづくりを広げていきたいと思っております。

　インバウンドのテーマとしては、「行ってみたい日本、もう一度行きたい日本へ」を掲げておりまして、それを日本の食文化を通じてできればいいなと思っています。そして、われわれは飲食店のサポーターという立場ですので、飲食店とともに、それを作ればと思っています。理想ですけれども、日本には春・夏・秋・冬という四季があります。春の旬の食材、秋の旬、それぞれ違いますので、年4回、春・夏・秋・冬、日本の楽しい食を楽しみに日本に来ようというふうになれば素晴らしいと思いますし、前回とはまた違う地方の食文化を楽しもうということにつながっていけば、私たちもやっている価値は非常にあると思っておりますので、まだスタートしたばかりですけれども、これからも頑張っていきながら、食文化に貢献できればと思っております。以上です。ご清聴ありがとうございました。

III　ぐるなびインバウンドの取り組み　209

【確認問題】

問 1　「ぐるなびのビジネスモデル」に関する記述のうち、次の選択肢のなかから誤っているものを一つ選びなさい。
①ぐるなびの企業理念は、"日本発、世界へ"であり、「『食』に繊細なこだわりを持つ国民性を生かし、日本ならではのオリジナリティあふれるビジネスを展開」することである
②ぐるなびの強みは、12,000 の店舗が空席情報・食材情報・イベント情報・今日のおすすめメニューについての情報を毎日更新していることである
③ぐるなびは、35 歳未満の料理人のコンペティション、RED-U35 を 2013 年より共催しており、ぐるなびの会長が発起人の一人となっている
④ぐるなびは、「情報問屋」として食材生産者と料理人・料理店を仲介し、食材の配送を行っている

問 2　「フードツーリズム」および「訪日客にとっての日本の食文化」の説明に関する記述のうち、誤っているものを 4 つの選択肢のなかから 1 つ選びなさい。
①訪日外国客の訪日目的の 1 位は日本の食であり、寿司、天ぷら、刺身、蕎麦の順に人気がある
②訪日外国客は、世界的に有名なガイドブックに掲載されている飲食店への案内を求める傾向にあるので、ぐるなびはそのデジタル版を運営している
③フードツーリズムでは、地域の食・食文化が観光資源になり、食事を提供する場がデスティネーションになる
④東京は、日本各地の「旬の食材」が集まってくるとともに、和食はもちろん、フランス料理、イタリア料理、中華料理についても、高いレベルの料理を食べることができる

問 3　ぐるなびの「世界を舞台に（日本ファンづくり）」の説明に関する記述のうち、内容が誤っているものを 4 つの選択肢のなかから 1 つ選びなさい。
①「行ってみたい日本、もう一度行きたい日本へ。」をコンセプトに外国人に対して正しく日本の食文化を伝えると同時に、海外での日本ファンづくりを目的として英語版のサイト「Japan Trend Ranking」を 2013 年 4 月に立ち上げた
②和食の無形文化遺産登録を記念し、ロサンゼルス、香港、台湾、シンガポールで、Japanese Restaurant Week を開催した
③関連会社のぐるなび総研では、観光政策研究プロジェクトチームおよび日本観光振興協会の共催を得て、2012 年にインバウンド研究会を発足させた
④シンガポールやタイでは、食事の時にビールを飲む国民が多いので、和食とビールの取り合わせを考えて食事を提供する必要がある

問 4　ぐるなびの「日本を舞台に（受入整備環境）」の説明に関する記述のうち、内容が誤っているものを 4 つの選択肢のなかから 1 つ選びなさい。
①外国人ユーザーへの対応のために外国語版をリニューアルしたところ、ぐるなびへのアクセスは、58.7％が国内から、41.3％が海外からであった
②外国人が日本のレストラン情報について困ることとして上位にあげられるのは、食材情報が乏しい、店の雰囲気がわかりづらい、外国人が行っても断られるか不安である、といったことである
③外国人客を受け入れようとする飲食店をサポートするために、ぐるなび大学ではインバウンド集客対策セミナーを開催している
④日本の食文化を外国人客が体験できるイベントとして、握り寿司やたこ焼きづくりの体験、茶の湯などの例を紹介している

正解　問 1　④　　問 2　①　　問 3　④　　問 4　①

9　SAKEから観光立国

㈱コーポ幸　代表取締役　酒サムライコーディネーター　平出淑恵

I　はじめに

　皆さん、こんにちは。酒サムライコーディネーターの平出淑恵と申します。
　今日は、これから日本酒を、きっとたくさん飲んでくださるだろうなと思う皆様に、いろいろ日本酒のお話ができるので、とても楽しみにしてまいりました。また、大変ありがたい機会をいただいたと思っております。

II　ワインから日本酒の可能性に気が付く

1．空飛ぶソムリエ第一世代

　私は、JALの民営化前の1983年に日本航空に新卒で客室乗務員として採用になりました。その後、日本ソムリエ協会が、私たちにもソムリエの資格の受験をオープンしてくれまして、私は、割と早い時期に、このソムリエの資格を取りました。というのは、勤務の関係で月に20日海外で生活し、当時は和食店なんてほとんどありませんから、レストランに行くとビールやワインを飲んでいたわけです。また、先輩方にも、「より専門性を深めることは大切だ」と指導を受けておりましたので、「そういった一流レストランに行って、分厚いワインリストを渡されたときに、すらすら、それが読めたらいいだろうな」っていうような気楽な気持ちで、ソムリエの資格を取りました。「空飛ぶソムリエ」です。
　その後に、ビアジャッジですとか、利き酒師ですとか、そういった資格も次々に取っていったんですけれども、本業のソムリエさんたちからは「ペーパーソムリエ」などと言われて、当然ながら、機内のワインも種類も少ないですし、また、実際にワインを仕入れてるわけではないので、そういうふう

に言われても仕方ないかなと思いながらも、「空飛ぶソムリエのアイデンティティーって何なんだろう？」ということを模索したりしておりました。

2．日本でのWSETの立ち上げに関与

それで、そんなときに、「WSET（Wine & Sprit Education Trust）」という、世界66か国に広がるワインの教育機関が、JALグループと提携しまして、日本でワインの学校をオープンしましたそのときに、立ち上げスタッフとして、私は、そちらに出向しまして、海外のワインの専門家の方々と交流を持つことができました。私もソムリエの資格を持っておりますが、一般的に海外では、ソムリエさんっていうのは、「ワイン産業の中のサービスを担う大切な人たち」という位置づけで、ワインの専門家というのがほかにも非常にたくさんおります。醸造家もそうですし、ジャーナリストもそうです。それから、インポーターというか、ディストリビューターというか、ワインを扱う人たちですね、ワイン・マーチャント言われる酒販店に勤めている人たちも、ワイン産業を担ってる。その中の、ソムリエさんというのは、その一部分を担っているということで、主に接客を通じて消費者に接するので、幅広いワイン産業に関わるいろいろな人達の中でも目立つわけです。その幅広いワイン業界の中で、超のつくようなワインの専門家という存在を知りました。「Master of Wine」という資格は、イギリスでInstitute of Mater of Wineという協会が資格試験をして認定しているもので、全世界で現在でも300人ちょっとしかいません。現在でも、日本人は、英国在住の女性が1人だけで、アジア人もほんとに数えるほどしかいないという欧米のワインの資格です。ワインを勉強した人には、非常に憧れの資格です（注　2015年9月、日本在住のMater of Wineが誕生。栃木県宇都宮市の山仁酒店社長大橋健一氏）。

私が日本での立ち上げに関わったWSETという教育機関が、Institute of Master of Wineとイコールパートナーの関係なので、彼らと、つながりを持つことができました。そのときに、とても刺激を受けたのが、彼らの世界観でした。もちろん、細かいこと、マニアックなことも彼らはよく知ってるんです。でも、「ここのブドウ畑の斜面がどうだ」というような事よりも、彼らが話題にすることは、「自分たちが所属しているワイン産業が常に世の中に求められ続けていくには、どうしたらいいんだろうか？」というのが、彼ら

の考え方の根底にあるんです。

　最終的には、「そのワイン産業が社会貢献するためには、どうあるべきなのだろうか？」ということがあって、そこから、「じゃあ、ワインって、どうあるべきか？」とか、「どういうふうに販売していくべきか？」とか、「どういうふうに人材を教育していくべきか？」っていうようなお話とか、その上にビジネスっていうものが入ってくるんです。そういう考え方に非常に刺激を受けました。

　現在日本でWSETのワイン学校は存在しております。もしご興味があるかたがいたら、ぜひ、その初級から受けていただいて、グローバルなwine educationというものを経験していただきたいと思います。

3．日本酒の価値と可能性

　そんな中で、同じ醸造酒として、日本酒の価値というものに気がつきました。「日本酒というものが、ワインと同じような食中酒としての完成度が非常に高いものだな」ということを、自分で感じました。私自身がワインを学んだ事から日本酒の価値に気がついたという経験から、「元々ワインしか分からない人にも、ある程度以上ワインが分かる人には、日本酒の価値が分かるな」っていうふうに、自分で確信しました。それで、改めて、私たちの民族の酒、日本酒っていうものに、とても興味が湧きました。それで、先ほど申し上げたようなワインの専門家の人たちの世界観、1本のワインを深く追求するとともに、そのワインの可能性、世の中に与えるいろいろな経済効果っていうようなものも、とても興味深く彼らの活動や言動を私なりに検証しまして「日本酒にもそれだけのクォリティーがあるのだったら、ワインが実現している経済効果を日本酒で実現できるのではないか」とイメージ出来たのです。

　それと、当時、今では日本のワインの品質は評価されていますけれども、もう15年以上前から、JALのファーストクラスに搭載されている日本産のワインを海外のワインの専門家に飲んでもらって、それで、彼らが、「これは素晴らしいね」って言うのを聞いて、ちょっといい気持ちになる、みたいな事をしていました。というのは、当時、結構多くの海外のワインの愛好家たちが、「日本人がワイン分かるはずない」みたいな、そういうふうに思ってる

んだろうな、っていうのを感じた事がありまして。「いや、日本人の愛好家の方々の舌は繊細ですよ」と思ったんですが、それを証明するには、やっぱり、日本人が素晴らしいワインを作ってることが、その証明にならないだろうかと思いまして、自分のお小遣いで、ちょっといいワインを買っては、そういう人たちに飲ませたりしていました。

そのときに、彼らは「素晴らしい」と褒めてくれますが、必ず、「これは日本のブドウなの？」って訊くんです。彼らが、私に訊いたのは、今の酒税法では、海外からバルクのワインを輸入してきて、日本でブレンドしても、「made in Japan」って表示できるっていうことになってるからなんです。

当時から、彼らは、日本のワインを飲んだこともないのに、その事は知ってたんです。「日本という国は、海外のワインを日本でブレンドして、『made in Japan』と表示するような国だ」という。だから、私が日本の品質のいいものを飲ませると、必ず彼らから、「これは、日本のブドウなの？」って訊かれるので、私は、「あなたも、そのことを知ってるのね」っていう感じで、「これは日本のブドウですよ」って答えていました。そういった原産地が違うものを加工したことで「日本産」と表示ができるということ自体が、彼らから「民度が低く見られている」のだろうなっていうことを感じて、悔しい思いをしていました（注　2015年10月　日本のぶどうを原料にして国内で製造されたものを日本ワインとする表示規定が整備された）。

実は、ここ何日か、新聞で、日本酒の表示のことについてニュースが出てたんですけれど、あるいは、「日本酒表示」って検索入れるとネットで出てくると思うんですけど、「日本産の米を使った日本酒だけが日本酒と名乗れる」みたいな流れに持っていこうっていうことなんです。今回の日本酒表示の問題については、いろいろ、これから議論が起こると思うんです。大手さんが海外で日本酒を作ってたりするのは、「それは、もう日本酒じゃないのか？」っていうことになったりするかと思いますし、これも、単に表示問題っていうよりは、それは、「日本の国が、そのことに対して、どういうところまで保証するのか」ですとか、そういったことも、この機会に見守っていただけるといいなと思います。これは、単に日本酒を製造する人たちだけの問題ではなくて、「日本の国が、国際的にそういうふうに見られる」ってことだと思うんですね（注　2015年12月　日本の国の米で国内で製造されたものを日本酒とする

地理的表示が整備された)。

　ちょっと前置きが長くなってしまったんですが、こういう風に私の日本酒活動が、JALに在職しながら始まりました。

4．日本酒の特徴
(1) 日本酒の歴史

　日本酒というのは、米と水、それから酵母によって、純米酒は、できております。歴史で見ますと、もう1,000年以上前から、現在のようなお酒が作られているんですけれども、最盛期、つまりビジネスになってきたのは、江戸時代からです。

　「くだらない」っていう言葉、皆さん、ご存じだと思いますが、その「くだらない」というのも、実は、お酒から来ていまして、灘・伏見と言われている兵庫県・京都府が日本酒の主産地です。新潟ではないんですよ。全国の生産量の45％を兵庫県・京都府で造っていますが、そこでできたお酒が、その当時非常に流行しまして、江戸まで下ってきたんです。ですので、「下り酒」というのは、とてもおいしい、評判のいい、品質の高いものだから、「下らない」もの、「下ってくる」ものじゃないものは、つまらないもの、っていうところから「くだらない」という言葉ができたそうです。

　それから、酒屋万流と言われるように、酒屋さんごとに非常にいろいろな造りをしておりまして、蔵元や杜氏の考え方によって、いろいろなお酒が造られている。各蔵の非常に個性のあるものなのです。ですので、ワインの人から言うと、例えばブルゴーニュとかボルドーとか、そういうような地域的な特徴よりも、「日本酒は、シャンパンハウスのようだね」、「各造り手さんの個性が、より表れるお酒だね」っていう言葉を、よく聞きます。

(2) 並行複発酵

　それから、「並行複発酵」という造りですね。ワインはブドウから造りますけれど、その糖がアルコールになる、アルコール発酵するために必要な糖が、既にブドウの中にあるので、割と日本酒に比べると、造り自体はシンプルです。でも、日本酒は、まず、お米を糖化、甘くしなくちゃいけないので、そういったお米を糖化する作業と、それをまたアルコール発酵させる作業というのを同時に行う、これは非常に繊細な感性と、丁寧な造りをしないと、こ

ういったことができないので、「世界で一番高度な技術を使う酒」といわれています。

(3) 伝統と習慣

それから、「伝統と習慣」ということなんですけど、この「直会（なおらい）」という言葉、ご存じでしょうか？　これは、「神事の後に、神様に捧げたものをいただいて、神様に近づく」というような意味合いがあるんですが、日本酒というのは、まさに、神様に、まず、捧げて、それで、いただいて、酔ったときに神様に近づいたような気分になるっていいますか。つまり、ビールとかワインが余剰農作物を長期保存するようなために造られた出自とは、また別に、非常に、その神事と密接につながっています。ですので、結婚するときも、成人するときも、私たちは日本酒で乾杯すると思うんですけど、天皇家の祭事も日本酒がないと成り立ちません。そういう背景のあるお酒です。

(4) 日本文化との関わり

もちろん一つの嗜好品ではありますが、これからインバウンドの方々、多分、この大学にもたくさん外国の方がいらっしゃると思いますが、海外の方って、もう自分の国のことを語るのって饒舌ですよね。どんな小さな村出身の人でも、「自分の村が世界一」みたいな、ものすごい、いろいろなバラエティーなプレゼンをしてくださいます。

日本人は、元々「つまらないものですが」とか、「いやいや、何もないところなんですよ」って、自分たちを少し控えめに、そういった元々の文化がありますが、やっぱり、せっかくの機会ですから、そういう方々に会ったときには、自分たちの元々持っている民族の酒とか習慣とか、そういったものを非常に魅力的に見せてあげることも、その人に対して、「ああ、日本人と知り合ってよかった」とか、「日本に勉強に来てよかった」とか、「こういうことを教えてくれたこの人に会えてよかった」とか、そういった意味の「おもてなし」ではないかなと思います。

そういう意味で、お酒を、嗜好品とは別に、昔からの歴史や文化といったことも、今後、皆様が何かの組織の代表になって海外に出られるとき、また、海外から代表の方々をお迎えするときには、ワインはある程度、分かって当たり前ですので。アメリカのビジネスマンは、ビジネススクールでワインテ

イスティングを学ぶそうです。それは、ホストとして、海外では「お任せ」っていうのはあんまりないので、ゲストを迎えるときには、ホストとして、きちんとしたワインを選べなくてはいけない。また、ゲストになったときには、ホストが、「あなたのために、今日、このワインを選びました」って言われたときに、気の利いた一言も言えないと恥ずかしいっていうことで、ワインを知っているのは、エグゼクティブにとって当然のことだそうです。

だけど、皆さんは、ワインを知っているのは当然のこととして、日本酒もある程度語れなければ、ちょっと恥ずかしいですね。ワインのことはぺらぺらって言えるのに、「じゃあ、あなたの国の醸造酒である日本酒は？」って言われたときに「うーん……」、「あなたのふるさとには酒蔵があるのですか？」、「うーん、どうでしたかね」って言うと、ちょっと恥ずかしいですよね。ぜひ、そういうイメージを持っていただけたら、と思っております。

そして、私は、日本酒の素晴らしさとか可能性に気がついたときに、ちょっと調べてみましたら、非常に残念なことが分かりました。1970年をピークにして、どんどんどんどん蔵元さんたちが廃業しているのです。もう今は、ほんとに半分以下になってしまっていました。「どうして、こんなことになってしまったんだろう？」っていうことで、いろいろ調べましたら、まず、飲む人が少なく、人口減少、それからライフスタイルの変化、そして業界のマーケティング力不足ですとか、もろもろのことがあって、結局、資料1のように、清酒離れが進んでいるということが分かりました。

5．日本酒の現状
(1) 酒造会社の減少

これは、業界構造的な事で言いますと、日本酒業界は99％が中小企業、ファミリービジネスです。そして、その残りの1％が大手さんという業界内が同じ動きができにくいような構造があるのです。あとは、杜氏さんというのは、主に季節労働者です。つまり、日本酒は、普通、冬の間につくりますが、東北の方の農家の方々が、農閑期にグループを作って、西の方のお蔵さんの方に行きまして、冬の間はそこで働いて、夏の間は故郷に戻って農業をする、というようなサイクルです。近年は農家の方も、普通の一般企業に勤めるっていうようなことが、だんだん主流になってきて、こういう働き方をする方々

218　9　SAKE から観光立国

が少なくなってきたので、やはり後継者不足っていうようなことですね。他にも、資料2のようなことがもろもろあって、結局は酒造会社が資料3のように減ってきている。

(2) 日本酒輸出の可能性

「じゃあ、海外にマーケットを増やしたらいいだろう」ということで、「輸出は、どうなんだ？」ということを見てみますと、これ、数字を見てみますと、現在、まだ2％しか、日本酒は輸出されておりません。金額で言うと、115億円ほどです。この115億円っていうのが、どういうお金かといいますと、フランスワインは、その半分ほどが輸出されていて、8,000億円もの外貨を稼いでおります。

今、ちょっと、このデータを調べたときよりも円安になったので、多分、1兆円ぐらい、フランスの国はワインで外貨を得ています。海外のグローバルに回っているワインはフランスワインだけではないので、ここに、スペインやイタリア、カリフォルニア、オーストラリア、ニュージーランド、南アフリカやチリなどの輸出されたワインの経済規模の中に、115億の日本酒

資料1　清酒需要減少の要因

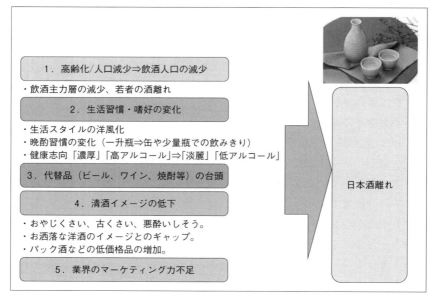

資料2　その他の要因や数字

- ◆ 国内酒類シェア内での減少。清酒6.9%
  （焼酎10.6%、ビール31.4%、発泡酒9.2%、その他の醸造酒9%、リキュール23.1%、ウィスキー1.2%、果実酒等3.9%、その他4.6%）

- ◆ 清酒製造業者の99%が中小企業で販売数量の半数以上は残り1%の大企業が産出しており企業間格差が大きい。
- ◆ 清酒の価格構造は原材料に占める米の割合が7割を占め原料米以外の部分でコスト削減余地は少ない。
- ◆ 杜氏など酒造りに関わる人々の高齢化が進み後継者難が顕著。
- ◆ 酒類卸売業者の減少。特約店制度が新規マーケット開拓を阻害。
- ◆ 酒類小売り分野での規制緩和で一般酒販店に代わり総合スーパーやコンビニが台頭。これらの価格決定権を持つ事業者がサプライチェーンを変えつつある。

資料3　日本酒　国内の現状

酒造会社の廃業が続く

（酒類製造免許数の推移）	（酒類製成数量の推移単位：千KL）
昭和45（1970）年　3,533者	1,257
昭和55（1980）年　2,947者	1,193
昭和60（1985）年　2,586者	928
平成16（2004）年　1,973者	524
平成25（2013）年　1,576者	447

というのは、大きな海に漕ぎ出でた、ほんとに、まさに小舟のような存在です。

　メディアの方が、「海外では、日本酒が人気です、人気です」っていう映像

を流します。私のところにも、よく電話取材があったりします。いつも、そのメディアの方に言うんです。「『海外で日本酒が人気です』っていうのは、どういうところから、ああいうふうに流してるんですか？　数字とか、そういうことを調べてらっしゃるんですか？　単に日本の人を喜ばせたいためなら、報道ではありません。」っていうふうに、はっきり申し上げるんですね。蔵元さんたちも、それを見て、「海外で日本酒は人気なんだ」と思って出ていってしまったら、これは、海外で日本酒を売るというのは、とても大変なことです。輸出するには関税もかかりますし、言葉や文化が違います。地元に人口が減ってしまったから首都圏に売りに行くっていうのとは、訳が違いますから。

　ということで、まだ日本酒の輸出というのは本格化していないません。アメリカでは非常に日本酒が人気だということで、よく、ニューヨーカーが日本酒を傾けているような映像が流れたりします。確かにニューヨークは、アメリカの中でさえ、他の都市とは違うコスモポリタンな都市です。また、ロサンゼルスは移民の、日系の方も、すごくいっぱいいます。「そこで日本酒が、ある程度人気だ」と言っても、それをアメリカ全土で見てみたら、いかがでしょうか？　資料4はJETROからの資料ですけれど、アメリカ全土の飲み物、ビールやワインのシェアの中で、日本酒は、まだ0.1%なんですね。これが、数字で見るところの現実です。

　日本酒の海外進出・輸出で大きな問題点っていうのは、今ずっとお話ししてきたように、まだ日本酒のマーケットというのが大変小さいということです。海外の日本酒マーケットが非常に小さいということはどういうことかというと、当然ながら「知られていない」ということと、「関係者が少ない」ということです。

6．海外の日本酒市場拡大へ

　それで、私は、元々ワインの方から入ったので、海外の日本酒市場を増やしていくには、日本酒もお酒なので、酒販免許を持っている人しか、お酒を売ることができません。ライセンスを持っている人ですね。つまり、既にワインやウイスキーを売っている人たちに日本酒を売り始めてもらわないと、マーケットは広がらないと思いました。

また、既に彼らが持っている商流やネットワークなどをそのまま使えたら、日本酒のマーケットが広がっていくのではないかと思ったわけです。これはワインの海外啓蒙に必要な3項目と言われているものです。まず「education」。体系的な教育プログラムを作って、まず人材を育成するわけですね。それで、消費者に日本酒の魅力を伝えられる人材を育成します。そして、そういった education の活動を多方面から支援するということですね。

　それから、「competition」。そうして、育成された日本酒なりワインが分かるプロの人たちによる competition をします。そうしますと、広告費が豊富なところじゃなくても、その品質で、その銘柄を世に出すことができるということですね。つまり、信頼ある competition を作り上げていくっていうこと。

　あとは「promotion」です。これは業界向けと、消費者向けを絶え間なく続ける。しかし、国や文化が違うところで promotion 活動を続けていくのは、並大抵の体力では続けていけないですね。

資料4　米国で日本酒は人気と言われていますが…
米国における酒類販売額に占める日本酒の割合

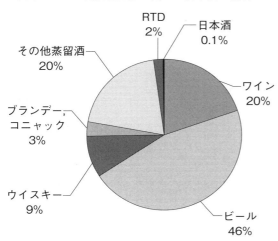

主要輸出国でも酒類全体に占める日本酒の販売シェアは極めて小さい！

日本酒の最も輸出されている米国ですが
（全世界への輸出額115億円、1位の米国は約33億円、2位の韓国は約12億円）

←米国内での販売シェアは何と0.1%　これが、米国内での日本酒の認知度の現実です。

JETROより　2014年

※RTD：ハイボール缶, チューハイ缶等

Source：Euromonitor International

Ⅲ　酒サムライ活動に参画

1．WSET ロンドン本校で日本酒を紹介

　実は、JAL 在職中に、そういったいろいろなことを知って、まず、その3項目の1から始めようと思ったんです。ご縁があった WSET は世界 66 か国に現在広がっていて、現在、年間全世界で5万人のワインの有資格者を排出しているワイン教育組織です。そこの CEO や、主任講師の方々とパイプを持てたので、彼らに言って、日本酒の講座をロンドンの本校で開けないだろうかと思ったわけです。

　それで、仲良しだった横浜君嶋屋という酒販店の君嶋社長に「手弁当でロンドンに行ってレクチャーをしてくれるような蔵元さんはいないだろうか？」と相談しました。そうしますと、蔵元さんを紹介してくれました。宮城県の浦霞、富山県の満寿泉、それから石川県の天狗舞、この中の1つでも、この銘柄をご存じの方、いらっしゃいますか？　何人かいらっしゃいますね。すごく有名な蔵さんなので、日本酒愛好家の方は、もう皆さん知ってるようなお蔵さんです。あとは、神奈川県の泉橋、小田急線の海老名というところにあるんですね。米づくりからお酒造りをしている、そういった蔵です。この4蔵を紹介してくださって、2003 年 11 月に、有志の蔵元さんがたによる初めての日本酒講座というのが、ロンドンの WSET で行われました。

　ここで、蔵元さんがたには、「JAL と関係のある学校なので、航空券、飛行機は、ぜひ JAL に乗っていっていただけませんか？　そうしましたら、社内システムが皆さんのお酒を運んだり、そういったことをお手伝いしますので」ということで、皆さん、JAL をご利用くださいました。

2．IWC に SAKE 部門を創設

　この講座に、先ほどちょっとお話しした、世界で最も難関の Master of Wine という資格に、その年、最優秀で合格したサム・ハロップさんっていうかたが参加してくれました。彼は、「初めて状態のいい日本酒を飲みました」と言って、帰りがけに私に名刺をくれまして、当時、ロンドン便を飛んでおりましたので、それからロンドン便が入るたびに、彼の都合が合えば日本酒

を持っていって、彼とレストランに持ち込んでは日本酒を飲んでいました。彼は、「この日本酒が造られているところを見てみたい」と言ってくれて、その翌年、日本に来てくれました。それで、「大きな蔵と、小さい蔵を見たい」っていうことで、京都の月桂冠さんと蒼空さんそして中規模の松本酒造さんという蔵元をご案内しました。

その翌年、彼は、世界最大規模のワインのcompetition、(IWC) International Wine Challenge という、全世界から出品酒が1万2,000も集まって、ワインの専門家が400人も審査員として参加するような大会の審査部門の最高責任者の一人になったんです。そのサムから、私にオファーがありました。「トシ、日本酒をもっと世界に発信しよう。IWCにSAKE部門を作るから協力してくれないか」と言われました。ちょっと鳥肌が立つような提案でしたね。先ほどからずっとご説明しているように、まだまだ日本酒は、現在でさえも、たった2％しか輸出されていない、ほとんど知られていないところに、そのワインの専門家が集まって、ワインの檜舞台に一緒に日本酒ものせることができるという、素晴らしい機会をいただいたわけです。

それで、知り合った蔵元さんがたにご相談しましたら、たまたま若手の蔵元の全国組織の会長・副会長を務められていまして、彼らが、「じゃあ、この若手の蔵元の組合を通じて、出品酒を集めよう」と言ってくれたんです。ちょうどその同じタイミングで、「酒サムライ事業」というのを、この若手の蔵元でやり始めようとしていました。これは、アンバサダー事業です。よくテレビのワイドショーなどで、マントを着た有名人がワイングラスを片手に叙任を受ける、シャンパーニュですとか、ボルドーですとか、ブルゴーニュから、ワインの騎士っていう称号をもらって、その地域のワインを応援するっていうのを、日本酒でもやろうっていうことになったんです。

3．酒サムライ叙任式
(1) 酒サムライコーディネーターに就任
ですから、「ワインが騎士だったら、日本酒だったらサムライだろう」ということで、「酒サムライ」という叙任式を、京都の下鴨神社で毎年、2006年から行っています。その2006年の第1回に、このサム・ハロップさんにもなっていただいて、彼がオファーをくれたワインのcompetitionの日本酒部門の

実現に、この若手の蔵元の会が協力するということになりました。このときに、私も、JAL に改めて社外活動報告書というのを出しまして、「酒サムライコーディネーター」というお役をいただきました。

(2) 叙任式の映像

この叙任式の模様を、実は 2011 年の叙任式に、IWC の運営責任者が叙任されて、ロンドンからそのスタッフがたくさんやってきて、撮影してくれた映像があります。まさに外人目線で撮っています。You tube の IWC Sake Samurai Inauguration でご覧いただけます。

皆さんにこれを見ていただいたのは、日本酒の文化の部分を、ぜひ感じていただきたかったのと、叙任者の方々、外人の方も、皆さん、「紋付、着物を着られますか？」と言うと、皆さん、「ぜひ着たい」ということで着られます。それで、皆さんに神社に正式参拝していただいて、叙任状を受けていただいて、記者会見して、その後に正式な和風の芸子さんも入っていただいての宴会をいたしますが、毎年参加するたびに、「ああ、日本人に生まれてよかった」って、とても誇らしい気持ちになるんですね。

海外の方も、やはり、文化に対しては等しく頭を垂れます。こうした誇れる文化を私たちが持っているっていうこと、それをまた、この後の世代にも引き継いでいかないといけないなっていうことを、やはり、海外の方々が、ほんとに心から感動して頭を垂れてくださる様子を見ながら、感じます。ですので、一言に「お酒の振興」っていうふうに言いますと、すごく、嗜好品、「どんどんお酒いっぱい飲ませればいいのか」っていうように受け取られるかもしれませんが、日本酒の文化の部分も一緒に、それから、世界的にも評価されるほどの高い技術っていうことも、私たち自身、ある程度理解して、自分のものにして、これからの人生を過ごしていくっていうことが大切なことではないかなと思っております。

こうして叙任式をずっと続けておりまして、ユネスコの代表部にいらっしゃる外務省の門司大使ですとか、今、カナダ大使になられたんですけど、ついこの間、乾杯条例を作ってくださった京都市の門川市長や、そうそうたるシェフの方々、菊乃井の村田さんや、つきぢ田村の田村さんなどに酒サムライになっていただいています。

4．日青協と IWC のパートナー関係

　こうしてその第1回目の酒サムライ叙任者のお一人に、サム・ハロップさんにもなってもらいまして、若手の会、日本酒造青年協議会、「日青協」って、われわれ呼んでおりますが、その若手の会と IWC、世界最大規模のワインの competition がパートナーとなって、日本酒の SAKE 部門を盛りたてております。

　私たち日青協の役割としましては、出品酒募集ですね。IWC から送られてくるのは、英語のエントリーフォームです。それをそのままぱっと配ってしまっては、一体、いくつの蔵が応募してくれるか心配なので、全部和訳して、集めて、誤字・脱字を直して、ロンドンに送っております。それから、現在7部門ありますけれども、そちらの部門のアドバイス、日本から信頼のおける方を審査員として派遣したりですとか、また、IWC 側の配慮としては、ほかのワイン産地にはこんなこと一切してくれないんですけれど、世界中から集まる SAKE 部門審査員の懇親パーティーの費用を出してくれたりですとか、諸々あるんですね。

　どうして SAKE 部門にこんなことやってるのかといいますと、やっぱり、そこに、組織対組織とは別に、人間との交流が、歴代の日青協会長が、酒サムライ事業を始められた初代の浦霞の佐浦社長、45歳でどんどんみんな定年して親会に行ってしまうので、その次は新潟県の市島酒造の市島社長、現在は、愛知県蓬莱泉という蔵の関谷会長など、スタッフの人が、人間的な交流を重ねてくれているからです。

　会って名刺交換するだけじゃ、やっぱり何も始まらない。そこから発展するためには、そこの組織の中の担当者の、いろいろな心遣いや人間的魅力、そういったことで、いろいろなものが広がっていくっていうふうに思います。

　ちなみに、IWC は出品料で成り立っている大会なので、ワインは1万2,000 も集まります。今年は過去最高だったんですけど、867銘柄でした。でも、それは、海外の大会としては最大なので、それはほんとに誇らしいことです。その中から今年のチャンピオンが7月16日に、ロンドンのパーティー会場、受賞式会場で発表になることになっています。

5．IWC の審査の場

　これは審査のときは、全部銘柄に袋をかぶせて、銘柄が分からないように審査をしています。各テーブルに分かれまして、パネルチェアマンと呼ばれるテーブルリーダーが司会役をしまして、そこで、日本人と非日本人を半分ずつにして、ディスカッションしながら一つ一つ評価をしていきます。

　これはワインも同じです。ここでつくづく思いますのは、スキルが低いジャッジも、ここで訓練になるんです。海外では、それだけ多くの日本酒をテイスティングする機会もありませんし、愛好家は1人も入れていません。必ず日本酒のビジネスをしてる人を入れていますが、やはり、なかなか、これだけの数をいっぺんに利き酒する機会がないので、また、日本から派遣されている先生方も非常に親身に説明し、解説しながら、審査を進めていきます。

　ワインのジャッジのテーブルも同じように進められていますけれども、ワインの部門は、まさに、ここで知り合ったジャッジ同士が仕事の紹介をし合ったりですとか、個々にネットワークを広げていきます。いつも思うのは、海外の人は、そこは、すごくどん欲で、こういったチャンスを絶対ものにするんですよ。気がつくと、みんなFacebookお友達になってたりですとか、それぞれ、どんどんビジネスをしていきます。割と日本からの組織の人っていうのは、「参加して、自分の仕事終わったら、終わり」なので、はたから見ても、ちょっと残念だなって思います。せっかく、そういう人たちとつながりを持てたら、「何か、そこからゲットする」っていうことがあってもよいかと思います。

　海外の人は、普通にそれをしているのです。だから、「日本人は、奥ゆかしい」とか「控えめだ」っていうふうに思われるのかもしれないですけど、こういった素晴らしい交流の機会を、ぜひ、皆さんも将来的に、最大限に生かしてもらいたいなと思っています。

6．外務省の日本酒への取り組み

　去年は、岐阜県高山市の、ほんとに小さなお蔵さんの古酒がチャンピオンになりました。皆様にお配りしている資料の中に、私は『フジサンケイビジネス　アイ』という経済紙に、毎週金曜日連載していますが、そこに「大使も一役」っていう記事を書かせていただきました。

先ほど申し上げているように、ワインがメインの大会で、出品酒もワインに比べて10分の1以下で、1,000人近い授賞式パーティー会場でも、日本酒の関係者はすごく少ないんです。フィナリストの蔵元さん方は大体ほとんどロンドンまで来てくださいますが、ここ数年、林景一駐英日本大使ご夫妻が、このパーティーに出てくださるようになったために、日本酒の関係者のテーブルが、最前方の真ん中という良いお席をいただけるようになりました。大会主催者も、必ず冒頭に、「この会には、日本大使ご夫妻がご臨席です」とアナウンスを入れています。

　ほんとに、そういう意味では、政府が応援してくださっているのをすごく感じます。一昨年、農水省の公募の発信事業で世界最大規模のドキュメンタリー番組「ディスカバリーチャンネル」の中でこの授賞パーティーの様子を紹介した日本酒の番組を作りました。それの企画とコーディネートを担当しましたが、やはり、まだ日本酒が、先ほどから申し上げているように、海外に知られていない、日本酒に価値があるっていうことも知られていない、日本酒っていうものがどういうものかも知られていないところに、「日本酒を飲んでみたい」って思っていただかないと、市場も広がらないですよね。

　ですので、政府の方には、「ぜひ、需要喚起になる発信事業を、毎年、大々的にやっていただきたいんです」って、ずっと申し上げています。

7．日本酒についての情報発信

　欧米では、アルコールを宣伝するような番組って、30分作れないので、ディスカバリーチャンネルは30分の番組ですけど、3分間の番組を10本作りました。その冒頭のエピソード1というのが、ちょうどIWC受賞式の2013年のパーティーの模様ですけど、また、そこの主役はサム・ハロップさん。つまり、ワインの専門家が「日本酒は素晴らしいよ」と言って世界に紹介するという仕立てになっています（注　YouTube sp sakeで参照可能）。

　この撮影に来てくれたチームが、BBCのドキュメンタリー番組を長年担当していたチームで、ジャッキーという女性が、夏のすごい暑い時期だったんですけど、すごくいい仕事をしてくれました。「まだ日本酒を飲んだことのない世界の人たちに、『ぜひ、日本酒を飲んでみたい』、『日本酒って、どういうものだろう？』っていう気持ちを起こさせるような、そういうフィルムを

撮ってくれないか？」って頼みました。こういった発信事業は、なかなか小さい蔵元さんや業界団体だけではできないので、これは、ほんとに政府にしてもらって、とってもありがたいことだなと思っております。

酒サムライのホームページにIWCの今年の受賞酒が載っていますが、その中の「トロフィー」っていうのが、各部門のトップです。この中から、7月16日、ロンドンの授賞式でチャンピオンの酒が発表されます。ですので、酒サムライのホームページにも出ておりますし、もしご興味があったら、ぜひ、どこかで見かけたらというか、大体チャンピオンになると、あっと言う間に売れてしまって、絶対飲めなくなってしまうので、7種類、各部門のトップトロフィー銘柄を今から買っておくっていうのも、一つの手かもしれません。

この事業というのは、酒サムライもそうですけど、「ヒーローを生み出す事業」っていうふうに、私の中では位置づけています。元々素晴らしい可能性や品質を持っている日本酒を、世界に向けて、毎年必ず一つ、ヒーローを発信していくのです。また、このチャンピオンになった蔵元さんの酒を、一生懸命いろいろな方法でもり立てております。

とにかく、日本酒の蔵というのは全部の都道府県にあります。先ほど紹介したフィルムの最後では、2013年チャンピオンになった、福岡県八女市の木下社長にサムが「どこでこの酒を造っているんですか？」と尋ねて、「九州の福岡というところの酒」だと、答えていました。世界一になった日本酒は生産地の地域も世界一の酒の輩出地として世界発信出来ます。毎年必ず、世界に向けて日本酒のスーパースターを生み出すと同時にその地方を世界に紹介出来ています。

8．地方への送客の可能性

私事ですが、娘が小学校に入学した頃、JALはJASと統合しまして、「JJ統合」と、そのとき呼んでおりましたけど、私は、それまで、本当に日本の地方を知らなくて、子供が生まれるまでは、お休みには、会社の社員割引航空券で更に海外旅行に行っていました。地方は、ほんとに行くことがなかったのですが、JJ統合して、初めてJASが持っていた地方路線を飛ぶようになって、初めて地方を知って、東京首都圏とあまりに違うことに、びっくりしました。それで、政治家の人たちが「地方の疲弊を、どうのこうの」って、

よく演説で語っているのが、「ああ、こういうことなのか」と知りました。
　また、蔵元さんたちも、先ほど紹介したように全盛期よりも半分以下にも減ってしまっているっていうのも、そこで仕事がないから、首都圏にみんな、人口減少というか、地元に飲む人が減っているのだ、というようなことも……。そういったいろいろなことが相まって、「日本酒を世界酒にできたら、地方に人を送客できるのではないか」と思ったんです。元々、CAで観光業の末端の方で働いておりますし。また、娘は私と同じ地元の小学校に入学したんですが、娘の運動会のときに、私が小学校のときには、校庭にあふれんばかり生徒がいて、それを取り巻いて保護者がいたんですけど、娘のときには、校庭の真ん中にちょこっと小学生がいて、それを取り巻くように両親、そして、そのそれぞれの両親です。つまり、1人の子供に大人が6人いるわけですよ。それを目で見たときに、「この子たちに私たちを背負うのは、絶対に無理」と思いました。
　そんな少人数の子供を見て、「内需をキープするためには、もっと観光客が必要だ」って、ほんとに、そのとき思ったんですよね。ですので、私の活動の一つのエネルギーになっているのは、「娘1人が、お父さん、お母さん、おじいちゃん、おばあちゃんたち背負うのは、1人っ子ですから、無理だしなあ」というようなところがあります。単に「お酒」っていうよりも、地方にある、とても魅力のあるものを、世界にきちんと紹介していく、また、それを誇れるものとして、きちんと磨きあげていくっていうことが、今、私たちができることかなと思い、それを目指しています。

9．IWC SAKE 部門の活用
　これが、「IWCの活用」って書いておりますけれども、海外に向けては、そうやって、全然、日本酒のことを知らない人たちに、「IWCで金賞を取りましたよ」っていうことだと、「ある程度品質がいいものだな」っていうことで紹介できます。それから、国内に向けては、実は、2011年から、IWCの受賞酒は外務省の採用になっております。在外公館、大使館・総領事館ですね。そちらに採用になっておりまして、毎年の受賞酒が変わりますので、不公平感がないということで、また、海外の大会で評価されたものだから外国の方々の口にも合うだろう、っていうような判断です。そういったことで外務省に

採用になっておりまして、国内においては、外務省採用であるとか、あとは、チャンピオンになるとすごい報道があるので、IWC で受賞すると、元々身近にあった日本酒を誇りに思える、そういった活用が出来ると思います。

　ここまでは、IWC 日本 SAKE 部門を作るときに想像できたことでしたが、これは、作ってみてから初めて気がついたことでした。IWC SAKE Judge という、世界に通用するグローバルな SAKE スペシャリストの身分を創り出せた事です。IWC のホームページ見ていただくと、International Wine Challenge で検索していただくとご覧いただけますが、そこに「Judge」っていう欄がありまして、そこにワインの審査員が、偉い審査員だと写真入りでその後、何百人も名前が載っています。そこに、IWC SAKE Judge と、日本酒のジャッジが、こちらは人数少ないですが、50 人程度載っています。海外ではまだ市場が小さいので、誰が専門家なのか、また、既に一生懸命日本酒を頑張っている方々も、世間に向けて、「自分が、そのプロだ」ということを証明する術がありません。

　ですが、「IWC の SAKE Judge をやってます」っていうようなことは、ワインの世界には通用する、そういった身分を生み出せたと感じています。やはり、市場を広げていくっていうことは、そのもので、これで言うとお酒ですけど、海外で日本酒で食べていける人を育成していかなければ市場というのは育っていかないと、日々感じています。つまり、日本酒という、元々海外にないもの、それに価値を伝えて、それで生業にしていくのって、非常に大変なことです。ですので、政府支援とかそういうことも、こういう人たちに、いろいろチャンスをあげたり、仕事を作るとか、そういうことで市場を広げるということが大変大切と感じています。

10. 在外公館は日本酒で「乾杯！」

　2011 年から、外務省の方が IWC の受賞酒を使ってくれるようになって、在外公館長、つまり大使や総領事の赴任前研修に日本酒の講座を設けてくれたり、そこのコーディネーターを初回からさせていただいていますが、これから海外へ出ていこうっていう大使や総領事の方に、日本酒のトップセールスになっていただくっていうのは、非常に海外進出には心強いことです。さっきの林大使夫妻がパーティーに出てくださっただけで席が前の方になったり

ですとか、そういうことってあります。現在、外務省では、天皇誕生日レセプションという在外の大使館や総領事館で、当然ながら一番格式の高いパーティーで「原則日本酒で乾杯」というガイドラインをつくって日本酒で乾杯を実行してくださっています。

　この日本酒の活動をしているときに関わった霞が関の官僚っていわれてる人たちは、ただの１人も後ろ向きな人はいなくて、「本当に、これは国のためになるね」とか、「ほんとに地方のためになるね」っていう方ばっかりでした。私は、実際に自分で体験しているので、ほんとに声を大にして言えますが、そういう方々が多くいるっていうことを知りまして、私も一国民として大変希望を持ちました。

Ⅳ　日本酒振興が国策に

1．國酒プロジェクト

　そして、なんと 2012 年、民主党政権のときに、当時の国家戦略室の古川元久大臣が、「國酒プロジェクト」を始めてくださったのです。実は、日本酒というのは、主管が酒税の関係で国税庁です。ですので、他の省庁は、あんまり日本酒に関して主体的な事業が出来ませんでした。「日本酒が、ほんとに魅力や可能性を広げるためには、５省庁ぐらいが連携しないと無理だろうな」と、かねがね思っていたので、この民主党政権のときの國酒プロジェクトというのは、もう本当に夢のような出来事でした。

　政権交代の際に、すごく心配しましたが、安倍政権になって、前政権のこと否定されちゃったら困るなと思ったんですが、更に成長戦略に入りまして、「國酒プロジェクト」から「日本産酒類の輸出振興」っていうように、看板は変わったんですけれど、次々と、いろんな省庁が日本酒に対して、いろいろ施策を始めたんです。観光庁の酒蔵ツーリズム推進協議会ができあがりまして、私も、メンバーに入れていただいています。これは、観光庁ですからインバウンドです。インバウンドに向けて、「日本酒の蔵というのが観光資源だ」と、公が認めたということになります。

　こういうのができると、いろいろな予算が付いたりしますし、関係者も増えますよね。この酒蔵ツーリズム、蔵元さんがたにお話しするときに、いつ

もいつも申し上げるのは、「『うちは、そんな、訪ねてきてもらっても、人手がないから』とか、『うちは、味が勝負で観光蔵じゃない』っていうような発言は、やめてください」と。「これは、直接日本酒を造ったり売ったりする人以外にも、その酒蔵をきっかけにしてインバウンドの事例ができるっていうことは、それだけ広くお酒が社会貢献できる機会を国が与えてくれてるわけだから、とにかく、そういう後ろ向きな発言は、やめてください」って、蔵元さんたちには申し上げています。

2013年10月には、主要空港に日本酒販売ブースというのを設けて、「海外に帰っていく人たちに日本酒をお土産に持っていってもらおう」ということもありました。農水省では、先ほどご覧いただいたディスカバリーチャンネルですね。あれも、米の加工品であるから、農水省の予算を付けられるわけです。それで、ああいう発信事業というのを、こういうプロモーション関係、一番いろいろやってくれているのは、実は、農水省です。酒米は減反からも外れました。

2．WSETにSAKEコース

それと、先ほど、最初に有志の蔵元さんたちとロンドンで行った、もう12年前、2003年11月に行った、あのときは、単発の、有志の蔵元の日本酒の会でしたけど、とうとうWSETに2014年から日本酒のコースができました。

それを、インストラクターの育成研修というのを農水省がサポートしてくれていて、私はその事業にも関わらせていただいているんですけれど、これで海外に広がるワイン産業に従事する人たちの中に、日本酒人材を育てていけるわけです。これは、先ほど、いろいろ数字を申し上げましたけれども、「フランスはワインで8,000億円稼ぐ」っていうような、そういったワインの人材を日本酒に活用していけることになります。

このWSETってイギリスの組織ですけど、彼らのやり方を見てて、市場の広げ方がやっぱりうまいなって、すごく勉強になります。例えば、具体的にイメージとしては、イギリスでもロンドンで日本酒コースが始まっていますが、王室ご用達のハロッズという、すごく有名なデパートがありますね。あそこに、すごく立派なワイン売場があります。そこのワイン売りには、何人もの人が働いています。

このWSETのワインの資格を取ったような人が、そこに就職するわけですけど、例えば、今年の新入社員が、そこに就職しました。彼は、当然ワインのWSETの資格も持っているけれど、新しくできた日本酒の資格も取りました。やはり、みんな野心を持って入社します。ほかの人より目立ちたいです。ほかの人より秀でたことをアピールしたいです。彼は、どうするでしょうか？ 多分、ボスに言うと思います。「僕は、日本酒のことが分かります。日本酒の棚を作らせてもらえませんか？」。そしたら、彼は、もうそこの、責任者になれるわけです。だから、蔵元さんが一生懸命売りこまなくても、その人が、自分がそこの組織の中の責任者でいくために、いい酒を仕入れて売り上げを上げようとします。そういうようなイメージですね。ですから、この教育機関は、単に蘊蓄を広めるための学校じゃなく、人材育成と、そのマーケットを広げていくための学校です。

3．酒蔵からの地域活性化

2011年にIWCのチャンピオンになった佐賀県鹿島市の鍋島という蔵が、地域おこしに成功しました。私もいろいろとお手伝いをいたしましたが、佐賀県っていいますと、「九州だったら焼酎でしょう」ということで、多分、首都圏では、佐賀県で日本酒が造られていることすら知られていないでしょう。そこから世界一の日本酒が出たのです。当時の古川康知事にお会いしてお話ししました。

「地域で生かさない手はないですよ」と。その後、古川知事がすごく助けてくださって、観光協会の中村会長がリーダーシップを取って、酒蔵も鹿島市も協力して、まちおこしに成功したんです。2011年9月のロンドンの授賞式直後にチャンピオンサケはあっという間に売り切れてしまったので、翌年酒造りの3月の、新酒ができる時期に、蔵開きを、地域の蔵元さん全部で、「鹿島酒蔵ツーリズム」という町をそぞろ歩きするお祭りとしてやりまして、大成功を収めました。それが2012年3月。その2か月後に、國酒プロジェクトが始まりました。その翌年に、観光庁で酒蔵ツーリズム推進協議会ができあがった時には、これは鹿島酒造ツーリズムは成功事例として、そこで取り上げられました。

あっという間に、全国の都道府県・自治体に、この情報が広がりまして、

いまだに毎月、視察が来るそうです。そういう事例になったんです。私は、毎年のチャンピオンがもり立つように、いろいろなことをしています。どんどん成功事例を出したいと思っています。皆さんに、「酒蔵からの地域活性化」という、政策投資銀行が作ったレポートの抜粋もお渡ししました。政策投資銀行が、この「酒蔵からの地域活性」ってレポートを書いたこと自体が、やっぱり、すごく大きなことですね。

「酒蔵には地域を活性化する可能性がある」というふうに、その銀行が認めたことになります。だから、蔵元さんたちの勉強会では、それを政策投資銀行から人数分取り寄せて、皆さんに配って、「市銀とか信用金庫に資金繰りを頼みたいときは、このレポートを使ってください」っていうふうに、お話ししたりしています。

4．SAKEから観光立国

JALを退職してから、ほんとにいろいろなことをさせていただいて、いろいろな機会をいただいて、いろいろなプロモーションですとか、いろいろなことをしてるんですけれど、この酒サムライ活動で、私の感想としては、「取り組むべきは、とにかく人材育成だ」と思っております。それから、コラボでの世界発信ですね。WSETも、そうだと思います。IWCも、そうだと思います。そういうところと一緒になって世界発信をしていく、ということです。

何年か前にマリナ・ベイ・サンズのCEOのジョージさんが、酒サムライになってくださいました。なってくれるときに、「もし酒サムライになってくれたら、日本酒のプロモーションに協力してください」とお願いしたら、「もちろんですよ」って言って、去年6月ですけど、10蔵にご協力いただきました。1チケット、シンガポールドルで750ドルで、100席以上、100枚以上全部、カジノが買い取って、それで、カジノで上顧客、年に何十億もそのカジノで使う人たちを招待して、酒サムライディナーという日本酒のディナーをしてくれたんです。

それに先だっては、シンガポールの有名シェフとか、業者さん集めてのレクチャーも設けてくれて、翌日には、シンガポールで一番大きな新聞の一面に、蔵元さん方がマリナ・ベイ・サンズの前にずらっと並んだ写真をバーンって出してくれて、「やっぱり、やることが違うな」と思いました。こういうところとコラボしてやると、すごく彼らのノウハウですとかを活用させてもら

えて、大変有難いと思いました。

　それと、もう一つ、大変そのプロモーションで心励まされたのは、その上顧客の方々が、日本酒ディナーをとても満足してくださったということです。「次は、いつやるの？」と、ジョージさんに尋ねている方もいました。元々、ここにつないでくださったのは、酒サムライでもある和久田哲也さんという、シドニーのTetsuya'sという超有名レストランのシェフです。

　哲也さんが「Waku Ghin」というお店を、そこのマリナ・ベイ・サンズのセレブリティシェフフロアに出しまして、そこに食事にいらっしゃるジョージさんをご紹介くださったのです。

　カジノの上顧客の人たちが、酒ディナーにすごく喜んでくれた事。それに大変励まされました。

V　コラボでの世界発信を

　こうした経験から、お酒を海外に発信していくときは、コラボでの発信というのが有効ではないかと思っております。また、今、政府が一生懸命なインバウンド政策を酒蔵ツーリズムで活用していくのも有効でしょう。日本酒に限らず輸出というのは大変手間もかかりますし、お金もかかります。遠くに輸出すればするほど、利幅は減っていきます。小さな蔵元さんは、私は決して輸出は勧めません。それだったら、直で蔵まで来てもらって直売するのが、一番、彼らにとっては体力をつけられるのではないかと思います。ですので、今みたいなインバウンドで来る人たちを、酒蔵にどんどん来てもらって、そういった海外の方に対応できるスキルを磨くというか、同時に体力をつけて、輸出したい場合には、その先に進むというのも良いと思っております。

　東京オリンピック・パラリンピックももうすぐですので、それに向かって、いろいろとできることがあると思って、私も張り切っております。今日はご清聴いただきまして、まことにありがとうございました。ぜひ、改めての、日本酒の魅力、可能性、そういったものを、皆さんの、この日本の国が生み出して育んできたものですので、ぜひ、自分のことと思って、日本酒を、今後、皆様の人生でかわいがっていただければと思います。

　どうも、ご清聴ありがとうございました。

【確認問題】

問 1 日本酒の説明に関する記述のうち、次の選択肢のなかから誤っているものを一つ選びなさい。
① 日本酒は海外で「Sake」といわれているが、以前は「Rice Wine」ともいわれていた
② 国税庁は、国産の米を材料に日本国内で造った清酒のみを「日本酒」とする方向性を示した
③ 2014年度の日本酒の輸出量は、全生産量の2%で金額にして115億円である
④ ワインと日本酒は同じ「蒸留酒」である

問 2 「日本酒を取り巻く状況」の説明に関する記述のうち、誤っているものを4つの選択肢のなかから1つ選びなさい。
① 焼酎を好む人が多い九州や、泡盛が有名な沖縄県には清酒を造る酒造会社がない
② 生活習慣や嗜好の変化など、様々な理由から「日本酒離れ」が生じている
③ 清酒製造業者の99%は中小企業で、残り1%の大企業が清酒の販売量の過半数を占めている
④ 酒造会社の数は、1970年以降減少しつづけている

問 3 「ワインの海外啓蒙に必須といわれている活動」に関する記述のうち、誤っているものを4つの選択肢のなかから1つ選びなさい。
① Education(教育)
② Competition(コンクール)
③ Promotion(宣伝活動)
④ Estimation(需要予測)

問 4 「日本酒普及のための取組み」の説明に関する記述のうち、内容が誤っているものを4つの選択肢のなかから1つ選びなさい。
① 日本酒造青年協議会は、日本酒の普及に貢献する日本人を「酒サムライ」として叙任している
② ワイン教育機関であるWSET (Wine & Spirit Education Trust) のロンドン校で、日本酒の蔵元の有志が2003年に初めて日本酒講座を実施した
③ 世界的なワインの品評会であるIWC (International Wine Challenge) には、2007年よりSAKE部門が設置されている
④ 外務省は、在外公館に赴任する新任の大使や総領事に対して、日本酒の講習会を行っている

正解　問1 ④　問2 ①　問3 ④　問4 ①

10　ショッピングツーリズムへの取組

(一社) ジャパンショッピングツーリズム協会　専務理事　事務局長　新津研一

I　はじめに

　皆さん、こんにちは。初めまして。ジャパンショッピングツーリズム協会の新津です。よろしくお願いします。

　今日は、国際観光の話の中のインバウンドの中でも、ショッピングというツーリズムとはあんまり関係ない、ツーリズムの周辺産業のお話をさせていただきます。今日は、世界のショッピングツーリズム、ショッピングツーリズムの力、国家施策となったショッピングツーリズム、の三つをお話させていただきます。

II　世界のショッピングツーリズム

1．ショッピングは観光コンテンツ

　まず、「世界のショッピングツーリズム」というお話をさせていただきたいと思います。皆さんは、まだ、そんなに海外旅行に行って、買い物しまくることはないかもしれませんが、世界中の旅行者、ツーリストの人たちは、旅行に行くと買い物をします。「ツーリストは、一般の消費者に比べて8倍から10倍以上、購買力が高い」といわれます。お財布の紐が緩むということですね。予算を持って旅行に行ったら、財布の中身をほとんど費やして帰ってきます。持っていったお小遣いを持ち帰ることは、ほとんどないわけです。日本は、ショッピングツーリズムに取り組み始め、残念ながらまだ2年です。世界中のショッピング大国、ツーリズム先進国は、既に20年以上、ショッピングツーリズムに取り組んでいます。

　昨年、『トラベル・アンド・レジャー』誌の読者投票「ワールドベストアワー

ド2014」で、京都が世界でナンバー1の観光都市になったというのは、皆さん、知っているかもしれません（注　同誌の「ワールドベストアワード2015」においても2年連続で1位）。京都は、『コンデ・ナスト・トラベラー』誌の2013年観光都市ランキングでも、アジア都市部門で第1位です（注　同誌の2014年観光都市ランキングにおいても2年連続でアジア都市部門第1位）が、項目別の点数で買い物は60点なのです。これはアジアでなんと9位の低位なのです。9位というのはどういう位置づけかというと、8位はインドネシアのウブドです。7位は、ラオスのルアンプラバンです。皆さん、ラオスのルアンプラバンをご存じですか？　すごいショッピング都市、かどうか分からないですね。そうは思えない。けれど、世界中の人たちは、「京都は、ラオスよりもショッピングの魅力がない、ウブドよりも魅力がない」と評価をしています。これ、なぜだと思います？

　答えは簡単で、これまで京都は、「京都に来たら、お寺を見てね、神社を見てね」というPRしかしてないからです。「京都はショッピングができる町」というプロモーションは、今まで、京都市・京都府ともに一度もしていません。ですので、京都にお店がある、デパートがあるということは、世界中誰も知らない、というような状況なのです。これは京都だけの話ではありません。これまで日本では、「ショッピングも観光コンテンツの一つ」とは、あまり見なされていなかったのです。

2．世界のショッピング・フェスティバル

　私の立ち上げたジャパンショッピングツーリズム協会では、ジャパン・ショッピング・フェスティバルというイベントを1年半前からスタートしました。これは、実は、シンガポール、ドバイのまねです。世界ではショッピング・フェスティバルというイベントが、どこの国でも開催されています。

　世界で一番古いイベントが、シンガポールのグレート・シンガポール・セールというセールでして、既に22年間の歴史があります。世界最大のショッピングイベントは、ドバイ・ショッピング・フェスティバルです。これは、シンガポールの初年度から、ドバイの政府の人が見学に行って、「砂漠の国ドバイで観光客を集めるためには、ホテルとエステとグルメとショッピングだ」ということで、戦略の一つとしてショッピングを育てました。ドバイは、砂

漠の真ん中に、中心市街地にショッピングセンターが20施設程度しかありません。そのショッピングセンターで、年に1回、2月に、ドバイ・ショッピング・フェスティバルというお祭りをします。

　このドバイ以外にもアジアは、日本と中国以外ほとんどの国が、ショッピング・フェスティバルというのを実施しています。ここにもありますように、隣の韓国、タイ、マレーシア、インドネシア、香港、シンガポール、もう、ほとんどの国が、ショッピング・フェスティバルというのをやってるんです。隣の韓国は、5年前から、コリアグランドセールをスタートしました。女優のチェ・ジウをイメージキャラクターにして、5年前からキャンペーンをしています。5年前、日本と韓国は、外客の獲得数で同順位でした。ほとんど同じです。それが、昨年は日本よりも300万人以上、韓国の方が外客を獲得してます。ショッピングの売上は、韓国は、日本の倍売ってます。北海道から沖縄まで、東京も、大阪も、福岡も、北海道も全部入れて、その倍、ほとんどソウルだけで売ってます。そのぐらい韓国は、この5年間で、日本を突き放してショッピング大国になりました。日本人も、いっぱい韓国に行き、ショッピングを楽しみました。

　ドバイは、その韓国の数倍以上売っています。ドバイのショッピング・フェスティバルは世界一です。5年前のプロモーションビデオを見てもらおうと思います。このとき、日本は1年間で約3,000億円のショッピング売上を売っていましたが、さて、ドバイは、どのぐらい売るんでしょうか？

　1996年から、このフェスティバルは始まっています。ホテルが建ち並ぶ中でフェスバルが行われるんですけども、1か月間に300万人が訪れ、日本と同じ3,000億円を32日間で売ります。20棟のショッピングセンターで、32日間で日本の1年分を売るわけですね。この期間中、ロックやポップス、こういった音楽のイベントや、ミュージカル、アートのイベント、グルメのイベント、モータースポーツ、抽選会をやって、毎週レクサスが当たります。小型自動車は毎日当たります。クレジットカード会社がスポンサードして、ストリートカーニバルや大規模な歓迎セールが行われて、中東の富裕層だけではなくて、ヨーロッパの富裕層、ロシアの富裕層、そして今は、2月の春節に合わせて中国の富裕層の人たちが集まります。これが、世界一のショッピング・フェスティバルです。

今、「日本で爆買い、中国人がすごい」というふうにいわれてますし、「もう、これ以上買ってもらわなくていいんじゃないか」っという議論も出てるぐらいですが、その日本の売上は、ドバイでは1か月で半径3キロ四方で売っちゃうんです。ものすごい経済効果ですね。世界中のツーリストがドバイを訪れて、グルメを楽しんで、ショッピングを楽しんで、ホテルに泊まって帰っていくのです。ほかにやることないですから。つまり、世界中の国々は、「ツーリストを集めるためには、ショッピングはキラーコンテンツだ」というふうに考えて、20年以上前から取り組みをしているということなんです。

3．TR

「TR」、ツーリストリテーラーあるいはトラベリングリテールという言葉が、世界では当たり前に使われています。ツーリストをターゲットにしたリテーラー、小売業のことを、TRと呼びます。皆さんよくご存じのツーリストリテーラーは、DFSギャラリアという免税専門店です。「日本最大のツーリスト向けのショッピングセンターは、どこでしょうか？」皆さん、分かりますか？　日本でツーリストの売上が一番大きいショッピングセンター、デパートじゃないですよ。

答えは成田空港です。イオンでもなければアウトレットモールでもなくて、成田空港が日本一のショッピングセンターです。ツーリストをターゲットにしたリテーラー、ツーリストリテーラーという業態が、世界では当たり前にありますが、日本では、まだまだ小売業の中では一般的ではありません。

4．訪日外国人マーケットの急成長
(1) 急成長の分析

2014年の1年間、日本の外国人によるショッピング売上は、7,000億円を超えました。前年比154％、54％増ということで、空前の増加率です。これを客数と客単価に分解すると、客数が29％、約3割増えて、客単価が18％、約2割増えています。お客さんが3割増えて、単価が2割上がって、売上は6割近く上がったのです。本当に、すごいですね。「訪日ブーム、爆買いですね」という数字に見えるかもしれません。

2013 年：4,631 億円 = 1,037 万人 × 45 千円

　　　　　↓154%　　↓129%　　↓118%

2014 年：7,142 億円 = 1,341 万人 × 53 千円

　ところが、実は、そうではありません。実は、客数の29％増というのは、日本だけじゃないんです。韓国も台湾も香港も、同じぐらい伸びてます。つまり、訪日ブームなんて起きてないんです。訪日ブームではなくて、東アジア、東南アジアの人たちの海外旅行ブームです。中国の人たちは海外旅行に、もう1億人以上行ってるんです。年間で1億ですよ。年間1億人の中国人が、海外旅行に行くようになりました。香港や台湾にも行ってますが、日本にも来てくれました、というのが事実です。

　もう一つ、単価18％増ですけれども、この18％の中で、為替の影響、去年の円安の影響が16～17％あります。つまり、外国の人たちは、いつも通りお小遣いを持ってきたら、たくさん買えちゃったっていうことです。これが、数字から見えてくる事実です。

　そうすると、「7,000億、前年比154％、2,500億円も売上が増えた」というふうに聞くと、「ほんとにすごいね。日本ブームだね、爆買いだね」と思うかもしれませんが、事実はそうではなくて、「アジアの旅行ブームで日本にも来てくれているね。為替が安かったので、ちょっとたくさん買えたね」という「結果として、売上が伸びました」っていう、非常に冷めた状態です。

　にもかかわらず、日本人は、相当もう勘違いしてます。「世界中が日本に夢中、殺到してる」っていうニュースばかりなんじゃないかな、と思いますし、皆さんも印象はそうだろうと思いますが、日本に来ている外国人の人口密度と比較すると、ソウルは日本の4倍以上です。観光客数は300万人以上負けてます。全然、日本はランキングが下です。日本は外国人訪問者数が世界で観光ランキング27位、アジアで8位、1,300万人超えましたので、ランキングは上がるだろうと思いきや、そんなのちっとも上がらないんです、ほかの国も増えてますから。まだまだ香港にもマカオにも韓国にも負けてるというのが、日本の状態です。この辺の数字は、皆さん、勉強してらっしゃるから分かると思いますが、観光客増えたっていっても、ランキングは上がってないです。ほかの国も上がってるということを踏まえて、どう考えるか、ということだろうと思います。

(2) 急成長を支える3要素

　だけども、外国人は増えてます。3割伸びてますけれども、この急成長を支えているのは、今申し上げた通り、近隣国の経済成長と、為替と、あとは政府の施策ということで、民間は何もやってないです。小売業は、今すごく儲かってますけれども、小売業が努力をしてこうなったわけじゃないんです。政府がビザを緩和してくれた、為替レートがよかった、飛行機がいっぱい飛んできた、そんな外部環境で外国人が増えてきているということですので、中身をしっかり充実させる必要がある。ツーリズム産業が、産業として戦略、施策を打って、観光客を獲得できるかどうかというのは、これからなんです。政府が施策を打ったのが、2013年です。2年前に施策打って、翌2014年いっぱい来たんです。なので、そのお客さんが、また来てくれるようになるのか、その人たちが口コミで、次のお客様を呼んできてくれるのかどうかというのは、これから民間が取り組まなくちゃいけないということです。

　じゃ、民間が、なぜ2013年から取り組み始めたかというのも、結構寒い話でして、「消費税が上がるとやばいよね。日本人買わなくなるから外国人に目を向けるか」っていう、割と消極的な対応から始まってるんです。小売業ほとんどの会社が、そうです。一部の会社が、それで売上が上がってくると、「あそこの会社、売上が上がってるらしいぞ。うちは何やってるんだ」って指示される人が出るんです。そうすると、1年遅れで、いろんな会社が、「何だか分かんないけど、とにかくスタートしろよ」みたいな話になって、取り組み始めたというのが現状だ、と思います。

Ⅲ　ショッピングツーリズムの力

1．インバウンド消費の重要性
(1) インバウンド消費の大きな可能性

　次に、「ショッピングツーリズムの力」というお話を、少ししたいと思います。

　去年の日経MJのヒット商品番付、東の横綱はインバウンド消費でした。アナ雪より上ですよ。アナ雪おさえて横綱とか、あり得ないですよね。そんなの知ってましたか？「インバウンド消費」とか、僕も知らなかったです、

こんな言葉。にもかかわらず、これが横綱になったんです。

これが横綱になった意味は大きく、今僕は、資料1のように、二つの面から捉えています。

資料1

| 「インバウンド消費」の大きな可能性 |
| 市場性：成長、新規 |
| 再定義：顧客、産業 |

| 産業を取り巻く「バブル」的な危うさ |
| 報道　：盛り気味のニュース・記事 |
| 小売　：好調要因を勘違い |
| その他：周辺ビジネスが必要以上に煽る |

一つは、「インバウンド消費は、ものすごく大きな可能性を秘めてる」ということです。これは、売上額だけのこと言ってるわけじゃないんです。売上額が大きく、かつ、非常に伸び率が高いということ、そうですね。マーケットが非常に伸びてるということと、これが新規の市場だということです。日本の小売業は、今まで日本人のマーケットを奪い合ってきました。リアルとEC（electronic commerce）、中央市街地と郊外、年齢別とか、大型店と商店街とか、そういう奪い合いをやってきました。全部奪い合いなんです。誰かが勝てば誰かが負ける、誰かが倒産するというのを、小売業はずっと繰り返してきましたけれども、インバウンド市場は完全にプラスオンです。毎年3,000億円、新しい売上が降ってくるんです。毎年ですよ。今年も3,000億円、降ってくるんです。どっかの会社が売上伸ばすんです。という、この新規性と成長力というのが半端じゃないんです。これは、ものすごく大きい意味があります。

もう一つは、「再定義」と書いてありますが、顧客と産業の再定義が起きています。「顧客の再定義」というのはどういうことかというと、今、日本の多くの企業に、「皆さんの会社は、ターゲットはどういうお客さまですか？」って聞くと、「20代、30代の女性です」とか、「シニアです」とか、「郊外に住

んでる人です」とか答えるんですが、それは必ず「日本人の」っていう枕詞（まくらことば）が付いていて、しかも言わないんです。もう無意識のうちに、そう思ってるんです。勝手に1億人に絞ってるんです。世界中に何十億人の人が住んでいるにもかかわらず、日本の産業のほとんどの人たちが、日本人をマーケットにしてるんです。しかし、1,300万人も外国人が来ると、「お客様」って言ったときに、「お客様を『日本人』として定義していて、いいのかどうか？」っていうのを、疑問に思い始めるわけです。重要なお客様の中に、「訪日外国人」という人が現れてきたんですね。なので、「お客様、自分の顧客ターゲットっていうのを考えるときの定義を変えなくちゃいけない」という段階に差しかかりました。

　二つめの再定義は「産業」です。小売店が観光に興味を持ち始めました。逆に、観光業の人たちが小売りに興味を持ちました。要は、観光業の人たちは、最初にお話しした通り、小売り、ショッピングは観光だとは思ってなかったんです。観光地に連れていくのが観光、ディズニーランドに連れてく、風光明媚な山を見せる、富士山に連れてく、そういうのが観光で、ショッピングに連れてくのは観光だとは思ってなかったんです。しかし、今は、ツーリズムの人は、ショッピングをツアーの中に入れなければ、絶対商品は売れないです。ものすごく売れるんです、ショッピングツアーって。なので、ツーリズムの人も小売りに興味を持ち、小売りの人も旅行会社から送客してもらうことを狙うわけです。

(2) インバウンド消費の「バブル的な危うさ」

　というふうに、大きな可能性を市場としては持っているんですが、産業としては非常に危うい状態です。先ほどの報道の話にあったように、非常にニュースは盛り気味です。今出てきてる『日経新聞』の情報、テレビでやってる情報は、全部50％増しぐらいに盛ってると思って見たほうがいいです。もう先行したニュースとか、数字がちょっと倍ぐらいになってるとか、見込みが大体倍になってるみたいな、そんなのいっぱいです。政府の発表だけが小さめに出るんです。小売業も、好調要因を勘違いしています。「自分たちが何かやったから売上伸びた」というふうに小売業は思ってますけども、全然そんなことないです。さっき言ったように、「外部環境がよかったから」ということだろうと思います。

こういうブームが始まると、皆さんも、就職したら覚えとくといいと思うんですが、ブームなんかが来るとあおる人がいっぱい出てくるんですよ。「インバウンドブーム、知ってますか？」と、「うちのこの商品買ってくれれば、このブームに乗れますよ」みたいな売り込みをする人が、いっぱい来るんです。そうすると、世の中全体が、「なんかインバウンド、ブームだよね」みたいなことになって、更に盛り上がるというようなことで、何となくバブルっぽいです。今日、出席の皆さんは、ちょっと、ここを履き違えないようにしたほうがよいですね。産業としてはバブルっぽいんです。

ただ、今のインバウンドブームは、東アジア、東南アジアの経済成長ですから、これはブームではなくて世界のトレンドなんです。これは構造的な変革ですので、よっぽどのことがない限りっていうか、日本単体の成長よりは、絶対インバウンドの成長の方がでかいんです。日本と東アジアの成長率を比べるっていうことですからね。日本が今から、中国、東アジア、東南アジアの成長率超えるなんてことは到底想像つかないですから、「そう考えると、訪日観光の方がブルーオーシャンだね」みたいな話は出てくる、ということだろうというふうに思います。

2．インバウンド消費の動向
(1) 訪日外国人消費額とその内訳

資料2　訪日外国人旅行消費額（出典：観光庁）

2012年
総額　1兆861億円

2013年
総額　1兆4,167億円

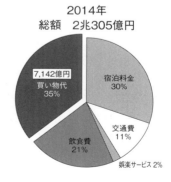

2014年
総額　2兆305億円

数字で見ると、資料2のとおりです。2012年に1兆円になった訪日観光客の売上は、2013年に1.4兆、そして2014年に2兆円、その中でもショッピングの売上は、どんどんシェアを膨らましてます（注　観光庁の資料によると、2015年の訪日外国人旅行消費額は、速報値で、前年比71.5％の3兆4,771億円となり、その割合の内訳は、宿泊料金25.8％、交通費10.6％、娯楽サービス3.0％、飲食費18.5％、買い物代41.8％であった）。さっき言ったように2,000億、3,000億ずつ毎年増えていって、これまで観光業の主役だった宿泊業と交通を今まで「観光業」と呼んでたのですが、この人たちの売上は、もう半分を切ってます（注　前述2015年の速報値では36.4％）。2013年までは、まだ宿泊業がトップでしたけれども、今や、ショッピングの方が売上が大きいんですね。そうすると、観光産業、ツーリズム産業といったときに、ショッピングとグルメは、もう外せないんです。もうショッピングとグルメで55％あるんです（注　前述2015年のデータでは60.3％）。しかも、これ、宿泊と交通の売上ってのは、ツアー会社さんが売りますから、ほとんど海外で売上が計上されちゃうんです。そう考えると、日本のツーリズム産業において、ショッピングとグルメを外して語るわけにはいかなくなってきたと思います。

(2) 国別客数と単価

資料3も僕が作ったデータで、国別の売上を客数と単価の掛け算にしてみました。これも皆さんよくご存じだと思いますけれども、国別の訪日客数は、大きく3グループに分けられます。第1グループ、トップ集団は、台湾・韓国・中国です。2015年、中国は、もうトップに躍り出ています。このまま独走で行くと思います。これが第1グループです。第2グループが、香港・アメリカ・タイです。そして、第3グループ、その他大勢、というように並びます。これ、ショッピングの売上だけですけれども、この上位6か国だけで全体の80％以上の売上に相当します。一番目立つのは、中国です。客数も大きければ、客単価も高いです。2013年は、これの半分でした。半分ですよ。前年比184％ですから、半分の1,500億円が、どんと増えました。今年、中国の伸びは、前年対比200％だから3,000億ですね。3,000億てことは、7,000億が1兆円になる増加分のほとんどを、中国の人が賄ってるわけです。ほかのマーケットも伸びています。単価の高いタイとか香港もありますけれども、それでも小売りの人たちは、やっぱり中国に注目せざるを得ないっていうの

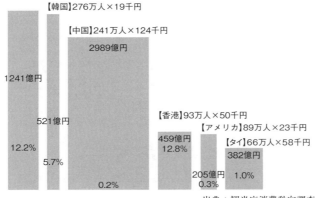

資料3 国別客数・単価 上位6カ国計5,800億円/7,142億円

出典：観光庁消費動向調査
図表作成：JSTO

が、この国別の分析で分かると思います。

それから、単純に訪日人数を、その国の人口で割った数字があります。台湾の人、あるいは香港の人たちは、毎年、国民の10％以上、8人に1人日本に来てます。毎年ですよ。それに対して中国のお客様は、まだ0.2％しか来てないです。購買力、まだまだいらっしゃってない方のポテンシャル、こういったことを考えても、中国には、どうしても注目が集まるということです。

3．日本を旅行することでしか得られない価値
(1) 日本の魅力的なコンテンツは「日本人」

資料4は、僕が一番言いたい、大切だと思っているスライドです。観光庁が10年ビジット・ジャパン・キャンペーンに取り組んで、外国人からヒアリングもして出した結論です。「外国人が日本に来る理由は何ですか？」。答えは、「日本人と会う」ということだそうです。日本で最も魅力的なコンテンツは「日本人」。「日本」じゃないんです、「日本人」です。景色でもなければ、ショッピングでもなければ、「日本人が、めちゃめちゃ面白い」というのが、外国からの観光客の圧倒的な意見だそうです。「日本人に会う」っていうのは、日本を旅しないと会えないわけです。外国でも何人にかは会うことはできる

資料4

```
＜観光庁　プロモーション方針＞
日本を旅行することでしか得られない3つの価値

価値1　日本人の神秘的で不思議な「気質」にふれることができる。→販売
価値2　日本人が細部までこだわり抜いた「作品」に出会える。　　→商品
価値3　日本人の普段の「生活」にあるちょっとしたことを体験できる。→品揃え
```

```
日本の「ショッピングツーリズム」とは、
「物欲を満たす消費行動」ではなく、
「日本人の魅力の体験、日本の体験」。

日本の魅力が凝集された観光コンテンツ
「ショッピング・エクスペリエンス」
```

かもしれませんが、日本に来るのが、一番いろんな日本人と出会えるわけです。だから、今このあたりに外国人がいると、「わあ、すごい。日本の大学生だらけだ」みたいに思うわけです。

　日本人の魅力を三つに分解してます。「日本を旅することでしか得られない三つの価値」です。

(2) 日本人の「気質」

　一つめは、「日本人の気質」です。「日本人の性格、めちゃめちゃ面白いよ。あいつらは変だよ」と。例えば、「おもてなし」というのは、よく言われるところですけれども、「震災のとき、大混乱になっても、非常に冷静に規律正しく行動してました」みたいなのも有名ですし、「日本人すごいシャイなんだけど、1回仲良くなると、すげえフレンドリーなやつだよね」みたいな気質が、「まあ、変わった人たちだね」というふうに思われてるということです。

(3) 日本人の「作品」

　二つめが、「日本人が細部まで徹底的にこだわり抜いた作品が面白い」ということです。伝統工芸品なんていうのは分かりやすいと思いますけれども、皆さんが使うような文房具も、「何で500円で、ボールペン、こんな300種類もあんの？」みたいなことです。アメリカ人は、ビッグのボールペン1種類あればいいんです。すみませんね、アメリカの人いたら。振れば出てくるとか、芯が回るとか、回らなくてもいいわけです、外国人にとってみれば。そ

ういう普段使う100円、200円、500円ぐらいの物にも徹底的にこだわってますから、デザインにも、こだわります。小学生、高校生が使うシャープペンシルだって、すごいデザインの種類ですよね。もう何百種類ものデザイン、キャラクターの宝庫。「そんなになくてもいいんじゃない」と思うんですが。それ以外にも、「100円で、ここまで品ぞろえするの？」みたいな、徹底的な品ぞろえとか、技術伝統だけじゃなくて、素材とかデザインとか値段とか、いろんなものに、もう、おかしいんですよね、日本人のこだわりは。「こんなにつるつるにしなくてもいいのに」みたいな、その商品が面白くて、日本に来るわけです。全員、モノについてのオタクですよ。

(4) 日本人の「生活」

　価値の三つめは、「日本人の普段の生活が面白い」ということです。「畳の部屋に布団敷いて、障子のある部屋に泊まりたい」っていう外国の人がいるのは有名ですし、「渋谷の交差点渡りたい」ってのも、みんな、そうですよね。「おお、ぶつからない」みたいな。何が面白くて、ずうっとビデオ撮ってるのか分かんないです。「池袋から満員電車に乗るツアー」ってあるんですよ。知ってます？　ちゃんとガイドの人がいて、「はい、皆さん、見てくださいね。電車が来ますよ、8時23分来ますよ」、22分50秒、「ほら、来た」みたいな、「定時運行ですね」って驚くわけです。停止線が書いてあって、みんなちゃんと並んでるじゃないですか。「ピタっと止まるから、見ててくださいね」と待ってると、定位置にピタっと止まるんです。時々行き過ぎると戻る、っていうすごい律儀です。ドア開いても、絶対誰も乗らないです。「見てください。最後の1人が降りたら乗りますよ」って、みんな、ずっと見てて、「ほら乗った」みたいなのを見て、Wow!「はい、痴漢に間違われるといけないので、みんな手を挙げて乗りましょうね」って、で、「Oh!」「Wow!」といって乗るわけです。渋谷まで行って、渋谷の交差点を見て帰ってくるのです。日本にいると「そんなの何が面白いか？」って思うかもしれませんが、彼らにとって日本人の生活が面白いわけです。「こんな満員電車で、誰も文句言わない」とか、「石のように固まってる」とかです。そんなものが「面白い」というふうに、外国の人は言ってくれるわけです。

(5) ショッピング・エクスペリエンスで日本人の魅力を体験

　今、「Youは何しに日本へ？」とか、いろんなテレビの番組は、外国人目線

で日本を再発見するという企画をしていますが、そういう番組の切り口って、ほとんどこの3つの観点です。これのどれかに当てはまると思います。日本人の気質か、作品か、生活、こんなところに外国人が注目してるっていうのは、テレビでもよく分かると思うんです。小売業の僕からすると、これってショッピングそのものなんです。接客販売してもらえると、日本人のおもてなし、気質ってのはすぐ分かりますし、商品を手に取れば、この商品が作られた街の文化だとか、伝統だとか、産業だとか、歴史が、全部分かっちゃうわけです。語ることもできます。これを作った人の気持ちなんかも分かります。デパートあるいは商店街を歩いてもらえば、日本人が、どういうところで暮らして、飲んで、楽しんで、笑って、泣いて、何が流行ってってっていうのが分かっちゃうわけですね。

　そうすると、外国の人が日本に来て、1時間、暇な時間があったら、富士山を見てても日本人のこと分かんないわけです。1時間富士山見てると、確かに富士山きれいなんですけど、日本人のことは分からないです。ただ、1時間デパートでショッピングをしてもらえれば、日本人のこと、何でも分かります。日本人がどういう人で、どういうものを作り出して、どういうとこで暮らしてるのか、ということが分かるということです。

　ショッピングというのは、テレビを見ていると、じゃ、銀座でブランド物買って、秋葉原で電気釜を買ってるという物欲、あるいは消費効果、経済効果みたいなものが注目されますけれども、それだけではなくて、物欲を満たすということではなくて、日本の魅力を体験する、あるいは日本人を体験するということが、ショッピングをすると簡単にできちゃうんです。じゃ、日本人を体験するということであれば、日本の観光の一番の目玉になり得る、日本の優れた観光コンテンツだというふうに言えるんじゃないかなと思っています。これを、私たちは、「ショッピング・エクスペリエンス、買い物体験、日本を体験してもらう」というふうに銘打って、プロモーションを展開しています。

4．外国人目線の必要性
(1) 商品の魅力を伝える
　皆さん、ほとんどマーケティング勉強してんですよね、きっと。商学部だ

から、やってんですよね？　やってない人、手を挙げてください。あ、いるんですね。はい、じゃあ、マーケティング頑張って勉強してください。

　マーケティングの４Ｐというのがあって、Products、Price、Place、Promotionと言われますけども、小売店は、商品、販売、販促、この三つを大体考えます。価格っていうのは商品に落とし込めます。海外の人に日本のショッピングをしてもらうときにも、この三つの軸で考えると分かりやすいので、この辺、ちょっと説明をしたいと思います。

　まず「商品」です。商品を決めるには、まず「この商品、なんですか？」ってことを外国人に伝えなくちゃいけないんです。当たり前です。例えばこの商品、「レーザーポインターとマウスなんです」とかって、紹介しないと、これ、絶対売れないです。よっぽど変わった人は買いますけど。これが、結構難しいんですよ。多分、外国人には、ここにあるペットボトルは「水だ」と分かんないです。日本人だから分かるんですよ。外国人目線で行くと、日本人が当たり前だと思ってることが、当たり前に通じません。あと、日本人は、何か、すごいふわっとした説明するんです。「クールでガツッと」みたいな、「なんじゃ、そりゃ？」みたいな説明のキャッチコピーが多いので、具体的に魅力を伝えないと外国の人には伝わらないんです。

(2) 日本人の「当たり前」は通じない

　外国人目線ってどういうことなのかっていうのを、ちょっと分かりやすく説明したいと思うんです。未知、「外人が知らないと、こうなりますよ」って話です。僕たちの団体でBEAMSさんとARROWSさん、知ってます？ 知ってますよね。BEAMSとARROWSのファミリーセールっていうの、あるんですよ。みんな行きたいでしょう？　家族、友達だけ８割引き以上です。そこに外国人を招待したんです。「外人は更に２割引き」って、ただにはならないけど、計算大丈夫ですね？　８割引きを更に２割引き、これ、すごく殺到しますよね。うちのプロモーション担当のアメリカ人の男の子に、「これをPRしてよ」という話をしたんです。「外国人に特別ショッピングを楽しんでもらいたい、インビテーションのプロモーションやって」というふうに言ったら、彼が言ったのは、「信じられない新津君。君が、そんなことを企画するのか。そんなことは、あり得ない。僕は絶対やりたくない。そもそも外国人、こんなのには来ない」って、すごい力説するんです。「これ、ひょっとしたら

涙流すんじゃないか」ぐらい、すごい嫌そうな顔です。
　「何だろう？　なぜ、そんなに『売れない』って言うの？　何が、そんなに嫌なんだ？」と言ったら、「日本人が外国人に対して、そんな武器を売るなんて、僕はできない」、「いや、武器？」、「beam とか arrow を売るんだろう」と。「BEAMS は beam を売って、ARROWS は arrow を売ってる店だ」と、彼は思ったんですね。彼は、知らなかったのです。もう日本に何年いると思う？　10 年ぐらいいるんだよね。アメリカ人だから、服に興味ないわけですよ。なので、日本人にとっては、みんなにとっては、BEAMS や UNITED ARROWS は、イケてるお洋服を売ってるお店ですけども、知らない人に対しては、私たちは「原宿で創業した、結構イケてるっていわれてるお洋服屋さんです。雑貨も売ってて、メンズもレディスもベビーもあって、ちょっと高めです」みたいなことを言わないといけないんです。言わないと、外国人には伝わらないです。

(3) 外国人に魅力を分かりやすく表現
　というようなことです。それを分かりやすく表現するとどうなるかというと、具体例としたらローソンです。ローソン、就職活動やってる人もいるかもしれませんが、ホームページを見てもらうと、グローバルサイトという、外国人に自分たちのことを紹介するサイトがあります。日本でいうと「マチのほっとステーション、ローソン」ですね。「マチのほっとステーション、ローソン」自分たちのことを、どう紹介したでしょうか？　皆さんが PR 担当なら、どうやります？　彼らのグローバルサイトでは「私たちは、24 時間 365 日、日本全国 1 万 1,000 店舗で営業している、青い看板のお店です」っていうんです。そこから入るんです。そこまで戻って当たり前のことを言わないと、外国の人には、「自分たちが何なのか」っていうのが分からないわけです。というのが、その外国人目線、あるいは、それを分かりやすく、ストレートに、自分の商品だとか、自分の町だとか、自分のお店の魅力を紹介する、あるいは自己紹介をするというようなことで、大切なことですね。

5．外国人目線の例
(1) タイの女性
　別の例は、タイの女性についてです。外人目線というのが、「ほんとに相手

のことを理解しないと、こうなる」ということなんです。タイの訪日客のツアーについてくと、一番びっくりするのは、1時間に1回ぐらいトイレに行くっていう有名な話があるんです。タイの人たちは、タイは暑いですから、いつも水分補給をしながら生きてるわけですね。そのまんま日本に来ても発汗量が違いますから、どんどんトイレが近くなるわけです。だから、タイ人観光客のガイドさんは、トイレマップ持ってるんです、ちゃんと。1時間ごとに「はい、ここにトイレあります」、「はい、ここにトイレあります」と案内するんですね。

　タイの女性が日本に来たときに一番やりたいのは、ロングブーツを履くっていうことなんです。タイでロングブーツなんか履けないですから、もう蒸れちゃって、蒸し蒸しです。だから109とかに行って、アパレルのショップに行って、ロングブーツ履くと、もう履いてる自分がかわいくてしょうがないです、「もう、最高」みたいな。重ね着も人気。シャツ着て、コート着て、「超かわいい」、「重ね着、一生のうちに1回できると思いませんでした」みたいな感じになるわけです。「雪を見に行きたい」とか、そういうのも、その延長ですね。

　「ブーツを売ってます」とか、「重ね着してます」なんて、日本では何のコンテンツにもならないです。何の売りにもならないですけど、タイの女性にとってみれば、「すごい重ね着しません？」って、アパレルの女子店員が勧めることが重要なわけです、「重ね着、してみる？」って。したことないんですから。だから、それで喜んでもらえると、もう二度と履かないロングブーツですけど、日本にいる間、楽しく、それを履いてくれるわけです。

　相手の国のことをちゃんと理解すると、よりよいおもてなしができるようになるわけです。今のタイの女性の話は気候の話でしたけれども、それ以外にも、国民性だとか、政治だとか、経済だとか、宗教だとかを勉強すると、外国の人には、もっと喜んでもらえます。

(2) インドネシアからのツアー客

　あるインドネシアのツアー会社さんの旅行日程表の例です。「東京ディズニーランドとショッピングの旅」、そんな感じのツアーです。ショッピングの旅って、ほんとにショッピングしかしないんです。「1日目ショッピング、2日目ショッピング、3日目もショッピング」みたいなツアー、いっぱいありま

す。「Day 2」、この日は、御殿場プレミアム・アウトレットに行く日です。赤い字で書いてあったのは、左側に「お祈りの注意」、右側に「食べ物の注意」です。必ず、入ります。「プレイ・アット・サイレンス・ルーム・アット御殿場、御殿場のプレミアム・アウトレットには祈祷所があります。祈祷所があるので、そこでお祈りができます」と。「プラダとバナナ・リパブリックの隣にあります」。2箇所もあるんです。もう最高です。「ご飯は、ランチ、ディナー共にハラール料理があります」。プレミアム・アウトレットにあるんです。イスラム教徒の方が食べれるハラール・レストランがあります。そうするとプレミアム・アウトレット御殿場は、インドネシアの方は、もう「マスト・ゴー」、絶対行きます。もう、こんなに優しい施設ありませんから、行くわけです。

じゃ、「Day 4」、ディズニーランドに行く日です。「プレイ・アット・ディズニーランド、ディズニーランドでお祈りをしましょう」なんですが、右側に書いてあるのは、「ディズニーランドには祈祷所がありません。ファーストフードレストランの片隅に、自分で持参した祈祷マットを広げてお祈りをしましょう」と書いてます。超寂しいです。ハンバーガー屋の隣でマット敷いて、メッカの方向探して、そこでお祈りしなくちゃいけないです。「ハラール・レストランはありませんので、果物や自分で何かを持参しましょう」と。超泣けますよね。それでもディズニーランド行くんです、つらいけど。食べられない、お祈りできないです。ディズニーランドに訊いても、やっぱり、そうなんです。祈祷所は用意してないし、ハラール・レストランはありません。「夢と魔法の国なので、特定の宗教には対応しません」という基本方針です。

別に、「対応したほうがいいよ」とか、「対応しないとだめよ」と言ってるんじゃなくて、行きたいところが対応してないと、こういうふうに書かれます。行きたいところが対応してないと、こういうふうに書かざるを得ないです、そうしないとクレーム来ちゃいますから。

(3) 相手を理解して「バリアフリー」に

なので、相手のことを理解すると、それは集客につながることもありますし、がっかりさせちゃうこともあるんです。自分たちにとっては大したことないのかもしれませんけれども。日本では、まあ20年ぐらい前、皆さんが生れたころまでは施設のバリアフリーも、当たり前じゃありませんでした。エ

レベーターないし、エスカレーターもないし、駅のホームも黄色い線の内側じゃなくて、白線の内側でした。今、十何年たって、日本人にとってもバリアフリーって当たり前になりました。身体障がいのない人であっても、「ここ、段差あって、やだよね」、「バリアフリーじゃないね」、「優しくないね」みたいなことを、平気で語れるようになったんですけども、今、国際的に見ると、海外の多様性に対しては、日本は、ものすごい心のバリアがあります。グローバル・バリアだと思うんですけども、世界に対するバリアが、日本の国民の中に、ものすごくあります。

　宗教だとか、伝統だとか、文化だとか、相手の政治だとか、そういうことを乗り越えるのが、インバウンドの非常に貴重なチャンスなんじゃないかなというふうに思います。ですので、「インバウンドいっぱい受け入れて、5年、10年たって、そういうバリアを、普通の一般市民も、商業者も、飲食に働く人も越えられると、いいんじゃないの？」というのが、こんなことです。

6．日本のショッピングの魅力

　日本のショッピングの魅力ってのはいろいろあるんですけれども、細かいのを語るのはやめて、代表的なことを二つだけ話します。

　いろんな地方に行くと、その町の「今だけ、ここだけ」みたいなのを売るっていうの、もう、これ定番です、鉄板です。皆さん、地方活性化とか興味持つと、絶対これなんです。「地場の産品を売りましょう」と。これ、絶対いうんです。

　インバウンドはこれだけじゃないです。日本なら「いつでも、どこでも」っていうものが売れます。どういうことかというと、先ほど言った訪日客のショッピングの売上7,000億円のうちの6,000億円ぐらいは、日本中どこでも買える商品です。東京、大阪だけじゃなく、どこでも買えるんです。

　それは、そうですね。おむつも売ってるし、電化製品だって売ってるし、化粧品だって、お菓子だって、キットカットだって、何でも日本中で売ってるんです。鳥取でも売ってますし、長野でも売ってます、秋田でも売ってんです。でも、東京で買うんです。秋田出身の人は「秋田で買ってくれりゃ、いいじゃん」って思いますよね。なんですけど、外国の人は、「秋田で売ってる」って誰も知らないんです。なので、もったいないなっていうふうに思う

んです。秋田も、沖縄も、福岡も、香川県も、どこも日本なんです。ただ、地方の人たちは、「自分たちの地域は田舎だ」というふうに思っていて、「日本を代表している」なんて意識がありませんので、日本を代表する商品を売るのを、ちょっと忘れちゃったりするんですね。

Ⅳ　国家施策となったショッピングツーリズム

1．ジャパン・ショッピング・フェスティバル
(1) ショッピング情報インフラの脆弱性

　今、ショッピングツーリズムというのは、国家戦略の中でも非常に重要な位置を占めるようになりました。2013年の国家戦略の方針の中には、一文字もショッピングの「シ」の字もありませんでしたが、2015年は8ページにわたって「ショッピングツーリズムは重要だ」というふうに書かれています。その中で、私たち、ジャパン・ショッピング・フェスティバルというのを、開催をスタートしました。ジャパン・ショッピング・フェスティバル、一体何をやってるのかを簡単に言うと、「日本のショッピングの魅力を多言語に翻訳して海外にPRしてます」、これだけです。日本のショッピングの魅力を翻訳して海外に伝えてます。ほんとに、これだけなんですね。それができてなかった、ということなんです。

　例えば、世界で一番売れてるガイドブック、『ロンリープラネット』って青い表紙のガイドブックがありますけれども、そこの「東京」には、ショッピングというページが4ページしかありません。4ページあるんですけれども、その中に池袋はないんです。池袋、ないんですよ。飯田橋は、あるんです。新宿とか銀座の次に飯田橋が出てくんですけど、そこに、なぜか「アニメイト池袋店」だけが1店舗、載ってるんです。そうすると、どうなるかというと、池袋に泊まった外国人は、本を広げてショッピングのページがないので新宿に行くんです。ガイドブックに載ってないから、目の前にヤマダ電機総本店があっても、新宿のヤマダ電機に行くんです。そのぐらい情報がないんです。

　観光情報を検索するときに、ホテルの情報、観光地の情報、グルメの情報は、日本にあるコンテンツが全てもうリスト化されてます。「ぐるなび」さん

担当の授業があると思いますけれども、日本の飲食店は全部、ぐるなびさんが翻訳してくれてます。多言語で発信されてるのです。リスト化が終わって、多言語化も終わってます。ショッピングは、リスト化もされてなければ、翻訳もされてません。

　どういうことかというと、皆さんが、今、スマホで「今日帰りに3,000円以内で宴会、飲みに行きたいね」って言ったら、半径500ｍ以内、多分50件、60件、リコメンドしてくれますね。「今日、帰りに5,000円以内でバッグを買いたい」と、スマホで検索できます？　売ってる店、出ないんですよ。じゃ、「こっから一番近いデパートどこですか？」、検索できます？　それさえ、できないんです。Googleマップでも、ちゃんと出てこないんです。つまり、ウェブの上にも、日本のショッピングの情報ってのは、全然転がってないんですね。リスト化されてない、翻訳されてない、ということで、ショッピングのコンテンツというのは、全く情報インフラとしても整ってないというのが、今の状況ということです。

(2) ジャパン・ショッピング・フェスティバル

　なので、「それは、まずいね」ということで、競合あるいは業態を超えて、日本のショッピングの人たちが、今、500店舗ぐらいの人たちが、ライバル同士なのに、一緒にジャパン・ショッピング・フェスティバルという、このロゴマークを掲げて、「みんなで海外にPRしよう」というふうに動き始めたのが、日本のショッピングツーリズムの今の動きです。大きい会社さんでは、この写真はドン・キホーテの新宿ですけれども、このロゴマークを掲げてキャンペーンやりましたし、デパート、アウトレットモール、こんな感じで大きいとこもやりますけど、大阪の心斎橋の551の蓬莱の肉まん屋さんも参加しました。肉まん屋さんが、「ショッピング・フェスティバルに参加しています。肉まん買ってくれたら、お茶出します」っていうようなことを、やってくれてます。どこのお店でも、大きいお店でも、小さいお店でも、「外国人さん、ようこそ」ということで、こういうフラッグを掲げて、みんなで一緒にやると、「日本もショッピング大国っぽく見えてくるんじゃないの？」というのを始めたということです。

2．訪日外国人消費税免税制度
(1) すべての品目が消費税の免税対象

　もう一つ大きい動きが、免税制度です。皆さん、資料5のマーク、最近よく見るようになったと思うんです。ドラッグストアとかデパートとかショッピングセンター、ルミネの中にも、こういうの、貼りまくってます。日本で去年の10月1日に、外国人向けの消費税免税制度が改正されました。外国人は、日本で全ての商品を免税で買えます。消費税かかんないんです。消費税が10％とかなったら、最高、いいですよね。海外からの留学生も、帰る直前は免税で買えますからね。結構、免税でばんばん買ってます。いいですね。この制度「日本は世界一のタックスフリー大国になっただろう」といわれていまして、海外に持ち出される全ての品目が免税対象になりました。お弁当も、食べ物も、飲み物も、お酒も、全部です。これまで、お土産品として人気があっても免税の対象外だった消耗品なんかも免税になりました。

資料5　免税制度改正（2014年10月1日〜）
■訪日外国人向け消費税　免税制度改正 10/1

Japan. Tax-free Shop

世界一のタックス・フリー・ショッピング大国に
海外に持ち出されるすべての品目が免税対象に！！
＋
手続きを弾力化（IT化、迅速化が可能に）

これまで土産として人気ながら対象外だった消耗品
＝
食品、飲料、化粧品、薬品

　この制度改正、一番何が変わったのかというと、国の方針が変わりました。大幅に変わりました。去年の9月30日までは、「原則、例外。基本的には免税したくない」っていうのが、国の方針でした。元々、消費税免税制度というのは、日本が第2次世界大戦に負けたところまで遡ります。負けた日本に駐留する米国の軍人からは、税金を取らないのです。当時は物品税ですけども、駐留する米国軍からは物品税を取らないという制度が消費税免税制度で

したので、最初にできた免税店は横須賀です。その後、福生にできました。なので、「免税店は増やさない、免税店になってもPRしない、使える人にも極力教えない」っていう制度でした。

　これが、去年の10月1日からは、「観光のために、この制度をばんばん使おう」です。「もう、どんどん免税店になってください」、免税店になったら、このロゴマークもあげちゃう、どんどんPRするのです。「国が、あなたのお店を宣伝してあげます。外国人にも、がんがんPRします。だから、どんどん免税店になってください」というふうに方針が変わりました。消費税の徴税は当然減りますけれども、それで潤う小売店から法人税を取っていこうと、それ以上に観光客を増やそうということで、もう、今、ものすごく海外でも有名です。「日本は、どうかしちゃった、おかしい」と。「これ全部免税、誰でも免税」と、もう視察に来るぐらい外国でも話題の施策です。

(2) 免税店になることによる増収効果

　免税店では、すごく売れるんです。買い物消費7,000億のうち2,000億円ぐらいが、免税売上です。全体の3分の1ぐらいです。日本には小売店100万店あります。100万店のうち免税店は約1万店。1％のお店で30％の売上を占め、しかも売上は伸びてるということです。ショッピング売上は、さっき言ったように、全体でも前年対比50％増ぐらいですけれども、免税店の代表である百貨店の免税売上は90％増です。つまり、免税店にお客様が殺到していて、その伸び率は一般の小売店よりも非常に高いということで、外国人観光客誘致において、この免税制度というのは、非常に大きな役割を果たしているということです。

　「免税店になると何で売れるのか？」というと、8％安くなるというのが一つです。ただ、それだけではありません。もう一つは、訪日ゲスト歓迎の表現、「外国人さん、ようこそ」って分かりやすいってことですね。そんなの、どこでも出してるような気がするかもしれませんけれども、日本のお店で「welcome」なんていう足ふきマットが敷いてあっても、外国人が使いやすいお店ってわけじゃありません。

　ただ、先ほどのタックスフリーショップというマークを掲げてあれば、タックスフリーは外国人しか使えませんから、当然「外国人welcomeのお店だ」ということが分かりやすいんです。「外国人さん、ようこそ」というサインを、

今まで、どれだけ小売店は出してなかったのかということが分かると思います。大阪でも、ドラッグストア、免税店のお店こっち、免税店じゃないお店こっち、もう圧倒的に違います。売上が10倍以上違います。そのぐらいに免税店の効果は、お客様を引き寄せるということになっています。

V　外国人観光客が笑顔で来店するしくみ
　　　——プロモーションの例

1．香川県のプロモーション・ビデオ

　ちょっと面白い事例を、皆さんに知らせたいと思います。これは、香川県のプロモーションです。香川県は、中国人観光客が増えている屈指の県です。香川県は、去年、中国人の買い物大好きな女性にターゲットを絞ってプロモーションをしました。香川県のプロモーション・ビデオは、最初、丸亀町商店街にあるルイ・ヴィトンの前で、モデルの中国人女性が「ニイハオ」っていうところから始まるんですよ。その後、ケーズデンキ、ドラッグストア、100円ショップ、カラオケボックスとか行くんです。それを1分間ぐらい流した後に、ようやく栗林公園、瀬戸内海を見せます。最初に、そういうふうに買い物のシーンを見せるんです。このビデオは、2014年1年間で、1,300万回、中国で閲覧されました。そうすると、どういうことが起こるかというと、それを見た中国の女性にとっては、「日本でヴィトンを買うなら、東京か大阪か、香川！」です。「やったね」っていうことになるわけですね。現に、それで外国人観光客が増えてるわけです。

　中国の観光客は、「日本にどういう都市があって、どこがどういう町か」っていうのは知らないんです。皆さん、パリの隣の町、何ていう町か知ってます？　ニューヨークの隣はブルックリン、ブルックリンの隣は？　分かんないんです。そこにショッピングセンターがある、それも分かんないです。そうすると、「うちにはヴィトンがあります」って言っちゃったもん勝ちなんです。「日本のショッピングタウン香川」で、もう中国では売れてるということです。ほかの秋田の人も、岩手の人もいると思いますが、言っちゃったもん勝ちですから、もう負けてますね。

2．東京都台東区の「モノマチ」

　東京の台東区で「モノマチ」というイベントが開催されています。「モノマチ」というイベントに参加したことある人、いますか？　案外知らないですね。これは、台東区蔵前に、今、職人さんが約300人から400人ぐらい住んでるのかな、いらっしゃるんですが、蔵前の英語のマップに全て職人さんの名前、職人の工房の名が書いてあります。この職人さんたちが、年に2回、自分たちの工房を開いて、ワークショップをやります。その工房に入って、ものづくりの体験をして、買い物していくというようなイベントですが、2日間で、なんと12万人が集まります。12万人ですよ。12万人の人がこの町を訪ねて、ここで工房体験をするということなんですが、そこまで集まると、当然、外国人も来ますので、こういう英語のマップができるわけです。

　「このイベントがすごいね」みたいな話ではなくて、この蔵前の町というのは、商業地でもなければ観光地でもないんです。ただの職人の町です。なのに12万人も来るんです。外国人も来るんです。まさに、先ほどお話をした、日本を旅することでしか得られない三つの価値、日本人に会いに来るんです。日本人が暮らしてるところには、産業があって、暮らしがあって、そういうのを見に来る人が、外国人だけじゃなく、日本人も魅力的だと思って、たくさん来るんです。そういうことを考えると、必ずしもショッピングタウンじゃなくっても、繁華街じゃなくても、東京、大阪、あるいは、きれいな景色のある田舎じゃなくても、日本人が住んでいるとこなら、農村でも漁村でも山村でも工場地帯でも、外国人は来るんです。日本人が観光コンテンツですから。体験してもらうと、何か買いたくなるんですね。

　どうも、今日はありがとうございました。

【確認問題】

問 1 「世界のショッピングツーリズム」についての記述のうち、内容が誤っているものを 4 つの選択肢のなかから 1 つ選びなさい。

① 『コンデナスト・トラベラー』誌の 2013 年観光都市ランキングのベスト 10 では、京都が総合で第 1 位であるが、総合 8 位の東京は買い物の項目で第 3 位である
② 世界最大のショッピング・フェスティバルはアラブ首長国連邦の Dubai Shopping Festival で、日本の Japan Shopping Festival は世界第 2 位である
③ TR とは、ツーリストをターゲットとする小売業 (tourism retailer または travel retailer) の略称で、日本最大の TR は、成田空港である
④ 2014 年の訪日ゲストによるショッピングのデータを分解してみると、客単価の 4 万 5 千円が前年比で 18％増加しているのはほとんど外国為替レートの影響である

問 2 「ショッピングツーリズムの力」の説明に関する記述のうち、誤っているものを 4 つの選択肢のなかから 1 つ選びなさい。

① 2014 年 12 月 3 日付『日経 MJ』によると、2014 年のヒット商品番付の東横綱は「インバウンド消費」であり東大関の「アナと雪の女王」より上位である
② インバウンド消費は、訪日客をターゲットとした宿泊産業・運輸産業による、売上の伸び率（成長性）が高い新規市場の開拓につながる
③ 2012 年から 2015 の観光庁による消費動向調査のデータを、宿泊料金・交通費・娯楽サービス・飲食費・買い物代という支出額別にみると、買い物代の割合が毎年増加し、2014 年では 35％と最も多い
④ 観光庁の 2014 年消費動向調査による買い物代を国別客数と単価に分解してみると、客単価および支出額で中国が最も多く、国別にみると上位 6 カ国で全体の 80％超を占める

問 3 「ショッピングツーリズムの力」の説明に関する記述のうち、内容が誤っているものを 4 つの選択肢のなかから 1 つ選びなさい。

① 日本のショッピングツーリズムとは、「物欲を満たす消費行動」ではなく、「日本人の魅力の体験、日本の体験」であり、「日本の魅力が凝縮された買い物体験」であると考えるべきである
② 日本のショッピングツーリズムは、日本の事情についてよく知っている訪日外国人が「日本のもの」を買いに来ていることを前提としているので、商品や販売方法などについての細かい説明はいらない
③ 御殿場のショッピングモールでのムスリムの人達への対応のように、訪日外国人の国民性・政治・経済・宗教などをよく理解することで、より良い「おもてなし」ができ、訪日外国人の満足と集客につながる
④ 訪日外国人の日本における買い物代への支出 7,143 億円（2014 年）のうち 6,000 億円程度は日本中どこでも買えるような品物だが、そのことを知らない外国人客が多く、ほとんどの商品を東京で購入している

正解　問 1　②　　問 2　②　　問 3　②

11　MICE
—— 日本における取組と課題 ——

川島アソシエイツ代表　川島久男

I　MICE とは何か

1．MICE の定義
(1)　M, I, C, E の意味

　ご紹介いただきました、川島です。学校で習った英語では「MICE は mouse（ネズミ）の複数形だ」と覚えている方はいらっしゃると思いますが、今話題にしている MICE はネズミとは全然関係ありません。簡単に言うと、MICE というのは、会議とか展示会とかイベントの総称だと考えていただいて結構です。

　もう少し詳しく説明しますと、まず MICE の M は、Meeting の M です。Meeting というのは、企業が主催する会議です。

　I は Incentive の頭文字を取ったもので、これは Incentive Tour あるいは Incentive Event の略で、報奨イベント、というふうに訳されています。やはり企業が主催するイベントです。

　C は Convention の頭文字です。これは学会、協会、あるいは政府、国際機関等が主催する会議のことです。学会というのは、例えば日本マーケティング学会とか、日本内科学会です。国内の学会だけではなく、世界の学会も主催者になります。例えば国際感染症学会、世界神経学会などです。協会というのは、例えば日本ガス協会とか、不動産協会など産業界の団体です。それから、政府の主催会議というのは、すぐ頭に思い浮かぶ代表的なものでは 2016 年の伊勢志摩サミットがあります。こういったものを Convention と定義します。

　E は、Exhibition、あるいは Event の E です。これは文字どおり展示会と

イベントです。もう少し後で詳しくこれについてご説明します。

(2) マーケティングから見たMICE

少し違う視点からMICEを見てみましょう。よく考えるとMICEには必ず主催者がいることがわかります。そして、主催者は誰かと言うと、事業目的を持つ企業あるいは団体（学協会、政府・自治体や国際団体など）です。企業の事業目的というのは、普通は企業の成長です。例えば優秀な人材の確保や売り上げ向上だとか、そういうことが企業の事業目的になるわけです。また、団体、学会にも事業目的があります。例えば学会も、会員の獲得とか、資金の獲得とかが、事業目的です。政府にも事業目的があります。国益を守ること、これが大目的です。こういった目的を持つ団体が主催者になっています。

そのことに注目すると、MICEは、主催者の事業目的を遂行するマーケティングツールだとも言えます。

2．MICE市場
(1) M市場

最初にこのM、Meetingについて、考えてみましょう。Meetingは年間数十万件開催されていると推測されるのですが、実は残念ながら、正確な統計がありません。

Meetingの目的を少し詳しく見てみましょう。Meetingの目的の一つは社員の能力を向上させることです。社員の能力が低いと、会社のパフォーマンスは低下するわけです。ですから、社員の能力を高めていこうと、セミナーやシンポジウムを開いて、社員教育をやろうとか、研修をやろうとか、そういうことになります。

それから、もう一つは、顧客を増やしていく、これは企業として当然です。それから、企業の成長のためには投資が必要だということで、投資家を増やしていこうということです。これはIR（investor relations）セミナーと呼ばれていますが、投資家を増やすセミナー、シンポジウムなどが、今どんどん日本で行われています。企業は自社のブランドを向上しようとします。例えば新聞社が一見、自社には関係のないと思われるような、たとえばグローバル経済に関するシンポジウムなど、様々なシンポジウムやセミナーを主催しています。なぜそういうことをやるのかといえば、最終的には自社のブランド

の向上のためです。

　MICE を開催することによって企業の成長を図る。まさに MICE がマーケティングツールであるというふうに考えていいわけです。

(2) I 市場

　次に Incentive です。これは企業が、成績優秀な社員や代理店への報奨として招待するイベントのことです。パッケージツアーでは得られない、魅力的で印象的な内容が求められます。たとえば、チームビルディングだとか、あっと驚くアトラクションとか、特製ケーキだとか、スイート・ルームに宿泊とか、リムジンカーで送るとか、ちょっと面白おかしいことをやって、成績優秀な人にご褒美あげましょうというイベントです。社員をエンカレッジして、結局会社の成長のために役に立っていただこうというのが目的です。

　Incentive の特徴は繰り返しになりますが、魅力的なプログラムです。業種的にはセールスパーソンが多い業種がこれをよくやります。例えば保険とか訪問販売、自動車です。

(3) C 市場

　次に Convention です。Convention には 2 種類あります。第一に、主催者が学会・協会のコンベンションです。例えば 2017 年に京都で開催される世界神経学会議はパーキンソン病など神経に関する医学会議ですが 7,000 人の参加者を予定しています。ですから、学会・協会が主催する会議は、国内参加者中心の研究会とか地方会とか大会とかに加えて国際会議もあります。

　もう一つは、主催者が政府とか自治体とか国際機関の会議、例えば G7 サミットです。以前東京で開催された IMF/世界銀行会議もそうです。これらの会議の特徴は、警備・プロトコル・通訳・報道にあります。サミットなどは警備が非常に厳重です。プロトコルも大勢各国の要人が来ますから、国旗の並べ方とか、ディナーのテーブルの着席順とか、そういうようなことも普通の会議よりも大事になってきます。報道陣もたくさん来ますし、通訳も必要です。通訳も日本語と英語の同時通訳だけではなく、サミットなどは 5 か国語が必要です。

　Convention の中で学会とか協会主催の国内のコンベンションもたくさんあります。おそらく 2 万件以上ある、非常に大きな市場です。国内コンベンションについては、例えば 4 年に一度、日本医学会総会というのがあります

が、これは全国から4万人のお医者さんが集まるものすごく巨大な学会です。こういうのもあるわけです。

　国際コンベンションは日本政府観光局の調査によると、ここ数年大体年間2,500件前後あります。数は国内コンベンションよりも少ないけれども、一つ一つは予算が大きくて、ハイエンドの参加者が多いため、経済効果やブランド効果が大きいという特徴があります。

　次の例として、サミットですが、サミットは単純にG7の首脳が集まる小さい会議かと思うと、とんでもない話で、これは世界各国から、例えばプレス、メディアが数千人日本に来ます。それから、関連のシンポジウムなどがたくさん国内でも開かれます。また、恐らく3万人ぐらいの警察官が、これを警備するということになると思います。それから通訳です。日本語英語間の通訳は日本人通訳者が担当しますがそれ以外の英語フランス語間とか、英語ドイツ語間とか、そういった通訳は、日本に同時通訳がきちんとできる通訳は数が非常に少ないので、海外から招聘しなければなりません。それから、会場です。現在、会場となる志摩観光ホテルは、サミットに対応するために改修中です。過去に東京の迎賓館で開催されたときには、同時通訳のブースを特注でつくりました。部屋の色が茶色だったら茶色のブース、白い部屋だったら白いブースをいくつも作るので、設営も非常に大掛かりになりました。それから宿泊です。警察官も宿泊するし、通訳者もプレスの人も宿泊します。ですから、この志摩観光ホテルだけでは当然足りないので、名古屋とか、近郊都市のホテルも使って、宿泊するということになると思います。ですから、当然、多くの人が移動することによって、運輸、交通関係にも経済効果が出てきます。

(4) E市場

　Eの展示会、イベントについては、展示会とか見本市、あるいは文化・スポーツイベントのことを指します。例えば物産展とか東京モーターショーとか、こういった部門です。オリンピックなども広い意味ではMICEです。スポーツイベントということです。

　展示会の特性ですが、今まで展示会は、日本では広告宣伝の場所だったのですが、「そんな広告宣伝にお金かけるだけじゃ、あんまり意味がない。やっぱり実際の商談の場にしようじゃないか」ということで、これが世界の潮流

だということで、だんだん日本もそうなってきています。

　大型の国際展示会については海外からのアクセス、宿泊施設の集積などで、大都市圏が有利です。ですから、仮に地方で大きな展示会場を作ったとしても、なかなか東京からはそういったものを持ってこられません。地域では、生協とか商工会議所などが主催で、物産展とかイベントとか市民フォーラムなどのイベントを開催するということが、現実的には多いわけです。コンベンションセンターが展示会や見本市の自主企画をしているところもあります。あとはスポーツコミッションというのも、最近いろいろできてきていて、いろんな所でそういったスポーツ、市民マラソンとか、そういうものを企画しています。

(5) MICEと一般観光の違い

　これまで、MICEの概略について説明しました。観光政策の中でMICEが語られることが多いのですが、MICEは一般観光とは違う性格があります。どこが違うのか、最大の違いは、一般観光の中心は個人です。観光するのは個人です。もちろんその代理人として旅行社がありますが、最終的には個人が移動し、どこに旅行にいくかの決定権は個人が持っています。ですから、観光を振興しようというときは、消費者個人に向けてのマーケティング戦略が政策の中心になるわけです。

　ところが、MICEの中心は主催者です。開催地を決めるのは主催者であって参加者ではありません。参加者がいくら「日本で、あるいはどこどこ（地名）でMICEをやりたい」って言っても、決定権がないので、あまり意味がありません。ですから、MICEを誘致しようと思ったら主催者にフォーカスしないといけないわけです。マーケティング戦略が全然違うわけです。ですから、観光振興策と、MICE振興策を同じように考えていると、大間違いだということです。ところが、地域などではこれがゴチャゴチャになっていて、はっきりお客が誰かっていうことが分かっていないところも多いのです。

Ⅱ　なぜ今、MICEが注目されているのか

1．MICEは成長産業

　ではなぜ世界はMICEに注目しているのでしょうか。日本のように経済が

発展してくると、いろいろな所で飽和状態といいますか、多くの産業がピークを迎えています。しかし、MICE は、先進国においても数少ない成長産業です。

(1) アジア諸国の経済成長

どうしてかというと、例えば、中国やインド、東南アジア諸国も、経済の成長が著しい。従ってこうしたアジアの経済成長で、それらの国々からの参加者が増加しています。

(2) 専門分野の多様化

それから、専門分野の多様化がどんどん進んでいます。例えば iPS 細胞の研究は最近までなかったわけです。こういう専門分野が出てきます。それから新しい技術、例えば IT 関連のビジネスも、どんどん増えています。それに伴って、新しい分野の MICE も出現してきています。

(3) 既存の大型会議のさらなる大型化

そうすると、例えば iPS 細胞については従来からあった再生医療分野の会議が、この iPS 細胞分野を取り込もうとします。そうすると、それもまた大型化していくと、そういうことになって、数も増えて大型化も進んでいくというのが、MICE の特徴です。

例えば、1981 年に世界神経学会議が京都で開催されたときの参加者は 2,500 人でした。2017 年に再び京都で世界神経学会議が開催される予定ですが、今度は 7,000 人を予定しています。同じ国際会議ですけれども、大型化しています。こういうふうに、MICE は今、成長産業であるということです。

2．MICE の経済効果

(1) ハイエンドな消費者

経済効果について見てみますと、MICE の参加者と一般観光客とはどういう差があるのでしょうか。京都市の統計によると、日本人でも、観光客よりも MICE の参加者のほうが 1.4 倍、お金を使っています。外国人では、1.8 倍です。どうしてかと言うと、滞在期間が比較的長いということと、ハイエンドな参加者が多いということです。そういうことで、お金を使う額も多いということです。お金を使うのは参加者だけではありません。主催者や出展

者もMICE開催のために大きな予算を組み、会場関係費やパーティ費用などにお金を使います。

(2) 地域経済への貢献

それから、様々なサプライヤーに経済的な恩恵があります。ホテル、会議場をはじめ、PCO/PEO/DMCなどの需要も発生します。PCOとはProfessional Congress Organizerの略です。会議を専門に運営する会社です。それから、PEOはProfessional Exhibition Organizerです。展示会の専門の会社です。DMCは、Destination Management Companyです。当日の会議・イベントの運営を専門にする会社です。こういった会社のビジネスチャンスも増えるわけです。こういうふうに、一般観光よりも幅広いサプライヤーに経済的な恩恵があります。

(3) 観光産業に占めるMICEの経済効果

資料1に示したようにイギリスの調査では、全体的には約6兆2,100億円の経済効果がありました。これは英国の観光産業全体の35％を占めるというデータが出ています。内訳はCとMが一番多いです。イギリスで面白いのは、Incentiveは3％しかありません。日本は恐らくもっと多いと思いますが、残念ながら、日本にはこういった細かいデータがありません。こういうデータがあると、いろいろ戦略が作りやすいということになります。イギリスは、

資料1 MICEの経済効果（英国）

■直接消費は361億ポンド
　（約6兆2100億円）

■全観光産業の35％

（出典：Business Visits & Events Partnership 2010 Report）

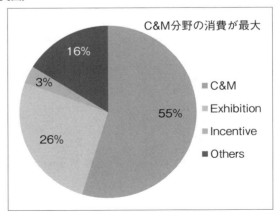

非常に洗練された MICE 戦略を作っています。

　アメリカを見てみますと、やっぱり相当大きい経済効果がありまして、33兆円です。これもやはり観光産業全体の 3 分の 1 です。そうすると、大体、観光産業全体の 3 分の 1 ぐらいの経済効果あるということが推測できます。

　そこで、日本の経済効果の推測です。これはデータがないので、正確な数字ではありませんが、観光庁によれば観光産業全体で大体 22.5 兆円ですので、これの 3 分の 1 とすると日本では MICE の経済効果は約 7 兆円かと推測はできるわけです。

3．MICE のレガシー誘発効果
(1) バンクーバーの例
　MICE は経済効果以外にもいろいろと目に見えない効果があります。バンクーバーのコンベンションセンターのウェブサイトには、MICE 参加者は観光客の 4 倍お金を使う、MICE は地元産業を潤す、税収を増やす、地元主催者にイノベーションをもたらす、最高の地域プロモーション、地域ブランドを向上する、と書かれています。こういうちょっと目に見えないような、短期的に測れないような効果もあるということです。

(2) シドニーの例
　オーストラリアでも様々な調査が行われています。たとえば Business Events Sydney が 2010 年に出した Beyond Tourism Benefits というレポートには「地域に新知識や新技術のさらなる蓄積、地域の国内外のネットワークの拡大、産業・研究・教育の発展、主催者の国内外での地位、ブランドの向上、地域ブランドや地域イメージの向上がある」ということが書かれています。単なる観光では実現が難しい効果です。

　まとめますと、MICE というのは、もちろん経済効果も非常に高いけれどもレガシー誘発効果があるということです。レガシーとは簡単に言えば、ブランドとイノベーション効果と言っていいと思います。これは MICE の特徴です。

Ⅲ　MICEの地域での成功

1．デスティネーション・マーケティング

次に、MICEが、地域で成功するにはどうしたらいいでしょうか。大都市ではMICEは開催しやすいだろうということは、すぐ誰にも分かります。施設も沢山あるし、受け入れの主催者も多いし、ソフトウェアも整っている。ところが地域になると、そういうものもあまりないと思うので、どうしたらいいのでしょうか。

実際に地域に行くと、結構りっぱな施設があります。ところがほとんどのそういった施設では、民謡大会とか、着物の展示会とか、あるいは結婚式などが主体で、MICEはあまり開催されていません。もっとMICEで地域が潤うようにするには、どのようにしていったらいいのかを、少し考えてみたいと思います。

一つは、「地域全体で歓迎」という考え方です。地域全体でMICEの主催者や参加者やスポンサーを歓迎する手法と言ってもいいと思います。もう一つは地域には眠っている魅力がいっぱいあります。これを「新しい魅力として整備」します。最後は「地域パートナーシップ」です。別の言い方をすれば、業界パートナーシップと言ってもいいと思います。端的に言えば業界が協力してマーケティングをすることです。この三つについて、考えてみましょう。これは、海外ではデスティネーション・マーケティングといわれているものの一部ですけれども、簡単にご説明したいと思います。

(1) 地域全体で歓迎する仕組み

一つは、「地域全体で歓迎」っていうバンクーバーの例ですけども、バンクーバーの空港に着いて、タクシーに乗ります。乗って、「じゃあバンクーバーのコンベンションセンターまでお願いします」って言いますと、運転手さんが「バンクーバーにようこそ。もしかしたら、お客さん、今、開催されている何々会議の参加者の方ですか」と聞いてきます。これはタクシー協会と、会議場が連携して、情報の共有をしているわけです。ですから、タクシーの運転手さんは、今コンベンションセンターでどんなイベントが開催されているのかを知っているのです。そこで、このような歓迎をうけると参加者、つまりタ

クシーのお客さんは喜びます。こういうようなことを、バンクーバーではやっています。

これ以外にも、例えば空港や駅に歓迎のバナーがあります。バナーというのは旗です。旗があって、「何々会議にようこそ」と書いてあります。空港にも会議の参加者のための専用のレーンがあって、優先的にチェックポイントを通過できるというような、そういうことを実行している国や都市もあります。こういうのが、地域全体で歓迎するという例です。

(2) 地域の新しい魅力の開発

それから「地域の新しい魅力」の例は、パシフィコ横浜と横浜高島屋との連携です。パシフィコの参加者は、横浜高島屋で、例えば着物ショーとか、茶道、折り紙、あるいはデパ地下体験、それから免税ショッピングツアーに参加できるという企画です。デパ地下に行くと面白い物がたくさんあります。外国の人が本当はいろいろ見たい、買いたいと思っているけれども、言葉の問題や、情報を得にくいために、どこに行っていいか分からない。でもこのツアーに参加すれば、連れて行ってくれます。こういうような、ほんのちょっとした、今あるものを使って、新しい魅力として、海外の会議の参加者に訴えていくサービスを始めたわけです。

それから、もう一つ面白いのは、ユニーク・ベニューです。海外の国際会議などに参加すると、りっぱな宮殿でのパーティに招待されたり、歴史のある博物館で様々なイベントをしてくれたりしますけど、日本ではあまりそういうことができません。それで、最近ユニーク・ベニューをもっと使おうじゃないかという動きが出てきていて、面白いのは福岡の例ですけれども、大型の国際会議、国際泌尿器科学会の懇親会の会場に、福岡市の川端商店街を使いました。外国人が多数繰り出して商店街がパーティ会場になったのです。そこで一般市民も一緒にジョインして、パーティを楽しんだそうです。海外の参加者にも非常に好評だったということです。

(3) 地域のパートナーシップ

それから、「地域のパートナーシップ」です。これは、例えばホテル、コンベンションセンターなどのサプライヤー、行政やコンベンション・ビューロー(Convention & Visitors Bureau)、PCO/PEO/DMC、そして主催者のパートナーシップです。ここで用語の説明をしたいと思います。

①コンベンション・ビューロー

　コンベンション・ビューローを知らない方も多いのではないかと思います。例えば横浜には横浜観光コンベンション・ビューローという組織があります。これは横浜にMICEを誘致して、地域経済に貢献するための公的な機関です。コンベンション・ビューローのような組織を英語ではDestination Marketing Organization（DMO）と呼んでいます。MICEの誘致のためにマーケティング活動をする機関です。ですから仕事の一部として主催者支援もあります。「横浜で何かコンベンションをやりたい。MICEをやりたい」という、そういう主催者がいたら、助成金を支給したり、当日のボランティアを紹介してあげたり、そういうサポートもします。

②サプライヤーと主催者

　また、ホテルやコンベンションセンター以外の地域のサプライヤーもたくさんいます。例えば、オーディオ・ビジュアル機材のレンタル会社です。あるいは通訳者、翻訳者、印刷会社、警備会社も、サプライヤーです。先ほど説明した、PCO/PEO/DMCといったMICEの運営会社はどちらかといえば主催者に近いサプライヤーでもあります。そのためコンベンション・ビューローとともにintermediary（日本語で仲介者）というカテゴリーに分類されることもあります。それから、やはり重要なのは、顧客である主催者です。

　こういったところがパートナーを組んで、一緒に協働のマーケティング活動をやろうということは非常に合理的です。一つ一つがばらばらにやるのではなくて「一緒に地域がまとまってやろう。まとまって地域の、例えばプロモーションビデオを作ろうじゃないか。MICE向けのプロモーションビデオを作ろうじゃないか。それからMICE向けのガイドブックを作ろうじゃないか」とか、「MICE向けのいろんなマーケティング・アクティビティをやろうじゃないか」というのが、地域のパートナーシップです。

　そういったことをまとめたのが、デスティネーション・マーケティングという手法です。例えば、協働でウェブサイトや広告も作ります。そのほかにも、トレードショウ、ワークショップとショーケース、ロードショー、ファムトリップ、サイトインスペクション、アンバサダープログラムといったことをやります。

③トレードショウ

　トレードショウとは、MICE の業界の見本市のことです。例えば、横浜市が「もっと国際会議を増やしたい」と考えたとき、海外の MICE 関係の有名な見本市に横浜市が出展して、横浜の MICE の開催地としての魅力を宣伝するわけです。そこでポテンシャルな主催者の情報を収集し、商談をして、最終的に誘致に結びつけるというわけです。このときコンベンション・ビューローだけが出展するのではなくて、横浜のホテルやほかのサプライヤーも協働で出展するわけです。

④ワークショップとショーケース

　ワークショップとショーケースというのは、自分たちの都市、地域が、こんなに MICE に適しているということを知らせるための、会議、セミナー、シンポジウム、展示会のことです。

⑤ロードショー

　ロードショーというのは、映画のロードショーではなくて、例えば横浜市がアメリカに行き、アメリカのポテンシャルなお客さんがいそうな所をいくつか回って、プロモーション・ツアーを行います。そこで横浜市の宣伝をするというようなことです。例えば日本では、タイ、マレーシア、シンガポールなどが大阪とか東京で、こういうロードショーを頻繁に実行しています。

⑥ファムトリップ

　ファムトリップというのは、これは Familiarization Trip の略です。これは複数のポテンシャルな顧客、つまり主催者を、その地域に呼んで、ベニューなどを見てもらって、MICE 開催地としての地域をアピールします。例えば、横浜ならば、世界各国からポテンシャルな MICE の主催者さんを複数お呼びして、パシフィコ横浜を見てもらって、そのついでにホテルも見ていただいて、コンベンション・ビューローにも説明をしていただいてと、そういうのをファムトリップといいます。

⑦サイトインスペクション

　サイトインスペクションというのは、これは特定の主催者を招待して、あるいは主催者側からの要請にこたえる形で、じっくりと地域やベニューを見ていただくということです。例えばホテルを見ていただく場合には、スイート・ルームから、一般の宿泊室から、宴会場まで細かく見ていただき、お客

さんのニーズに合うようなプレゼンテーションをします。
⑧アンバサダープログラム

最後に、少し耳慣れない言葉ですが、アンバサダープログラムというのがあります。これは例えば学会とかビジネス界で著名な方を、国とかあるいは地方のコンベンション・ビューローが、「アンバサダー」に指定して、日本に、あるいはその地域に、国際的なMICEを誘致していただこうというシステムです。

ですから、例えばある大学の○○教授が、将来国際会議を主催する可能性がある人物だということになれば、「○○先生、ぜひアンバサダーになっていただきたい」というふうにお願いをして、なっていただいたらば、○○教授は、「なったからには、やっぱり誘致に前向きに取り組もう」ということになるわけです。その代わり、○○教授に、メリットもないとだめです。「誘致のビッドペーパーを作るのもお手伝いしますし、助成金も出します」とか、そういうメリットを与えて、○○教授に動いていただく、これがアンバサダープログラムです。

このプログラムは、日本では2年ぐらい前に初めて導入されたのですが、世界ではもう90年代のはじめから始まっています。

2．地域の成功例（松江市）
(1) 松江市の実力

ここで、地方都市でありながらMICEで成功している例をあげましょう。ほとんどの日本の地域は、MICE、MICEと言いつつもなかなかMICEを開催できていません。ところが島根県の松江は例外です。非常にMICEが活発に行われています。

International Congress and Convention Associationという国際組織の調査によれば、松江の2012年の国際会議開催件数は、国内で11位です。12位はなんと、金沢（人口46万）と仙台（人口100万）です。松江（人口20万）よりはるかに大きく有名な都市の金沢とか仙台よりも、国際会議の開催件数が多かったのです。地方都市のチャンピオンです。

(2) 松江の強み

簡単に言うと、松江は上手にデスティネーション・マーケティングを行っ

ている都市であると言うことができます。松江の強みを考えてみます。二つあります。一つは人材、もう一つは戦略です。松江は大都市に比べて、会議場などのインフラ、ポテンシャルな受け入れ側の主催者は、当然少ないわけです。大きな大学は、多分、島根大学ぐらいしかないです。それから、コンベンション施設もホテルも小型のインフラしかないです。東京などに比べると、もう格段に弱いわけですけれども、彼らの強みは、人材です。

松江には、コンベンション・ビューローがありますが、ここのトップの事務局長が、もう30年以上MICEに関わってきた経験者です。これは、地方では非常に珍しいことです。というのは、地方のコンベンション・ビューローというのは、行政の一部門の感じで、県とか市といった行政から出向した人が多くて、大体1年か2年で異動してしまうことが多いのです。ですから、ビューロー内部に経験とか、専門知識が蓄積しません。ところが、松江は事務局長がMICEの経験者で、率先してやっています。ですから、そのスタッフも、その影響を受けてプロパーの方が多い、優秀な方が多いということです。

(3) 松江の戦略
①松江のターゲット顧客

それから、松江には非常に優れた戦略があります。まず松江がどういうMICEをターゲットにしているのかを見てみましょう。松江がターゲットとしているのは、学会で500人未満、国際会議も500人未満と、この二つだけに特化しています。特化せざるをえない理由は、大きいコンベンションホールなどのインフラがないということです。一方で大都市の東京とか横浜などのメインターゲットは1,000人以上の大型MICEです。東京などの大都市には主催者が多いわけですが、横浜とか東京のコンベンション・ビューローは、MICEの主催者にアタックするときのターゲットは1,000人以上の大型のMICEを主催する主催者というわけです。そうすると、中型・小型のところが手薄になります。ところが、中小MICEの主催者は、深く考えもせずに、前例があるからとか近いからとか、大した理由もなく、首都圏で開催しているのです。そこに松江は切り込んでいくわけです。「松江でやると、こういうメリットがあります」とセールスすると「じゃあ、たまには松江でやってもいいかな」と思うわけです。横浜や東京がそこを攻めてくると、競合になり

ますが、攻めてこないわけです。ターゲットが違いますから。要するにニッチ戦略ということです。競争があんまりないところを徹底的に掘り起こす戦略を取っているわけです。

②松江の競争戦略

　競争戦略も非常に優れています。スタッフの数もそんなに多くないし、予算も少ないわけですから、国際競争には参加しません。大型の会議っていうのはどうしても国際競争になります。東京が、あるいは京都が、あるいは横浜みたいな大都市が、大型の国際会議を誘致しようとすると、大体外国、とくにアジアの都市と競合になります。ヨーロッパの都市と競合になることもあります。そうすると、ものすごく大変なエネルギーが必要です。松江の場合は、こういったエネルギー、お金、人手、こういったものをなるべくかけません。ですから、国際競争には参加しません。そして、さっき言ったようなニッチ戦略ですから、無駄なプロモーション費用もかけません。海外で見本市に出展するとか、そういったことは原則しないということで、国内の大都市が取りこぼすニッチをさらっていこうという戦略のほうに人的・財政的資源を集中させるわけです。簡単に言うと、本来東京で今まで開催されていた500名以下の会議はごっそりいただこうという戦略です。東京のものを地方に分散するという意味で、この戦略は非常に効果的な戦略です。

③松江の営業戦略

　既存の顧客を組織化して、口コミ情報を最大限活用していく戦略も優れています。ファンクラブというものを作って今までのお客さんである主催者をきっちりと囲いこんで、東京と大阪で年に2回ファンクラブ・イベントを開催しています。そして、そこでファンクラブのお客さん同士の交流も深め、お客さんの要望も聞いて、改善するべき点はどんどん改善していくというふうに、既存の顧客をリピートにつなげるような仕組みがきちっとできています。

　それから、首都圏と地元をつなげる触媒の役割です。松江や島根県だけでは顧客、潜在的な新規顧客をなかなか獲得しにくいのです。首都圏の情報を、徹底的に利用して地元に結び付けるということです。

　言い換えれば豊富な顧客データ活用して、プロパーの事務局長率いる精鋭が徹底的な顧客志向と情熱をもってソリューション営業をしているわけで

す。ソリューション営業とは何かと言うと、「自分の地域の観光資源、施設はこんなにいいよ。すごいよ。」と主張するのではありません。こういう営業は商品説明型営業とか、箱物営業と言えますが、それと対極の営業です。観光資源や施設の情報などは、主催者はウェブサイトを見れば大体分かります。そうではなくて、お客さん、主催者は、いろいろ心配事を抱えているわけです。「自分たちのMICEは本当に成功するだろうか」「お金ないけれども、どう集めたらいいだろうか」とか、色々な心配があるわけです。そういったものを細かに捉えて、それにソリューションを与えてやるような、そういう営業のことです。

　他の多くのコンベンション・ビューローだと、「自分の所はこんなに立派な施設があります。自分のとこはこういうサービスがあります」と一方的に説明して、パンフレットお渡しして終わりですが、松江はお客さんのニーズを的確に捉えて、ニーズに対するソリューションを与えるような営業をしているということです。

3．開催地に求められるもの
(1)　ソリューションの提案力
　では開催地に求められるものは何だろうかということを整理してみますと、ソリューションの提案力というのが一番重要だということです。これはお客さんのニーズに応えるソリューションということです。ソリューションは、場合によっては経済的な提案かもしれないし、行政のコミットメントかもしれない。あるいはアクセスとか、キャパシティの心配を解決してあげるようなこと、そういうことであるかもしれません。これはMICEごとに変わってくるわけです。

(2)　受け入れ主催者
　それからもう一つ、重要なのは、MICEの中でも国際会議の場合は、国内の受け入れ主催者の実力です。例えば世界神経学会議の国内受け入れ主催者は日本神経学会、正確には学会員で構成される組織委員会です。開催地を決定する国際本部は日本が開催地候補にあがったときに、まず受け入れ側主催者である日本神経学会の実力はどうなのかを心配します。よく調べてみると日本神経学会は会員数も多いし、会員のレベルも非常に高いということが分

かります。すると、「こういう所が受け入れ主催者だったらば、日本で開催したら、たくさん参加者も集まるだろうな。お金の心配もあまりしなくてよいだろうな」と、そういう安心感があるわけです。そうすると、やはり受け入れ主催者の実力は非常に大事になってきます。ですから、これは開催地決定の大きな要素です。

(3) 観光要素

それからもう一つ、観光要素がどのくらい MICE 誘致に必要なのかということです。いくら群馬県の富岡市の製絲場が世界遺産になったからといって、「富岡で MICE も」といっても、世界神経学会議のような国際会議を主催する国際本部が、「じゃ世界遺産だからやるか」とそう簡単に決めません。観光要素だけに頼るのは危険です。観光要素を重視する MICE ももちろんありますが、大多数の MICE の主催者は開催地決定に際して観光要素を最重要視しません。ですから、ここを間違えて、地方のコンベンション・ビューローのウェブサイトをよく見ると、「こんなに観光すごいよ、すごいよ。だからコンベンションもやってよ」っていうような論調が多いのですけれども、これは間違いと言っていいと思います。

Ⅳ 日本の取り組みと課題

1. 日本の現状

さて、次にいよいよ日本全体の話です。日本が今どういうふうに MICE 誘致に取り組んでいるのか、そして問題点は何だろうか、これからやるべきことは何だろうかということについて、考えてみましょう。

(1) MICE の増加状況

日本政府観光局の発表ですと、年間の国際会議の開催件数は大体 2,500 件ぐらいで、少しずつ増えているということですけれども、MICE というのは国際会議だけではありません。Meeting もあるし、Incentive もあるし、Exhibition/Event もあるわけです。グローバル MICE 全体ではどうなっているのだろうかと考えてみましょう。私がホテル、あるいはそのサプライヤー、あるいは主催者とも会って、直接感触を聞いたことをまとめると、大体こういうことが言えます。

一つは、日本は現在積極外交を推進しています。これによって、政府主催の会議、すなわちTPP交渉など政府間交渉会議が増えています。最近、日本有数の通訳会社の社長に聞いたところ、「こういった会議の同時通訳がどんどん増えている」ということを言っていました。それから、大学の国際競争力強化を文科省が中心に推進していますので、大学が主催する国際会議が増えていると、そういう感触もあるわけです。経済振興の面からは、国家戦略特区構想などもあり、金融業界のセミナーとか、投資家向けの国際シンポジウム、こういったものも増えています。ですから、いわゆる日本政府観光局でカウントしている、学会・協会主催の国際会議以外に、こういった状況もあって、全体的に日本でMICE、とくにグローバルMICEは、今、増加中であろうと推測できます。

(2) 日本の順位・都市の順位

資料2　国際会議開催件数（2014年ICCA）

順位	国
1	アメリカ合衆国
2	ドイツ
3	スペイン
4	イギリス
5	フランス
6	イタリア
7	日本
8	中国
9	オランダ
10	ブラジル
11	オーストリア
12	カナダ

順位（アジア）	都市
1	シンガポール
2	北京
3	ソウル
4	香港
5	台北
6	東京
7	シドニー
8	クアラルンプール
9	バンコク、上海

資料2に示されたように、昨年度の国際会議開催件数の順位を見ますと、1位はアメリカ、2位ドイツ、以下、順にスペイン、イギリス、フランス、イタリアときて、7位に日本、8位が中国という順序です。この順序を、皆さん、どう思いますか。日本は、ここずっと数年、大体7位か8位です。アジアで

は1位です。よくやっていると言えばよくやっています。けれども、よく考えてみると、日本のGDPは世界第3位で、先進国で、人口も多いわけです。2位から6位の国々より人口もずっと多いし、GDPも多いし、ノーベル賞の受賞者だって相当いるというようなことを考えると、「アメリカに次いで、国際会議開催件数でも2位でもいいのではないかな」と私は思うわけです。

それはさておいて、面白いのは都市別に見ると、日本の首都の東京がアジアで6位です。1位はシンガポール、2位が北京、3位ソウル、4位香港、5位台北より下です。東京の実力からすると、東京は絶対1位でいいと思うのですが、実は台北よりも下、ソウルよりも下です。ということで、都市別に見ると、必ずしもパフォーマンスはよくないと思います。ちなみに世界の順位は、世界の都市では1位がパリです。2位がウィーン、3位がマドリッド、4位がベルリン、5位がバルセロナ、6位がロンドン、そして7位がシンガポールです。

日本では、東京の次はどこかと言うと、京都です。東京は世界の順位は、都市別で22位です。京都はなんと54位です。100位以内では日本の都市では東京と京都しかランクインしていません。あとは札幌とか横浜とか、そういう所が100位以下にランクされていますけれども、非常に下の方です。名古屋、大阪に至っては、名古屋280位、大阪は222位と、非常に下の方です。日本のGDPや学術や技術の水準を考えたら、ちょっとこれはまずいじゃないかというのが、私の感想です。

このようにアジアが台頭してきています。アジアではクアラルンプール、バンコク、上海とか、こういうところも急速に伸びています。明らかに日本の大都市とアジアの大都市が競合関係にあるっていうのは、これでおわかりになると思います。

2．日本の取り組みと課題
(1) 都市の国際競争力強化プロジェクト

都市の国際競争力の強化が必要だということから、観光庁が2013年から、グローバルMICE戦略都市・強化都市事業というのを始めました。そして、日本でも2年前に7都市をグローバルMICE戦略都市・強化都市に指定して、重点的にそこをサポートする、そういった政策を、今、実行中です。私

もそのプロジェクトに、日本側のアドバイザーとして参加してきましたが、その効果もやっと今、出てきたかなと思います。例えば、京都がこの間、アメリカのシンシナティに勝って、2019年の世界博物館大会という国際会議の誘致に成功しました。これは観光庁のグローバルMICE戦略都市強化事業の成果です。どうしてかと言いますと、アンバサダー制度を活用してアンバサダーに熱心に活動してもらったということです。アンバサダーが活動するためには、京都のコンベンション・ビューローのレベルの高い支援が必要でした。国際的な誘致競争に勝つためは、ビッドペーパー（誘致提案書）を国際本部に提出する必要があります。最初にビューローが作った提案書は京都の強み（と自分たちが思っていること）を強調したものだったのです。それを、グローバルMICE戦略都市事業の中で、外国人専門家によるコンサルタント事業というのがあるのですが、その外国人専門家が、「このビッドペーパーはもっとお客のニーズに沿った答えをしたほうがいい」というふうに、書き直しを指導しました。そうしたら、それが国際本部に非常に評価されて、アンバサダーも一緒に活動していただいて、日本に決まったという経緯があります。ですから、国際競争力強化が必要で、観光庁もそういう政策を取って、その成果もだんだん出てきています。

(2) コンベンション・ビューローの強化

MICEというのは、とにかく箱物だけ用意すれば自然に来るっていう、そんな甘いものじゃないです。特にこのコンベンション・ビューローの働き方が非常に重要です。日本のコンベンション・ビューローとヨーロッパやアメリカのコンベンション・ビューローを比較してみると、例えばホテルの予約を日本のコンベンション・ビューローはやらないです。それに対してヨーロッパやアメリカではビューローがホテルの予約もやってくれるところが多いのです。それから、例えば国際会議なんかですと、事前の参加登録とか、論文整理のサービスは日本のビューローではやっていません。ヨーロッパやアメリカでは普通の業務としてやっているところが多いです。

それから、アンバサダープログラムは、もうヨーロッパやアメリカの都市・ビューローでは一般的ですが、日本ではまだ、国レベルでのアンバサダープログラムが、やっと2年前に始まったばっかりという状況で、地方レベルではほとんどまだ取り入れていません。それから、ビューローにプロパーの職

員は日本では本当に数が少ないです。プロパーの役員となるとほとんどいません。ところが、ヨーロッパ、アメリカはもうトップから下まで、全部プロパーです。しかもマーケティングの専門家を引き抜いて、それに充てています。専門家集団です。日本のビューローでは予算も非常に少ないです。こういうふうに、日本の地域の取り組みは、まだまだこれからということになると思います。

(3) 行政トップのコミットメント

　まとめますと、都市の課題は、まず一つは行政がコミットメントすることが大事だということです。行政が、MICEは重要だと口では言いながら、ふたを開けてみると予算も人もあんまり付いてないっていうところが多いのです。ですから、本当のコミットメントをしてない、本気度がまだまだ十分じゃないということです。それから、専門家の雇用とプロパー人材を育成することが重要です。地方のコンベンション・ビューローの事業計画書を見ると、「戦略」と銘打っているのに「目標」しか書いてないことが多いです。「目標は何年後に何件のMICEを誘致する」とか。でもそのために何をするかっていうのは、大体5、6行しか書いてないなんてケースが多いです。目標を達成するための戦略、仕組みを作ることが非常に大事なのですが、仕組みはほとんどできてないということです。

(4) 受け入れ主催者の活性化

①日本のMICE競争力の源泉

　日本が今までそれほど力を入れてMICE誘致に取り組んでこなかったにもかかわらず、国際会議開催件数で世界7位という地位にいられるのはどうしてか。私は日本には圧倒的にレベルが高く、層の厚いアカデミアとビジネスが存在するからだと思います。例えばiPS細胞研究の山中先生のようなノーベル賞受賞者数は世界有数です。アジアでは断トツです。それから、トヨタという世界一の自動車産業とか、さまざまな競争力のあるビジネスがあります。このレベルが高く層の厚いビジネスとアカデミアというのが、日本のMICE競争力の源泉だと思います。数多くの、層の厚い学会・協会があるし、多くのグローバル企業と高度な産業構造、そして多くの優秀な学者・研究者・経営者・技術者がいると、これがやっぱり日本の競争力の源泉だろうと思うわけです。アジア各国も急速に日本に追いつこうとしているわけです

けど、まだ日本の方に優位性がある、ということです。まだ優位性があるときに、まねされないような仕組みを作り上げないといけないのですが。

大企業のランキングを見ますと、大企業の数は、東京が断トツに多い。ニューヨークよりも多い。こういうふうに企業を見てもビジネスを見ても、東京・大阪・名古屋など、断トツの都市です。それなのに東京は台北よりも国際会議が少ないってわけです。残念です。

ただ、日本の都市の弱点は、外資系の企業が少ないことです。これがやっぱり課題ではあります。外資系がなかなか投資しにくいという状況は、まだあります。

②主催者の問題

次に主催者の問題を考えてみましょう。主催者に聞き取り調査をしてみると、「実は国際本部から国際会議を日本で開催してほしいと頼まれたのだけれども、忙しいし、お金集めも大変なのでお断りしたのです」と答える主催者が多いのに驚きます。例えば、大学の先生は、研究もあるし、教えることもあるし、その他いろんな雑用が今どんどん増えています。そうすると、先生は、「国際会議をやってほしい」と国際本部から頼まれても、エキストラの仕事になっちゃうわけです。そうすると、やっぱりワークロードが心配になってくる、準備が大変だ、それからもう一つは、やっぱり国際会議運営にはお金がかかるわけです。お金集めってこともしなくちゃいけないということで、これは大変だと、せっかくのチャンスをお断りするということになります。

そういうふうに、お断りしてしまった国際会議は相当あるのではないかと思います。これを、開催してもらうように、環境を整えるだけで、国際競争しないでも自然にもっと増えてくると思うわけです。

実際のところ、主催者の悩みを聞いてみると、スタッフが不足している、資金が不足している、ノウハウが不足しているというデータもちゃんと出ています。一方で私の調べたデータでも、成功したのも地元に強力な主催者がいたからだ、失敗したのも、地元主催者をうまく説得できなかったからだと、やっぱり地元の受け入れ主催者ってものの存在が非常に大きいということです。要するに受け入れ主催者の活性化が非常に重要だということです。

(5) MICE 統計基盤の整備

もう一つの問題は、よく地方に行くと、「ターゲットは国際会議と Incentive だ」と、実際は物産展とかノミの市みたいなことしかやっていない地域が、宣言したりしています。あんまり根拠のない宣言です。というのは、日本で調査ができているのは、MICE の中で C の一部の国際会議と、Exhibition だけです。M と I については、ほとんど調査ができていません。イギリスの場合は、かなりきちっと調査できていますが、日本では MICE に関してどのくらいの市場があるのかということが、はっきり分かってないのです。このデータをしっかり整備することによって、地域も国もマーケティング戦略がつくりやすくなるので、国も地域も MICE の統計基盤の整備が今後の課題です。

(6) 業界団体の強化

それから、もう一つは業界団体の活性化です。業界は、自社以外のビジネス環境改善を政府に頼っている。ところが業界団体は産業としての競争力をつけるために積極的役割を担うことができるはずです。イギリスの場合には MICE の業界団体がまとまって、業界団体連合会を作って、政策提言なんかもしています。実際にキャメロン首相からこの業界団体連合会宛ての心強いメッセージも出ています。業界団体は、本来きちっと政策提言とか、調査報告、グローバル人材育成などができるはずです。日本では業界団体が結束して MICE の理解促進を図ることが期待されています。

【確認問題】

問1 「MICEとは何か?」についての記述のうち、内容が誤っているものを4つの選択肢のなかから1つ選びなさい。
① MICEとは、Meeting, Incentive Tours/Events, Convention, Exhibition/Eventの略称で、主催者の事業目的を遂行するマーケティング・ツールである
② MICEはインバウンド市場の重要な切り札であり、海外からの訪日客を日本に呼びこむという意味で一般消費者のニーズに合ったマーケティング戦略を強化する必要がある
③ Meetingとは、企業が主催者となる会議や研修会などであるのに対し、Conventionとは、学会・協会・政府・国際機関が主催者となる国際会議である
④ Incentiveとは、企業が主催する従業員や代理店の成績優秀者に対する魅力的なプログラムを取り入れた報奨イベントであるのに対し、Exhibition/Eventとは展示会、見本市、文化・スポーツのイベントである

問2 「なぜ世界はMICEに注目するのか?」の説明に関する記述のうち、内容が誤っているものを4つの選択肢のなかから1つ選びなさい。
① MICEの経済効果は、イギリスとアメリカと同様に観光消費額の約1/3を占めると仮定すると、日本では約7兆円と推定できる
② MICEは消費額増加のほかに、企業のブランド・イメージを向上させたり企業にイノベーションをもたらしたりする効果がある
③ 京都における2013年の例をあげると、国際会議参加者の1人あたりの消費額は、一般観光客と比較して、日本人で1.4倍、外国人で1.8倍と多い傾向にある
④ MICEの経済効果は、宿泊施設、会議場、PCO/PEO/DMC、宴会会場、旅行社、運輸会社、飲食業者をはじめとして、幅広いサプライヤーに恩恵をもたらし増税効果もある

問3 「MICEが地域で成功するには?」の説明に関する記述のうち、内容が誤っているものを4つの選択肢のなかから1つ選びなさい。
① MICEが地域で成功するためには、地域全体で歓迎するシステム、地域の新しい魅力の整備、地域のパートナーシップなどを含めたデスティネーション・マーケティング(DM)が重要である
② 日本のコンベンション・ビューロー(CB)の成功例として、東京や大阪などの大都市との競争に勝って大規模の学会や国際会議を誘致した松江市の事例がある
③ 地域の新しい魅力の例として、2012年に福岡市で開催された第32回国際泌尿器科学総会の懇親会が屋台で行われ好評を博したことがあげられる
④ デスティネーション・マーケティング(DM)の機関としてコンベンション・ビューロー(CB)が重要であるが、日本のCBは人材や財政の面で世界水準には及ばない

問4 「日本の取組みと課題」の説明に関する記述のうち、内容が誤っているものを4つの選択肢のなかから1つ選びなさい。
① 日本のMICEの競争力の源泉はレベルが高く、層の厚いアカデミアとビジネスの存在により、潜在的な受け入れ主催者が多いので、これを活性化するべきである
② 2014年のICCA国際会議統計では、日本は開催件数で世界7位であり、アジアのトップであるが、都市別でみても東京が世界6位でアジアのトップである
③ 日本のMICEの誘致戦略は、日本の観光の魅力をアピールするやりかたであるが、たとえばシンガポールでは、主催者のニーズに対するソリューションを提供する誘致戦略をとっている
④ 日本のMICE誘致では、MICE受入主催の活性化のほかに、MICE受入の都市の競争力強化、政治や行政へのMICE啓蒙と人材育成、業界団体の強化が取り組むべき課題である

正解　　問1　②　　問2　②　　問3　②　　問4　②

12 双方向4,000万人交流時代の旅行会社のビジネスモデル

(一社)日本旅行業協会　理事　事務局長　越智良典

Ⅰ　はじめに

　皆さん、こんにちは。今日、私のお話しするは四つのパートに分かれています。最初に、10億人の旅行者が世界にどう影響を与えているかについて話したいと思います。次に、大交流時代の日本で何が起きているかという話をして、次にその中で旅行会社がどういう役割を果たしているかという話をします。そして最後に、私の所属している日本旅行業協会（JATA）の活動を紹介して、まとめという流れにしたいと思います。

Ⅱ　10億人の旅行者が世界を元気づける

1．世界で起きていること
(1) カンボジアのアンコールワットで
①ライトアップコンサートの成功

　まず、世界のツーリズムの現場で起きているいくつかのエピソードをお話します。

　最初のエピソードはカンボジアのアンコールワットにまつわる個人的エピソードです。話は私が近畿日本ツーリストで働いていた頃に遡ります。2003年、近畿日本ツーリストは世界で初めてアンコールワットのライトアップコンサートを成功させました。アンコールワットは、非常に壊れやすい遺跡ということで、イベントをすることに厳しい規制がかかっていました。そこに挑戦をして、日本各地から全部で10本の直行チャーター便を最寄りの町シュムリアップに仕立て、2日間で合計2,000名のお客さまを運び、アンコール

ワットの特設舞台で、遺跡をライトアップしたコンサートイベントをご覧頂くという企画を実施しました。

　ただコンサートをやるということでは許可はおりませんので、世界遺産にふさわしい企画を検討しました。すると 1,000 年前の平安時代にカンボジア王朝と日本は交流があることがわかりました。皆さんがご存知の『平家物語』の中の一節「祇園精舎の鐘の声」の祇園精舎がアンコールワットだと信じられており、アンコールワットは一度訪れてみたい憧れの地であったということです。そして、実際に仏教徒だけでなく、交易に携わっていた商人も訪れていた記録が遺跡に残されています。そういう歴史の逸話をもとにして、天台宗の声明衆をお連れし、雅楽師の東儀秀樹さんにコンサートマスターをしていただき、カンボジアのお坊さんや王立歌舞団の方たちとコラボレーションして頂くという企画ができあがりました。ライトアップされた遺跡の回廊に燈を手にした日本とカンボジアの僧侶が声明を唱えながら入場し、舞台では古式豊かな舞踏が繰り広げられる。まさに 1,000 年の昔にタイムスリップして、当時の交流が再現されました。王女や首相もお招きして参加頂けるようなイベントに仕立てたからこそ許可も頂けたのです。

　カンボジアという国の現代史を紹介しますと、つい 20 年前は内戦により、当時の人口 1,100 万人で約 100 万人もの犠牲者を出しています。そういう殺し合いをするような国から、やっと 15 年前に ASEAN に加盟して、政治が安定してきます。余談ですが、その安定化にあたって日本は明石康さんが国連カンボジア暫定統治機構の代表をされ、自衛隊が PKO の第 1 号として民主化選挙の実施を支援し、今も大変感謝されています。そのカンボジアのアンコールワットが今や、1 年間で世界中から 400 万人以上の観光客が訪れる観光名所になっています。わずか 15 年で、観光によって国が非常に活気づき、若い人たちの仕事場がどんどんでき、子供達が観光業に憧れる国になったのです。

　その発展振りを象徴するように今年の 2 月にシュムリアップで UNWTO（国連世界観光機関）と UNESCO の二つの国連機関が連携した第一回の国際会議が開催されました。観光促進と遺産保護という相反する立場の二つの団体が提携をするという画期的な会議でした。私は日本の民間代表として、世界遺産コンサートや修学旅行による世界遺産の学習効果について発表してき

資料1　アンコールワットをライトアップしたガラディナー

ました。

　世界遺産というのも、保護をするためにはお金がかかりますし、人手もかかります。また、その遺跡の価値を広く知っていただくことも重要です。つまり、観光客がうまく訪問しながらお金を落としていって、そのお金で維持をしていくというのが一番いいわけです。しかし、ともすると、多数の観光客が訪れることで、俗化して遺産の価値を損ねてしまい、中には、遺跡そのものが痛んでしまうという事態も起きています。バランスをとるのは非常に難しいということです。

　この国際会議で、夜のレセプションはアンコールワットをライトアップした特設会場で行われました。資料1はそのときの様子です。自分たちが2003年に世界遺産に新しい価値を吹き込もう！として実施したイベントが、評価

され、形を変えて継続していることに感激しました。2003年当時は、初めてということもあり、私たちは非常に苦労して特設舞台を作ったのですけれども、今は常設で舞台ができあがって、国際会議のパーティーやコンサートが常時行われ、食事もとりながら楽しめる野外イベント会場になっていました。
②本講座の受講生と再会！

　もう一つ感激したのは早稲田大学の卒業生、しかも、8年前にこの長谷川先生の講座を受講した方にアンコールワットで会ったことです。彼女は商学部生ではないのですが、観光や世界遺産に興味を持っていて、この講座で観光全般に興味を高め、理工学部の中川武教授のプロジェクトに参加する形でカンボジアに渡ったそうです。中川先生は建築学科の先生で、上智大学の石澤良昭先生と並ぶアンコールワット遺跡の修復に大きな功績を残されている方です。上智大学の石澤先生は独自にボランティアで修復活動を始められました。一方で中川先生は政府の用命を受けて遺跡の修復に取り組んでこられました。当時は欧米の国々が遺跡の修復にコンクリートを使うため、遺跡の復元になっていない点が問題視されていました。中川先生は在来の粘土や土を上手に使い、積み上げていく工法、つまり、昔の工法に近い方法で、遺跡を修復されていました。中川先生はご自分の活動を広く早稲田の学生に知ってもらおうと、平山郁夫記念ボランティアセンターの国際プログラムの中に、

資料2　価値創造＝持続的成長への取り組み

シュムリアップでの
世界遺産保護ツアーの取組み

学校の寄贈

世界遺産ガイド：保護作業の見学、地元との交流
　（作業員の保険、資料作成、食事代などの実費）
　遺産の価値を伝え、維持活動に貢献する

公開されていました。

資料2を見てください。観光好き、遺跡好きの彼女は、このプログラムに応募して、カンボジアに行き、遺跡の修復を手伝い、観光客への修復作業の案内などを担当したそうです。その後、大学卒業後、シュムリアップに移り住み、観光のNPOを立ち上げて活躍しています。修復の現場を観光客に見せ、それから、作業員の方々との交流をし、歴史や文化的背景も勉強して帰るという、一日コースのプログラムを運営しています。参加費は一人30ドル、10ドルは遺跡保護の従業員の保険代に回し、10ドルはいろんな教材のお金に使い、残りの10ドルを維持費に回すという素晴らしい仕組みを作り上げて、年間で、2,000人以上の方がそのプログラムに参加しているということです。今は少し郊外のサンボー・プレイ・クックという、まだ世界遺産に指定されてない遺跡をプロジェクトに加えて活動しています。「ナプラ」というNGOをインターネットで検索すると詳細がわかります。カンボジアでお会いし、「8年前この講座を受けました」という話になり、大いに刺激を受けました。

(2) チチカカ湖とベトナムで——UNWTOの *Tourism Stories*
①ペルーのチチカカ湖で

世界の各地で旅行者によって仕事が生み出され、地域や国の活力の源になっている例がたくさんあります。UNWTO（国連世界観光機関）ではそんなエピソードを集めた *Tourism Stories* ：を発行しています。その中から一つ紹介します。

舞台はペルーのチチカカ湖という大きな湖の葦のたくさん生い茂っている小さな島です。この島は人が住み、フローティングビレッジといって浮島です。資料3の左側の写真です。それが珍しいということで観光客が舟でその島に渡ると、その小さな島に住んでいる人々が手作りの工芸品をお土産に売っていました。ある時、観光できたノルウェー人の男性が、「今晩ここに泊まってみたい」ということを島のおばさんに言いました。「ここは4世帯しか人はいないし、葦で作った小屋で、こんなところにお泊めすることはできません」と断ります。ところが「電気もない、電話もない、何もない、だからいい。そういう体験がしてみたい」とやりとりがあり、渋るお父さんをお母さんが説得して、一晩泊めたそうです。夜になると何も音が聞こえなくて、

資料3　世界の片隅で観光が呼び起こす物語

"I am Cristina Suaña, and I live in the floating island of Los Uros Khantati. This is my story…

'Khantati' is an Aymaran word meaning 'dawn'.

http://wtd.unwto.org/content/cristina-suana-floating-hotels-los-uros-peru-1

星と水面しかありません。

　しかし、そういう体験が逆によかったということで、ブログで紹介したところ、非常に評判になって、泊まりたいという問いあわせがどんどん来るようになりました。そこでまた、渋るお父さんをお母さんが説得して、おばあちゃんとか、お姉さんとか、近所の人と一緒になって、4軒の泊まれるコテージを作りました。それがどんどん評判を呼んで、今やお父さんは空港からの送迎タクシーの運転手になっています。娘さんは、儲けたお金で大学に行かせてもらい、卒業後はこのプロジェクトの経理担当、お母さんは社長さんになって、ビジネスとして大成功しています。この会社、UNWTO（国連世界観光機関）の今年の1月のスペインで行われた総会で表彰もされています。

②ベトナムで

　ベトナムの農家のおばあちゃんが、手こぎ舟でリバークルーズを始めたところ人気の観光名所になり、その収入で子どもを学校へ行かせることができて、非常に生活が楽になった話しとか、UNWTOの *Tourism Stories* には観光に纏わる世界各地のサクセスストーリーが紹介されています。

(3) モルディブで

　もう一つ。これは、2015年の6月にモルディブで開催されたUNWTOの

地域会議に参加した時の話です。私は日本旅行業協会の事務局長でもあるので、モルディブの旅行業協会の会長と事務局長が是非会いたいということで、意見交換しました。その事務局長は28歳で、会長は35歳です。ちなみに私は63歳です。モルディブは、観光大臣も30代で非常に若い世代が国を、特に観光分野をリードしています。

モルディブは1960年代にリゾート開発を計画し、世界各国に投資や援助を求めました。しかし当時は、こんな島国はどうしようもないという反応しかなかったそうです。ところが、今や1年間に50万人ぐらいの方が訪問する素晴らしいリゾートが各島にできあがっています。観光産業によって若い人たちが職を得て、明るい未来に向かって働いているという国に生まれ変わりました。こういう話が世界の至るところで起きています。

2．アジア・太平洋の観光ビッグバン
(1) 世界の人口の推移

何故そんなことが世界中で起きているのでしょうか？ 資料4を見てください。今から50年以上前の1960年代、地球の人口は30億人でした。つい半

資料4　世界の人口の推移

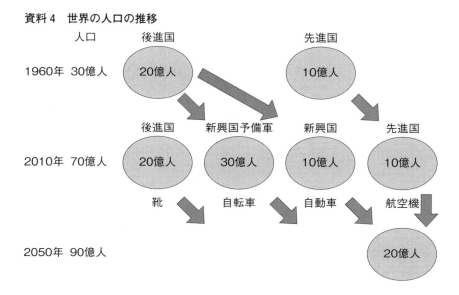

世紀前です。このときは世界には先進国と後進国しかありませんでした。先進国は車に乗って、飛行機に乗って、後進国は裸足で、ようやく靴を履くか履かないかっていう生活をして、自転車に乗れるか乗れないかと、こういう生活をしていたんですね。

　それがわずか50年たって、地球の人口は70億人に増えました。40億人増えて、倍以上になっています。当然その中で先進国はますます豊かになっていき、その10億人のカテゴリーは変わりませんが、新興国と呼ばれる、中国とか、ロシアとか、ブラジルとか、南アフリカとか、そういう国々が10億人くらい新たに加わり、先進国と合わせると20億人の塊ができています。その次に新興国予備軍というべき塊が30億人います。そして、貧しいままの人が20億人残っています。人口学者のハンス・ロスリング氏は乗り物を引き合いに出して、靴を履いて歩いている人が20億人、自転車に乗っている人達が30億人、自動車に乗っている人が10億人、飛行機に乗れる人が10億人というイメージで人口問題を分析しています。

　これがあと40年たったら90億人との予測です。1960年から比べたら、なんと3倍です。

　2014年のUNWTOの統計によれば、国境を越えて旅行をする人の数は約10億5,000万人とのことです。先進国10億人のうち、おじいちゃんや、おばあちゃんや、赤ちゃんを除いた7億人くらいの人たちと、新興国のトップ3割ぐらいの人の合わせた数が10億人くらいになり、この層がいわゆる海外旅行に出かけている旅行者です。ですから、これから新興国の成長が進み先進国の仲間入りする人が増えれば増えるほど、観光客は増える一方です。こういう大きな潮流の中に日本がいるのです。UNWTOの統計によれば国際旅行者は毎年4％以上の増加をしています。また、先進国のように豊かな国では、旅行のスタイルも有名観光地を訪問するだけではなく、変わった場所で人と違う体験がしたいという欲求が強くなります。そうして今まで辺鄙な場所だった所が人気訪問地になるわけです。先ほどのチチカカ湖のフローティングビレッジにお客さんも来たりすることもあるし、アンコールワットはついこないだまで戦争があったかもしれないけども、あっという間に若者が観光業で働く場所になったり、モルディブというただの島国だったところが世界のリゾートになったりということが起きるということです。

この大きな潮流の中で、特に伸びているところがアジアです。アジアは訪問者数も増えていますし、アジアから外国への訪問者数もどんどん増えていて、世界の旅行者の約3割がアジア・太平洋地区で占められ、今後も拡大することが予測されています。アジア・太平洋地区は、これから世界の観光の中心になっていくとされています。中国が北東アジアでの牽引役になっています。

(2) アジアの観光ビッグバンがチャンス

資料5は、人口と旅行者の数をマッピングしたものです。日本は1億人ちょっとの人口で約1,700万人の人が海外に行っています。韓国の場合には5,000万人の人口で日本とほぼ同じぐらいの人数が海外旅行に行っています。出国率は日本の2倍です。それから、台湾は今年1,300万人ぐらいが海外旅行します。人口わずか2,300万人で、出国率は50％以上です。香港は、国境を越えてすぐ中国で、それが海外旅行にカウントされますから無視しましょう。今、中国が13億円の人口で、去年1億人が海外旅行に行ったということで、半分が香港・マカオという中国圏ですけども、5,000万人以上の人が

資料5　アジアの観光ビッグバンがチャンス　2014年

ヨーロッパ、東南アジア、アメリカに行ったり、日本に来たりしています。ですから、もしこの5,000万人のうち1割が日本に来たら500万人来る計算になるわけで、インバウンドはあっという間に増えます。日本がこの2年間でインバウンドがアジア各国から積み上げて500万人増えましたが、もし、中国の海外旅行者5,000万の1割を獲得したらあっというまに出来た数字でもあります。まだ、伸び代があります。

人数面だけでなく消費額の面から見ても中国パワーは力強く、日本を含むアジア各国対比で10倍の規模に達するとされています。

また、アジア各国の伸びも注目すべきです。これまで、目的地でしかなかったカンボジアだとかベトナムも、観光収入で豊かになり、自分たちが海外旅行を楽しめる層が急増しています。2015年の12月にはASEANで経済共同体を成立しますので、ヒトとモノの移動はさらに活発になるはずです。LCCもどんどん飛びますし、アジアの中の移動は飛躍的に増えていきます。ツーリズムの世界では「行き先 (destination) としてのアジア」が「送り手 (Source Country) としてのアジア」に大きく変貌しようとしていると注目しています。このような世界の潮流の中に日本がいるということをまず知って下さい。

Ⅲ　オリンピックを契機に輝く destination 日本へ

1．国のブランドの重要性
(1) インバウンドとアウトバウンドの増大——交流大国の時代

世界のツーリズムが成長する潮流の中で、日本の問題点を話します。ご存知のことが多いので、要点のみおさらいしましょう。まずは少子高齢化です。特に地方では集落が消え去る事態が懸念されています。その中で、居住人口の減少分を一時訪問者の人数で補う、つまりインバウンドを増やすことで補おうという政策がとられています。

今、インバウンドは昨年1,340万人です。2015年は、多分、1,600万人を越えるでしょう（注　日本政府観光局（JNTO）の資料によると、2015年は、推計値で1,973.7万人となり、前年比で47.1％の増加となった）。海外旅行が2014年は1,600万人ちょっとなので、2015年、インバウンドとアウトバウンドが逆転することになるでしょう。数年前には想像もつかないことです。インバウ

ンドとアウトバウンドの双方向で3,000万人という時代になってくると、当然、空港や、出入国の設備だとか、ホテルだとか、いろんなものを全部変えていかなくてはいけません。もっと基本的な国のかたちそのものが、国際交流がどんどん盛んにする、いわば「交流大国」の時代を迎えることになります。早稲田は留学生の数も多く、国際化が進んでいます。皆さんには「交流大国」のリーダーの役目を果たして頂きたいと思います。

(2) 日本の国家ブランド力は世界第5位

さて、インバウンドは経済的な補完効果だけなのでしょうか？

私は皆さんに国家ブランド力のアップという重要な役割がることを、今日お話ししようと思います。国のブランド力を現す指標はいろいろあります。今日紹介するのはサイモン・アンフォルトの国家ブランド指数（National Brand Index）です。聞いたことがある人はいますか？　何故この指標を紹介するかといえば、サイモン・アンフォルト氏はイギリスの広告代理店の社長で、実施にイギリス政府のアドバイザーや韓国など各国のブランド戦略に携わっており、ブランド戦略でロンドン・オリンピックを成功に導いてもいるからです。

サイモン・アンフォルトの国家ブランド指数では、資料6のように、六つの指標を使ってその国のブランド力を評価します。輸出製品、観光、国民、文化、投資と移住、政治的課題への取り組みの六つです。

資料6　日本のブランド力は第5位　観光は重要指標

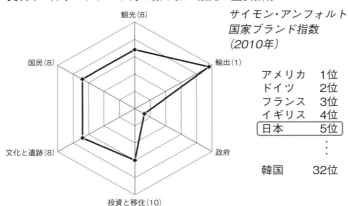

まず、「輸出製品」であなたはどの国のものを買いますか、どこが一番いいと評価しますか、そのランキングを付けてくださいということです。それから、「観光」するならどこの国の観光をしたいですか、それから、「国民」としてお友達になりたいとか、お付き合いしたい国はどこですか。「文化」として、例えば小説だとか、映画だとか、芸術品ですね。そういったものでどこの国の作品が見たいですか、遺跡はどこの国のものを見たいですかということが文化という指数です。「投資と移住」は、まさにずばり、どこの国に投資したいか、それから、どこの国に住んでみたいかという指標になります。「政府」というのは、環境や平和など、国際的課題にメッセージを発信することが国に求められています。どこの国の政策を評価しますかというのがこの政府という指標です。

　方法は約2万人の世界のオピニオンリーダーにアンケートを取って集計して、各項目のランキングと総合ランキングを作って発表しています。今スライド紹介しているのは2010年のデータです。アメリカが1番で、ドイツが2番で、フランスが3番で、イギリスが4番で、日本が5位。2014年は、カナダが5位に入って、日本は6位になりました。韓国は今32位です。2014年のランキングで日本は輸出製品が第1位、観光、文化、国民が第8位、投資と移住が第10位と健闘して、政治がランク外にもかかわらず総合で6位だったのです。

(3) 国を挙げてのブランド戦略

　何故国のブランド力が大切なのでしょうか？　例えば、韓国は、サムスンだとか、現代とか、世界で売れている製品がいっぱいあります。しかし、日本のブランド力が高いお陰で、同じ代金だったら日本製品買うことになります。あるいは、ちょっと高くても日本製品を買うというのが、これがブランド力です。国のブランドのランキングが高いということは、輸出製品だとか、観光だとか、あるいは投資環境にしても、全部に影響してくるわけです。だから、国のブランド力をどうやって上げていくかということに対して、各国は躍起になっています。イギリス政府はサイモン・アンフォルトの指標を国のブランド戦略の基本においています。それから、韓国も彼と契約をして、どうやってブランド力を高めるか一所懸命取り組んでいます。

　韓国は韓流スターを民間大使に起用して、東南アジアで韓流ブームを起こ

しています。インドネシアだとか、マレーシアとか、タイから、一昔前の日本のように、韓流スターツアーが韓国に押し寄せています。それも、K-POPだとか韓流スターを使うというのが韓国としてのブランド戦略で、文化の得点を稼いで、全体の総合点を上げていこうという戦略なのです。観光面でも。国営でカジノを作ったり、新しいテーマパーク作ったりということに、韓国はお金を投資しています。これも観光で人気を上げていくことによって国全体のブランドを上げようという戦略です。そうすると、輸出製品のブランド力も引っ張られて良くなってくると考えているわけです。

　日本も近年、どうやって日本のブランド力を上げていくかということについてかなり研究をしています。興味深いのはオリンピック・パラリンピックを開催すると、国家ブランドは大体順位が一つくらい上がる傾向にあることです。それだけ効果が大きいということです。特にイギリスの成功例について日本は学んでいます。日本政府観光局（JNTO）は、イギリス政府観光局と業務提携して、そのやり方を勉強しています。

2．オリンピック・パラリンピック開催が国家ブランド力を上げる
(1)　バルセロナ——1992年

　資料7は、2020年のオリンピック・パラリンピック開催が東京に決まった瞬間です。私たちJATAでは一昨年の国際会議で「Mega Event and Tourism」のテーマでオリンピック・パラリンピックが国のブランド力をあげ、観光にも大きく貢献することを取り上げました。

　まず、1992年のスペインのバルセロナ・オリンピックの例を紹介します。バルセロナはカタロニア州の州都で、独立運動があるほど独自の文化を誇り、ピカソだとか、ガウディだとか、芸術家がたくさん生まれている、とても素晴らしい場所です。一方で大きな工場がある工業都市でもありました。スモッグで空が覆われ、工場労働者が町にあふれ、飲み屋では荒くれ者が飲んでいるというおよそ観光都市とはかけ離れたイメージの街だったのです。

　バルセロナ・オリンピックの時に、ホテルも充実していなかったこともあり、世界中の大きなクルーズ船を何隻も引っ張ってきて、港に留め置いてホテル代わりに使いました。ただ、船から見える景色が汚いとどうしようもないということで、港から見える景色、公園や港を全部整備しました。

資料7　2020年オリンピック・パラリンピック競技大会

　オリンピック・パラリンピックが終わった後、バルセロナに世界一周の船や地中海クルーズの船が必ず立ち寄るようになりました。いつの間にかバルセロナはウオーターフロント、港からの景色が素晴らしい街というイメージに切り替わり、観光都市になったのです。オリンピック・パラリンピックの開催前までは「スペインのマンチェスター」と呼ばれていたスモッグだらけのイメージの工業都市が「地中海のコパカバーナ」という、ブラジルにある素晴らしいビーチリゾートと並び称されるように全くイメージが変わってしまったのです。

(2) ロンドン――2012年

　近いところでは2012年のロンドン・オリンピックの例があります。テレビで見ましたか？　この間、ある大学で「見ましたか？」と尋ねたら、「僕はテレビを持っていません」という人が何人もいて、講義が終わった後で、「明日テレビ買うことにしました」という人がいました。

　さて、ロンドン・オリンピックのときにマラソンコースが非常に走りにくい街の真ん中にコースが作られていたことに気づかれましたか？　シティー

だとか、ビッグ・ベンが出てきて、リージェント通りが出てきて、あれはロンドンの観光名所をつなぐマラソンコースになっており、しかも2回走ります。ランナーとしては走りにくいと思います。カメラが選手を追う一方で、その映像を見る世界中の人にロンドンの観光案内をしているわけです。テレビを通してロンドンの街の観光名所がずっとテレビ映像で流されていたのです。

　オリンピック・パラリンピック開催期間のロンドンはホテルがなかなか取れませんでした。そこで、イギリスは地方を宣伝して、誘導する戦略をとっていました。当時ヒットした『007』の映画の舞台は北のスコットランドで「イギリスにはこんな素晴らしい所がいろいろある」という宣伝映画になっていました。湖水地方など、ロンドン以外の観光名所を、大宣伝したおかげで、オリンピック・パラリンピック終了後も、イギリスに行く観光客は毎年5％、6％増えています。オンピック・パラリンピックを上手に利用して、イギリスは古くてなんかやぼったい、もう終わったみたいな国だったイメージを、新しい魅力がいっぱいある国ですとイメージ転換することに大成功したわけです。

(3)　東京──2020年

　日本にとっては2016年の9月のオリンピック・パラリンピックの閉会式でリオデジャネイロから東京に旗が渡されてからが勝負です。日本がこれからどう文化を発信するか？　閉会式では次に行われるオリンピック・パラリンピックのイメージを示すショーをやります。また、東京や日本の各地でも日本のイメージ向上のために文化・スポーツのイベントが開催されていきます。4年間の日本の露出の仕方によって日本のイメージが作られていくのです。僕らは2020年へのカウントダウンとよく言っています。2020年に向けて日本のイメージをどうやって作り上げるかを一生懸命考えています。

　実は1964年の東京オリンピックは、その頃私も小学生で、日本はようやく敗戦から立ち上がって、まだ貧乏で、これから一生懸命働いて豊かになっていく、そういうイメージのオリンピック・パラリンピックでした。世界の国にようやく復帰したという時代で、それから日本の高成長が始まり、「ハイテク日本」というものができあがっていきました。先ほど紹介したように国のブランディングで「輸出製品NO1」というのを作り上げていきました。でも、

今の日本はすでにその面ではできあがってしまっているのですから、日本のブランドをどのように訴求し直すのかという新しい切り口が必要です。

今は観光でこれだけたくさんお客さんが日本に来ています。「ハイテクとおもてなしを融合させた」日本独特の観光のブランドを出していくことを準備しているところです。

皆さんも、この中でもう2、3年たったら卒業する人が多いでしょうから、そのときに、どこの現場でオリンピックに関わるか分からないけども、なんらかの形で必ずオリンピックとの関わりが出てくるはずです。そのときの自分をイメージして下さい。自分がオリンピックの年を迎える日本、それに向かってどういうところで世の中に関わっていけるのかなということはぜひイメージを膨らましてほしいし、そういうアンテナを持ってほしいと思います。

Ⅳ　旅行会社の役割

1．価値創造の進化
(1) パイン＆ギルモア『経験経済』
①脱コモディティ化のプロセス

この中には、広告代理店に就職したい人もいると思いますので一冊の本を紹介します。『経験経済』という本です。これは、僕が8年前のこの講座で講義をしたときにも紹介した本ですが、今は再版されて、新訳版（ダイヤモンド社、2005年）が出ています。B・J・パインⅡと、J・H・ギルモアの『経験経済』、英語では *The Experience Economy* という本です。副題には、「脱コモディティ化のマーケティング戦略」となっています。脱コモディティ化というのは、あらゆる産業に共通するテーマです。あらゆる産業において、いいものを作っても、それを模倣して安く大量に売っていこうという圧力が常にあります。この本を読んでおくと、これから先いろいろ仕事をしていただくときにものすごく役に立つと思います。

もちろん、旅行業やツーリズムでもあてはまります。それから、今のテーマパーク、ユニバーサル・スタジオもそうだし、ディズニーもそうだし、成功しているテーマパークがなぜ成功しているかいうことにもつながってきます。2000年のときに電通が翻訳をして、ある意味では、日本中のマーケティ

資料8　価値創造の進化〜経験経済（Experi-ence Economy）

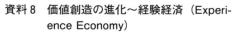

ングの人たちが読んでいる教科書みたいな本です。是非読んでいただきたいと思います。今日はそのサマリーを手短にお話しします。

　資料8のように、まず、普通の商品がコモディティ・素材から始まって、製品（プロダクト）化され、サービスが加わり、最後に、経験の演出、の四つの段階で発展していき、その中で他のものと差異化をすることで、だんだん価値が上がっていくという考え方です。

②コーヒーの場合

　具体例を出します。この本には、一番分かりやすい安いものの例としてコーヒーが取り上げられています（B・J・パインⅡ＆J・H・ギルモア『経験経済』新訳版、ダイヤモンド社、2005年、10-12頁）。

・「コモディティ」レベル

　まずコーヒーはスーパーで豆のまま買ってくると非常に安い品物です。これがまず「コモディティ」ですね。

・「プロダクト」レベル

　次に、いろいろな豆をブレンドして、インスタントコーヒーとしてパッケージ化すると、2段階目の「プロダクト」になります。ある程度の値段が付いてきます。ネスカフェならゴールドブレンドとか、テレビで広告を出しますと、一つのブランドができあがり、プロダクトとして独り立ちできるわけです。

・「サービス」レベル

　これを、コーヒーショップ、ドトールだったら、今、250円ぐらいですね。元々ドトールは気軽にコーヒーが飲めますということで、コーヒーチェーン

を展開してきました。ここでお店で煎れたコーヒーを人の手を介して提供する「サービス」という段階になったわけです。

同じコーヒーチェーンでもスターバックスは何故高くても流行っているのでしょうか？　アメリカのシアトルでスターバックスが一番最初にできたときのコンセプトは、本場イタリアのエスプレッソの味・香り、雰囲気を再現して、本物のコーヒーの文化を楽しむっていうコンセプトでした。あっという間にアメリカ全土に広がりました。日本でも、スターバックスが出たときに、1杯400円とか500円とか、何故あんな高く売れるのかなと思いましたが、あっという間に国内に広がりました。

アメリカで飲むコーヒーは、色が付いているだけのお湯みたいな感じの、本当に薄くて、あんまりおいしくないコーヒーだったのが、スターバックスのコーヒーが本物のコーヒーだと知ったということです。

ただの味だけではありません。元々のスタバのコンセプトは、豆を惹いている音、そこで出る香り、音楽もそれに合わせるということで、演出をして、まさにイタリアのエスプレッソを味わえるという雰囲気を体験させるということです。当然禁煙です。非常に雰囲気もいい。アルバイトに行っても、多分すごく厳しく教えてくれると思いますが、それなりの雰囲気があるからあの料金になっているわけです。これは4つ目の段階の「経験の演出」が一部取入れられています。

・「経験の演出」レベル

「経験の演出」のほかの例をコーヒーで例えれば、ホテルのコーヒーもそれにあたります。1杯800円とかしますね。何故そんな値段なのかといったら、それなりの打ち合わせや特別な日のときに行って飲むということです。多分皆さん、時や場所や目的で、使い分けているのでしょう。

この本の中には「経験の演出」の一つの例が紹介されています。アメリカ人の老夫婦が、人生の節目に初めて海外旅行でイタリア旅行に行きました。最初の晩はベニスです。せっかくヨーロッパ旅行のスタートなので、翌朝思い出になる場所に行ってコーヒーを飲もうということになり、ホテルのコンシェルジュに「どっかいいとこないですか」と相談するのです。「カフェ・フローリアンという素晴らしいカフェがあります、歩いて10分ぐらいで行けますから、そこを予約しておくので朝一番で行って下さい」という返事でし

た。朝靄の中歩いてサンマルコ広場に到着しました。広場の片側は港に面していて、波の音が聞こえ、カモメが飛んでいます。片側に王宮と教会があって、非常に厳かな雰囲気なのです。その広場の一角にカフェ・フローリアンという王宮のような佇まいのカフェがあります。

　入っていくと、ウエーターは黒服でピシッとして、器は全部国宝みたいな器です。それにコーヒーを入れてうやうやしく持ってきてくれます。コーヒーがサーブされ飲みます。そして、音楽を奏でてくれます。目の前の景色は世界遺産の景色です。1時間ほど至福のときを過ごして、そろそろホテルに帰って観光しようという話をして、お会計をしました。1人1,500円、2人で3,000円払いました。ホテルへ帰って、コンシェルジュに、「本当にいい所を紹介してもらって、ありがとう」と、「こんな素晴らしい時が過ごせて私たちは幸せです」って言って、1,500円が高いとは一言も言いませんでした。

　ベニスにも多分、100円か200円で飲めるコーヒーもあるでしょう。でも、何故カフェ・フローリアンをコンシェルジュが紹介したのでしょう？　やはり一生に一度の素晴らしい体験にふさわしい場所を紹介したわけです。そこで1,500円を支払うのが価値として当たり前の納得感が得られればいいわけです。ですから、コーヒー1杯でも、100円のものあれば、500円のものもあれば、1,500円のこともあるけれども、それにふさわしい価値を提供していくのがマーケティングであると教えているのです。

(2) 旅行会社における価値創造の進化

①旅行の「コモディティ」レベル

　これをいろんな業界に当てはめていくと、いろいろなことに気づかされます。各業界の各会社で、コモディティ、プロダクト、サービス、経験の演出のどの段階でビジネスをやっているか、どういうかたちでやっているかと見ていくと非常に面白いです。旅行業界はというと、今はもうインターネットで飛行機の切符も列車のチケットも買えますよね。わざわざ旅行会社のカウンターなんか行かなくても買えるという時代なので、そういう素材は、コモディティです。これは簡単に仕組みで取れるようになってきました。それから、パッケージツアーも、今、飛行機とホテルの組合せみたいなものはインターネットで簡単に予約できます。

②旅行の「プロダクト」レベル

　もうちょっと工夫して、パッケージツアーでよく、旅行会社のお店に行くといろんなパッケージツアーのパンフレットが並べられています。これはさっきコーヒーの例で取り上げたネスカフェの瓶コーヒーみたいなもので、「製品」にあたります。交通手段や宿泊や観光をパッケージ化していって、ブランディングをしていって、それらにサービスを加えていって、プロとしての味付けをしながら提供するわけです。もうちょっと高級なもので、例えば、京都に行く『しばし京都人』というパッケージツアーは、京都のホテルに泊めないで、わざと町家、昔の古民家に泊めて、特別な体験ができるようにご案内するという企画もあります。このよう「体験の演出」を加えていくわけです。それによって価値を高めます。価値を付けていって、他社の企画と差をつけて、高く買ってもらうという工夫をしています。

③旅行の「サービス」レベル

　サービスという段階になると、オーダーメードで、団体旅行だとか、皆さんの希望を聞きながらいろんなツアーを作っていく仕事もあります。旅行会社で、パンフレットを全く置いてない店も最近あります。全部お客様の注文を聞いて、オーダーメードで作っていくというサービスを提供するお店もあります。これらが「サービス」に相当します。

④旅行の「経験の演出」レベル

　「経験の演出」についていくつかの例をお話します。

　資料9はオーストラリアで実施されたある会社の社員旅行のホテルのバンケットでのパーティー風景です。この会社は、非常に社員が頑張ってくれ儲かったので、社長が200人の社員をねぎらう為にオーストラリアに連れていくことになりました。

　社員の間では、会社の人間と一緒に行っても自由は利かないし、つまらないなというような意見もありました。そこで、一般のツアーでは体験できない特別な思い出を作ってあげる演出をしようということになりました。樹木をホテルのバンケットに運び込み、土も盛って、熱帯雨林を再現しました。そして、小さいエメラルドの宝石をあちこちに隠して、宝探しゲームみたいなことをやりました。当たった人、一番が当たれば3万円ぐらい、当たらない人も300円ぐらいのくず原石ですけど貰える、そういうことをやってパー

資料9　価値創造の進化　～経験経済　旅行の場合　経験の演出

　　　経験の演出（Experience）
　　　MICE（Meeting Incentive Convention Exposition）
　　　・思い出に残るパーティ演出
　　　　　世界遺産キュランダ熱帯雨林の中で
　　　　　　　　　　　　　　　Aussie bush Night Party

ティーを盛り上げました。このパーティーをやったおかげで、1年たっても、「あのときのオーストラリア良かったね。また連れていってください、社長。私たち、頑張って働きます」ということで、1年間もちました。これも、ただオーストラリアに行ってツアーで帰ってきただけだったら、何の思い出もなしに、それぞれの勝手な動きで終わっちゃっただろうなということで、特別な体験「体験の演出」だったということです。

　先ほど韓流の話しをしましたが、今から7、8年前、皆さんのお母さんたちの世代が、韓流ブームで、1回のツアーで、それこそ何千人という人たちが韓流スターのファンツアーに参加した時代がありました。当時のスーパースターは「冬のソナタ」というドラマで一世を風靡したペヨンジュさんです。そのペヨンジュさんが主演し、映画の撮影助手という役どころで、ちょうど映画を撮るシーンに3,000名のエキストラが必要となり、そのエキストラになるツアーを募集したところわずか1時間で満席となりました。映画のワン・シーンに入れるという特別な体験を組み入れたことで成立した企画です。

　嵐が昨年ハワイで、9月19日と20日でコンサートをやりました。日本からなんと1万5,000人が参加しました。各地から海外旅行に行ったことない人がたくさん行きました。特に北海道は、旅行会社がお手伝いしたこともあ

り、パスポート番号が何十人か連番で発給されました。みんな嵐のコンサートを聴きたいということで、実は80％の人がハワイに行ったことがなかった、海外旅行初めての人も半分ぐらいいたということです。9月19日は「嵐の日」にして何かイベントをやろうハワイでは検討しるようです。これも「体験の演出」になると思います。ファンクラブの人でも、嵐のコンサートのチケットがなかなか取れないという背景があります。

　最初に紹介したアンコールワットの世界遺産のコンサート、これもあの場でしかできない一期一会の素晴らしい体験をやる、だから行くという企画を作ったのです。そういうプロデュースをしていくというのが旅行会社の仕事でもあるのです。ですから、単に飛行機とホテルを組み合わせてインターネットで売るのも仕事かもしれませんし、一回しか経験できないことを特別に演出して、企画を作り上げてやっていくということも旅行会社の仕事です。それによって当然価値が違ってきますから、料金も違ってきます。どうしても世の中は安い方に安い方に流れていきがちですが、いかに価値を作っていって高めていくか、価値を創造していくっていうことが旅行会社の腕の見せ所です。そこが一番、特に旅行会社の醍醐味です。どの仕事にも応用できる話ですので、是非この本を読んでほしいなと思います。

２．旅行産業の事業変革
(1) 旅行産業の成長ゾーン

　今、旅行業界で課題になっていることをお話します。資料10を見てください。大手の旅行会社の取扱高のうち、3分の2が国内旅行で、海外旅行が3分の1ぐらいで、インバウンド旅行は、特に取り扱いが非常に少ないのです。ですから、そこをどうやって増やしていくのか構造転換させることが大きな課題です。

　それから、今、成長ゾーンとして考えられていることの一つ目は、「インターネット（eビジネス）」をどううまく取り込むかということです。次に、「MICE」です。ミーティングのM、インセンティブのI、コンベンションのC、エキシビションのEということで、国際会議だとか、招待旅行だとか、コンベンション、そういったものを中心としたビジネスが主要です。この言葉は頻繁に出てくるので、ぜひ知っておいてください。そして最期が「グローバル化」で

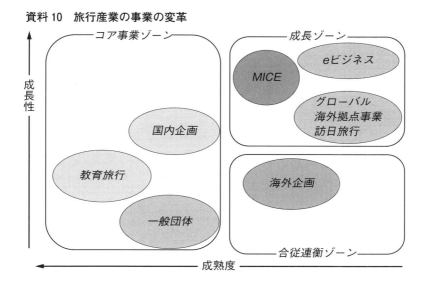

資料10　旅行産業の事業の変革

す。海外でこれだけ観光需要が爆発的に増えているわけですから、日本の中だけ考えていくとマーケットはだんだんお客さん減ってきますが、世界に目を向けると、需要が無尽蔵にあるということなのです。そういう新しい動きをどう取り込んでいくのか、変化にどう対応していくのかというのが今の旅行業界の流れです。海外でどう事業化を進めるかグローバル化は避けられません。

(2) Ｍ＆Ａに注目すると戦略が見える

　ある産業の課題や未来を勉強するのに一番分かりやすいのは、Ｍ＆Ａの案件を見ていくことです。私の経営者の経験からしても、新規に事業を起こし、成長分野を強化する時に、短期間でやろうと思うと、Ｍ＆Ａが一番早いのです。成長が停滞している事業は現在大きくても、縮小、撤退して、新規分野、成長分野に投資していくというのが経営です。新聞の記事を読んで、ある会社が投資をしたとか、買収をしたとか、そういう話を見ていくと、この業界はその方向に向かっているのだなというのが分かります。

　近畿日本ツーリストの例では、角川書店とインターネットを利用して着地型観光の合弁会社を作ってみたり、アジアにどんどん会社を作ってみたりと

かを実際やってきました。最近では、ジェイティービーを見ても、やっぱり海外の会社を買収したりしていくのが目立ちますし、インターネットの投資も目立ちますよね。それから、エイチ・アイ・エスについても、海外に航空会社を作ったり、国際的な展開に非常に力を入れているというのが新聞記事を見ても分かると思います。

(3) 海外事業の展開

　先日ジェイティービーと、近畿日本ツーリストと、エイチ・アイ・エスの3社に、海外の拠点の数がどれぐらいあるか教えて頂く機会があったので紹介します。

　まず、海外拠点がいつできたかということですけど、ジェイティービーは1952年にもうニューヨークに拠点を作っています。近畿日本ツーリストは、1975年にヨーロッパのアムステルダムに拠点を作りました。エイチ・アイ・エスは、会社が若いですから割と遅くて、1980年に香港に最初に作っています。初期の海外拠点を作った理由は、日本人が海外に行ったときにやっぱり言葉の問題が大きいのです。日本語のガイドさんが案内をして、日本式のサービスで安心して案内して欲しいという希望が大きかったのです。ですから、自社の社員を現地に置いて、ちゃんと監督したり、あるいは出迎えをしてもらったりとか、そういうことをしていくので、最初は、どちらかというと日本のお客さんのサービスをするための拠点として作っていったわけです。

　そのうち日本の企業がどんどん進出をしてくる時代を迎えてきて、その日本の企業の人たちが出張に行くとか、旅行に行くとかっていうこともだんだん増えてきます。その仕事の取り扱いから始めて今は対象が日本人だけじゃなくて、地元の国の人たちを相手に仕事をするかたちに変わっています。日本式サービスというのは、非常に時間に正確とか、丁寧とか、それから、もてなしが非常にあたたかいとか、そういうサービスです。これは、日本だと当たり前なのですが、以外と非常に海外に行くと「日本式サービスはいい」という評判になることが多いのです。その結果、日本のお客様だけでなく、海外のお客さんの仕事もするようになっています。

　今、先ほどの3社だけでも海外の拠点の数で700箇所ぐらいあり、働いている社員の数が1万人ぐらいです。日本人の割合は、2割ぐらいで、現地の人と一緒になってビジネス展開をしています。これは、3社の例ですけども、他

にも、いろいろな会社が、アジアに拠点を作ったとか、会社を作ったとかっていう記事をよく見ると思います。

V　日本旅行業協会（JATA）とは

1．JATAの主要活動
(1) 政策提言、需要喚起、共通業務提供、消費者保護

　最後に、私どもの日本旅行業協会が何をやっているかを簡単にお話したいと思います。今、日本には小さな会社、国内旅行しかやってない会社も含めて、旅行会社は1万社あります。ただ、海外の企画旅行の募集をするには、それなりの資格や事業規模が必要です。大手から中堅どころの旅行会社1,126社がJATAに加盟しています。ですから、海外旅行の募集をしているような会社は、だいたいJATAのメンバー会社です。海外旅行取り扱いの8割ぐらいはJATAの会員会社だと思います。

　仕事は政策提言、需要喚起、共通業務提供、消費者保護の4つです。

　まず、「政策提言」とは、国会議員、国土交通省などと法律や制度を作ったり、改正したりする仕事です。

　次に、「需要喚起」とは国内旅行や海外旅行の需要を作る仕事です。それから次の「共通業務提供」とは、会員の会社に対してのいろいろな情報のサービスとか、人材の獲得や研修を行う仕事です。「消費者保護」では例えば、旅行会社が倒産して、申し込んだ旅行代金が返ってこないという事態が発生した時、JATAの会員の会社の場合には、ある程度補償して、そのお金を返すような仕組みがあります。苦情相談も行っています。

　「需要創造」の例を紹介します。5月に中国、北京へ3,000人以上の人を連れて、日中観光文化交流団という代表団を送りました。ちょうど日中関係が非常に冷え込んでいるということで、二階総務会長が発起人で一緒に企画しました。3,000人で中国に行って、人民大会堂という日本でいえば国会議事堂に相当する所で習近平主席が出席する大パーティーをしてきました。これを民間で成功させたことで、中国と日本の関係は大きく改善でき、日本と中国の航空交渉が再開されてきて、今、飛行機がどんどん中国から飛び始めてます。その契機になった大きなイベントなのです。私自身は全体の事務局長

として総括をしていました。

(2) ツーリズム EXPO ジャパン

それから、今年は9月25日からツーリズム EXPO ジャパンという、来場者が3日間で18万人ぐらい来る、世界の三大旅行イベントの一つをやっています。もしよかったら、遊びに来てください。

世界中151カ国が参加して、日本の47都道府県が全部参加している大きなイベントですから、旅行のムーブメントも作りに大きな役割を果たしています。それ以外に、海外旅行、国内旅行での安心・安全を守るために、7月1日は防災訓練みたいなことをやって、事故が起きたときに大丈夫なように模擬訓練をやっています。

それから、学生の皆さん向けには、お手元にありますように、9月のツーリズム EXPO で若手社員による業界ガイダンスをやったり、企画コンペをやったり、それから今、就職ナビも作っています。JATA を検索してもらうと、エントリーできる仕組みも作っていますので、もし興味があればエントリーしてください。

2．その他のサポート活動

(1) 学生向けプログラム――ツーリズム産業を目指す人たちへ

どこの業界でもそうですけど、いきなり大学卒業したから幹部候補生で特別なコースに行くっていう世界はなくて、入社してすぐ幹部にはなれません。

アメリカの場合は、観光学部では、基礎講座2年間、実習2年間で、例えばフロリダ大学だと、ユニバーサル・スタジオのコールセンターを実際に体験したりとか、キッチンでフライをずっと揚げてみたりとか、そういう職場体験の上で卒業するので、大体、いきなりマネジャー職になります。もっともマネジャーと言っても、レストラン・チェーンだとか、ファーストフード・チェーンの店長さんのようなイメージです。日本とはやり方が違います。

ただ、日本式のやり方は、総合力を付けていって、マネジメントになっていくというキャリアプランです。ここにいる皆さんだったら絶対マネジメントに進めます。

(2) 国際貢献――国際社会の期待に応える

私自身が最近心がけているのは、海外との交流です。JATA は、国連の観

資料11　世界最大級のイベントツーリズムEXPOジャパン
展示会

国際観光
フォーラム

商談会

前夜祭

顕彰事業

2015年9月24日～9月27日、東京ビッグサイト
BtoB（国内、海外、訪日旅行）　　BtoC（来場者20万人）

光機関（UNWTO）などと提携している関係があって、国際会議に参加してスピーチをしたり、パネルディスカッションをしたりするようにしています。特にアジアの人たちは若く日本に学びたいっていう人たちも非常に多いので、そういう人たちに、自分たちの経験も話しながら、新しいアジアを一緒に作ろうという話をしているところです。観光は世界的に見ても若い人たちが働いて、すぐ力を出せる業界だと思います。

　世界が日本に期待しているのは、日本の観光客に、お金を落としてほしいということもありますが、日本のやり方、時間を守るとか、丁寧なサービスするっていうことも含めたサービスの仕方とか、いろんな仕組みについても教えて欲しいということです。乱開発ではなく、上手に持続的に成長させるやり方を日本から学びたいという話も来ていますので、それにもぜひ協力をしたいと考えています。

(3) 社会貢献——東北復興支援「みちのく潮風トレイル」

　私たちが取組んでいる東北の復興支援プロジェクトを紹介します。環境省が2020年までの7年間かけて震災と津波で被害を受けた八戸から福島の相馬までの道を整備して、「みちのく潮風トレイル」という約600キロのロングトレイルを整備しています。資料12のように、JATAはこの事業に賛同して、毎年500万～600万円をかけて、人を送り込み、一緒に道の整備をし、道標を作り、モニュメントを作る活動を実施中です。2014年に、八戸市に隣接する階上町でスタートし、2015年は福島の相馬市というように順々に取り組んでいます。最終的には、潮風トレイルをオリンピックの聖火ランナーに走ってほしいと思っています。そういう夢を持ってやっています。このトレイルは、リアス式海岸なので、できたら、世界各地のリアス式海岸と姉妹リアス式海岸として発信をしていき、世界のお客さんにも来てもらうことを考えています。これは協会の事業として、息の長い事業になりますけども、東北に新しい価値を作り上げていく大切な仕事だと思い、取り組んでいます。

資料12　東北復興支援　みちのく潮風トレイル

JATA東北復興支援プロジェクト
「行こうよ！東北」

JATAの道プロジェクト

3．観光立国の意義とツーリズム産業の将来

　最後にまとめます。世界の観光需要は爆発的に増えています。日本の中では、少子高齢化で需要が縮んでいき、いろんな産業が縮むかもしれないというふうに見られていますけれども、外に目を向ければ無尽蔵の観光マーケットが広がっています。その中で日本の良さを伝えながら、交流をしていくことで大きな成長が見込めるということです。観光は極めて重要な分野であり、われわれ旅行会社というのは、その中の牽引役を果していこうと頑張っているという話をさせていただきました。

以上で予定の時間を終わりました。

【確認問題】

問1 「国際観光の潮流」についての記述のうち、内容が誤っているものを4つの選択肢のなかから1つ選びなさい。

①アジア・太平洋は人口が全世界の56％、GDPが全世界の31％を占め、政治的安定や経済成長で中間層が増加しているので、中国やインドへの旅行者の増加が期待できる

②到着客数の推移（予測を含む）をみると、北東アジア・東南アジアが占める割合は2010年に19.3％、2020年に23.4％、2030年に28.3％と大きくなる

③地域別の国際観光到着数（予測を含む）は、どの地域も1995年、2010年、2030年の順に増加している

④アジアの国と地域別に出国者数を見ると、中国が1億人を超える出国者数であるが、半分は香港に行った人数なので、5,000万人程度が「海外旅行」に行ったと考えるほうが良い

問2 「双方向交流による日本の未来」の説明に関する記述のうち、内容が誤っているものを4つの選択肢のなかから1つ選びなさい。

①2014年の日本人海外旅行者数（インバウンド）は1,690万人であるのに対し、訪日外国人旅行者数（アウトバウンド）は1,341万人である

②スペインのバルセロナやイギリスのロンドンでは、オリンピックを契機にイメージ・チェンジに成功し、観光ブランドを確立した

③2010年のサイモン・アンフォルト国家ブランド指数によると、日本は第5位であり、商品などの輸出が第1位、観光、国民、文化と遺跡がそれぞれ第8位である

④2014年の訪日外国人の日本国内での消費支出は約2兆円に増加した

問3 「脱コモディティ化」の説明に関する記述のうち、内容が誤っているものを4つの選択肢のなかから1つ選びなさい。

①旅行業でいえば、宿泊・運輸の予約などはコモディティ段階であるが、パッケージ・ブランドはすべてプロダクト（製品）の段階である

②ビジネスでは、価値の創造が大事で、コモディティ（標準化商品）から、プロダクト（製品）、サービス、経験へと進化させるべきである

③旅行業でいえば、コンサート・ツアーやロケ・ツアーは、経験の演出の段階である

④旅行業でいえば、店舗で客の意向を聞きながらコンサルティングを行うことや、教育旅行（修学旅行など）などの団体旅行はサービスの段階である

問4 「JATAの新しい取り組み」の説明に関する記述のうち、内容が誤っているものを4つの選択肢のなかから1つ選びなさい。

①JATAは、国際化への対応として通訳観光ガイドの試験を主催・実施している

②JATAは、官公庁や政治家に対し、観光に関するいろいろな政策を提言している

③JATAは、共同キャンペーンや研修イベントなどで需要喚起をしている

④JATAには、旅行業者が倒産したときなどに旅行代金を消費者に弁済する仕組みがある

正解　問1　①　　問2　①　　問3　①　　問4　①

13　ツーリズム産業論

（一社）日本旅行業協会　会長　田川博己

I　はじめに

　皆さん、こんにちは。現在、インバウンドを含めてツーリズムは非常に注目を浴びています。JATA（日本旅行業協会）でも、4月に観光庁に対して旅行業界としての政策提言を行いました。

　日韓、日中関係が悪化しており、なかなか交流ができていないという問題があります。本来、日中、日韓の交流というのは、非常に重要なテーマなので、5月に私が実行委員長となり、国会議員をはじめとする日中観光文化交流団3,000人を北京へ派遣して、習近平主席ともお会いしました。「政治的な課題があっても、民間外交については大いにやるべきだ」ということを主席自ら話され、私も実行委員長として主席と握手することができました。残念ながら日本のマスコミはそういう報道をあまりしてくれません。

　これから、ますます日本に来られる中国の方が増えてきます。ぜひとも多くの皆さんに日中の懸け橋になってもらいたいと思います。ですから今日は学生の皆さんに、本題をお話しする前に、日中と日韓のことについてお話しをさせていただきました。

II　ツーリズム産業を取り巻く国際環境

1．ツーリズム産業を取り巻く環境

　ツーリズムが果たす役割について、昨年の4月に私が所属しているWTTC（ワールド・ツーリズム・アンド・トラベル・カウンシル）という協議会の世界大会がアブダビでありまして、クリントン元大統領が「平和と環境政策について精査し、それを世界的に進めていくのがツーリズム産業の役割だ」

資料1　裾野の広いツーリズム産業

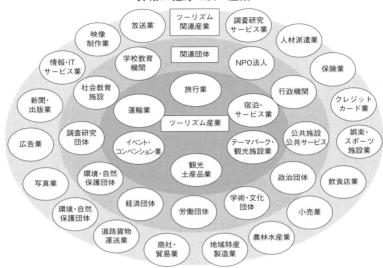

というお話をされました。平和だからツーリズム産業が成り立つというのではなくて、ツーリズム産業が伸びていくことが、結果的に世界の平和につながると考えるべきだと思います。

　ツーリズム産業は本当に裾野が広くなりました。資料1を見てください。昔は旅行業などだけが、観光産業と言われたのですが、今は農林水産業、航空業、地域の環境団体、エコツーリズムを含めて、ツーリズム産業として範囲が広がっています。現在日本における観光の経済波及効果は、旅行消費額が24兆円、経済波及効果を見ると約50兆円にもなります。最もツーリズム産業で重要な数字は雇用創出効果です。工場を誘致しても、今は機械化が進んでいるのでほとんど労働者は増えませんが、ツーリズム産業ではどうしても人が必要です。ツーリズム産業による雇用の創出人口が400万人ぐらいと言われていますが、実際はもっと多いでしょう。世界全体ではGDPの9.8％、雇用の9.4％を占めますが、日本ではGDPの5.1％、雇用の6.2％と、ツーリズム産業に関して言えば、まだまだ伸び代があります。皆さんが努力をす

ればマーケットが大きくなるということを、ぜひ理解をしていただきたいと思います。雇用創出効果や、経済波及効果の大きさもあり、ツーリズムは重要な産業セクターということで認識をされ始めました。

私が入社したのは1971年で、万博という大きな博覧会があった次の年でした。その時に海外旅行に行く方は、年間たったの70万人でしたが、今は最大で年間1,800万人になり、マーケットが大きくなりました。

私が役員になったのが2000年で、当時まだ観光庁や、観光立国推進法もなかった時代に地方創生の話を始めたときは、「何ばかなこと言っているのだ」と皆に言われました。今そんなことを言う人は誰もいませんよ。わずか15年前がそういう時代だったのです。

2．ツーリズム産業を取り巻く環境【経済的要因】
(1) アジアの経済成長と観光市場の拡大

それでは、資料2に基づいて、ツーリズム産業のマクロ環境分析フレームのテーマをひも解いていきたいと思います。

資料2　ツーリズム産業の環境分析　　　　　　　　　　　　　　　JTB

このように、ツーリズム産業は、
経済効果、雇用創出効果ともに非常に大きい産業であり、
世界においては重要な産業セクターとして認識されている。
このツーリズム産業を取り巻く環境について、下記4つの
マクロ環境のフレームで整理する。

【経済的要因】	【技術的要因】
・産業構造の変化 ・GDPの趨勢 ・景気、物価、金利、為替、株価 ・個人消費・個人所得等の各種経済指標	・技術革新と技術トレンド ・基礎研究の動向 ・特許の動向 ・代替可能性のある技術の動向
【社会的要因】	【政治・法律的要因】
・人口構成 ・ライフスタイル、文化 ・サブカルチャー、流行、価値観 ・教育、環境問題 ・社会問題（事件など）	・法律（規制、税制度、補助金制度など） ・政府の動向、大きな政治のトレンド ・国際政治関係（貿易・関税問題、政情不安 地域の影響、資源問題など）

（中央に「マクロ環境分析のフレーム」）

一つは経済的要因です。ビザが解禁になり円安だからアジアからたくさん訪日外国人が来ているわけではありません。圧倒的な理由は、アジアの経済

がわれわれの思っている以上に急速に成長しているからです。

　産業革命でイギリスから工場がアメリカに移り、そして戦後に日本に移り、50年代から中国へ、そして、今ASEAN諸国に移っているというように、大衆的なものづくりの生産の場が移り続けています。そうなると最も市場として重要なのは、アジア市場です。北東アジア・東南アジアの国際観光市場は、2030年には4.8億人になります。今、ヨーロッパに域内外から訪れる需要が4.8億人ぐらいです。2030年の前には、アジアは多分4.8億人を超えてしまうのではないかという勢いです。

　日本もついこの間までインバウンドが1,000万人に届かなかったのが、このわずか2年半ぐらいで急激に増加して2015年は1,800万人ぐらいになるのではないかと言われています。今年はフィリピン、インドネシアでビザが解禁されました。インドネシアは人口が2億人いますから、2億人の10％として2,000万人、富裕層で旅行する人が10％くらいです。2,000万のうち日本に200〜300万人、10％ぐらいは来るだろうと言われていますから、2014年の1,341万人から、おそらく400〜500万人ぐらい増えてしまうぐらいの勢いで伸びています。

(2) インバウンドとアウトバウンドの推移

　しかし、1,300万人なんて、他の観光先進国に比べたら、まだまだ小さい数字なのですよ。日本の国にどのぐらいの外国人が訪れるのが妥当かというのがあると思います。外国人旅行者受入数が一番多いのはフランスで、約8,000万人程度来ています。

　イギリスも島国ですけども、3,200万人ぐらい来ています。フランスは飛行機で来る人が2,700〜2,800万ぐらいです。日本に2,500万人以上来たら、大変なことだと思いますけども、人口の20％ぐらいは来て当然だとも言えます。そうすると、日本は今1億2,500万人ぐらいいますから、2,500万ぐらいがミニマムガイドラインかと思います。そこから500万人上乗せした3,000万というのが、目標値になってくるのではないでしょうか。

　つい最近、ある方とお話したときに、「2,000万人は、もう2020年の前に達成するので、2020年にはどのような目標にしたらいいか」と聞かれました。思い切って、「元々観光立国推進を始めたときに掲げた3,000万人にすればいいのではないか」と申し上げました。

ただ問題は海外旅行です。残念なことに、アウトバウンドが2014年に1,700万人を切ってしまった。円安問題などもあるかと思いますが、2,000万人ぐらいの力があるはずなのに、1,700万人ぐらいで止まっています。1964年のオリンピック前までは、海外旅行は自由じゃなかったのです。手続きが大変で、パスポートの申請のときにご自分の預金通帳の残高を見せないと、パスポートが発行されませんでした。インターネットでアンケートを取ると、最近の若者は海外旅行に行かないという結果が出ています。アウトバウンドをどう増やすかということが課題になっています。

　2014年に、インバウンドとアウトバウンド相互の数字を合わせて3,000万人になりました。日本は海に囲まれた国ですから、船か飛行機でしか訪れることができません。そうすると、1年間に飛行機の座席が3,000万席必要になってきます。ほとんどの人が東京・名古屋・大阪に集中すると、飛行機の座席が足りません。今は中国から来る人が多くて、われわれも海外出張に行くときに、中国に行く飛行機の座席がなかなか取れないというケースもあるのですね。2015年4月に44年ぶりにインバウンドよりもアウトバウンドの数の方が、上回ったことは非常に歴史的なことだと思います。

(3) インバウンドの分析

　それから、国別や地域別の訪問者の割合にも注目する必要があります。インバウンドは圧倒的にアジアの方が多いです。私は個人的には地域の比率が、欧米とアジアとで50％・50％ぐらいになってほしいなという気持ちはありますが、現実はアジアの方たちが79％を占め、そのうち東南アジアの人たちが12％ですから、中国、韓国、台湾、香港の方が多いということです。

　国際観光収支の収入と支出、つまり外国人が日本で使ったお金と日本人が海外で使ったお金が逆転して、2014年度は2,099億円の黒字になりました。これは貿易収支でいうと黒字ということです。それだけ外国人の方に買い物をしていただいたのですが、マスコミは「爆買」と書いたのです。失礼だと思いませんか。ありがたいことに、買っていただいたのですから。

　私はショッピングツーリズム協議会の会長も務めています。2年前にできた組織ですが、最初の参加は数社だけでした。今は百何十社に増えています。日本の匠の世界のものをいかに買っていただけるかが、取り組むべき一番大事なことだと思います。

3．ツーリズム産業を取り巻く環境【社会的要因】
(1) 定住人口と交流人口

　次に社会的要因についてお話しします。最大のテーマは少子高齢化です。統計学で一番正しいのは人口の予測です。会社で言いますと要員構成ですが、社員の要員構成の予測だけは外れることはありません。高齢化は間違いなく進んでいます。ぜひ皆さんが、一番関心を持っていただきたいデータです。単に労働人口が減るとか、市場のマーケットがなくなるという単純な話ではありません。今年お生まれになった方が100万人で、亡くなった方が127万と、1年で27万人も減ったのです。27万規模の都市が一個なくなったのですよ。もし500万～600万人減ると、神奈川県や愛知県がなくなるという規模です。そうなると、交流人口を増やすしかないのです。たとえば埼玉県の川越ですが、住んでいる方も多いですが、それ以上に年間400万人が訪れるんですよ。その人たちが食べたり、飲んだり、買物したりすることによって、川越は豊かなのです。交流人口を増やすことによって経済効果を高める取り組みが大事です。

(2) ニューツーリズムへのニーズ

　また、旅行のニーズは多様化しています。産業観光、ものづくりを見に行く観光、自分で触ってみる、体験してみるという新たな旅のニーズが高まっています。最たるものはエコツーリズムだと思います。私は日本エコツーリズム協会の副会長でもありますが、10年前と比べると、はるかにエコツーリズムも進みましたが、まだまだ一般化しているわけではありません。外国人の、特に欧米の方はグリーンツーリズムやエコツーリズム、環境に優しい旅行というのを期待して日本に来ています。安全、安心、清潔感を日本に求めてくるということがあります。江戸の末期に外国人が来て、最初に驚いたのは、路地に紙を捨てると、日本人は取って、着物の袂に入れるということでした。日本の町は打ち水をします。こういうことは、外国人は全く考えないです。

　韓国の、京畿道（キョンギド）の、州知事の方にお会いしたときに、「田川さんは何を私どもに期待しますか」って言うので、「日本人は清潔感が好きなんで、清潔感を出す努力をしてもらえますか」っていうふうにご質問をしたら、20～30秒考えたかな、「絶対に韓国人には無理です」と、おっしゃいました。

この清潔にするというのと、清潔感はちょっと違うでしょう。清潔感は、日本人の持っている文化の一つだと思います。

4．ツーリズム産業を取り巻く環境【技術的要因】
(1) 情報通信技術の進展
　技術的要因については皆さんの方が詳しいですね。インターネットの普及です。われわれも避けて通れません。皆さんが知っている旅行会社の要素はおそらく、店頭、修学旅行の添乗員、それから、インターネットで見る商品などでしょうが、旅行会社全体の仕事からすると、氷山の一角です。氷山の水面下に相当する大部分は、もっと違う仕事を行っています。インターネットは後進国・中進国と言われている国の方が圧倒的に普及しています。私が2年ぐらい前にインドに行ったとき、いろいろな動物が町に寝転がっているような町でも、カフェに行くと堂々と「Wi-Fiあります」って書いてあります。日本は遅れていますよ。今、国際会議では紙は使いません。Wi-Fiを使いタブレットで全部見てもらいます。日本の地方ホテルでは、Wi-Fiが使えないホテルはたくさんまだありますよ。そういう所では、国際会議が開けません。これは大きな問題です。

　携帯電話の普及率は、いろいろな国でほとんど100％に近いと思いますが、インターネットで仕事をするということだけではなく、ビジネスのベースになっているということが当たり前な世界になっています。

　スマートフォンも急速に普及しています。先進国ほど普及が遅れていて、後進国や中進国ほど、インターネットやスマートフォンは進んでいます。最初からスマートフォン、携帯電話で固定電話を経験していないのです。ソーシャルネットワークの拡大についてもしっかりとこれから対応していく必要がありますが、皆さんの方が日常的に使っていると思います。

(2) 震災復旧期に活用されたソーシャルメディア
　東日本大震災の時は本当にソーシャルメディアがなかったら大変だったなと思います。3・11の後、すぐに『ニューヨークタイムズ』が書きました。「自粛」という言葉をね。日本人特有の連帯意識から自然と波及する現象です。日本人はこういうことが起きると、皆が手をつないで守ろうとする、self-inposed control というように自分を規制することによって、復旧が遅れるの

ではないかと言ったのです。

「南部美人」という酒蔵の専務で久慈さんという人がいます。3・11の後、YouTubeで呼びかけたのですね、「酒を飲んでくれ」と。東京は4月の頭が花見の時期です。中止するのは困ると。中止しないで東北の酒を飲んでほしいと、YouTubeで流しました。これをテレビ番組が取り上げて、「ぜひ皆さん、東北の応援のためにも4月の花見はやめないでおこう。そして、東北の酒を飲もうじゃないか」ということを呼びかけました。

4月、5月の末になったら、東京から東北の酒は消えました。居酒屋に行くと、「東北の酒はありません」と書いてあります。売り切れたのです。結果、東北の酒蔵が立ち直るということがありました。彼がYouTubeに流さなかったら、誰もニュースに取り上げなかったのではないかと思います。ソーシャルメディアをどのように経済活動で使うのかということを、ぜひ考えていただきたいと思います。

5．ツーリズム産業を取り巻く環境【政治・法律的要因】
(1) 観光政策

2003年にビジット・ジャパン・キャンペーンが開始しました。小泉総理大臣が、日本があまりにも訪日外国人が少ないということもあり、何とか日本に1,000万人のお客様を呼ぼうということで、キャンペーンを始めました。

その後、2006年に観光立国の推進基本法が成立して、2008年には観光庁が設置されました。世界からすれば、マラソンに例えたら、こちらがスタート、向こうがゴールというぐらい遅れています。2015年6月に、「観光立国実現に向けたアクション・プログラム2015」というのが策定されて動き始めました。資料3にある六つのテーマを覚えていただきたいのですが、その中に「地方創生に資する観光地域づくり、国内観光の振興」があります。地方の活性化はツーリズムを活用することで、ほとんど答えが出てくると思います。

2020年にオリンピック・パラリンピックがあります。オリンピック憲章に、期間中に必ず文化のためのシンポジウムをやらなくてはいけないということが決められているのです。日本がどのように取り組んでいくのかということもこれから議論になります。

来年リオのオリンピックがあり、8月のXデーに閉会式を迎えます。閉会

資料3　観光立国実現に向けたアクション・プログラム 2015

＜アクション・プログラム 2015　6つのテーマ＞
①インバウンド新時代に向けた戦略的取組

②観光旅行消費の一層の拡大、幅広い産業の観光関連産業としての取り組み、観光産業の強化

③<u>地方創生に資する観光地域づくり、国内観光の振興</u>

④先手を打っての「攻め」の受入環境整備

⑤外国人ビジネス客等の積極的な取り組み、<u>質の高い観光交流</u>

⑥「リオデジャネイロ大会後」、「2020年オリンピック・パラインピック」及び「その後」を見据えた観光振興の加速

式でオリンピック旗がリオの市長から東京都知事に渡ります。渡った瞬間、おそらく会場が暗くなり、渡った後、会場が明るくなります。その時に会場をどのようなデザインで「オールジャパン」を示すかということが求められていますが、正直申し上げて、全く議論が進んでいません。そのオールジャパンがどのようなデザインなのか、オリンピックの閉会式で世界中が見ています。今から2年前、ソチオリンピックがありました。閉会式で、「ピョンチャン、コーリア」とコールされたのですが、それまではロシアのイメージだった。それが閉会式の旗が渡されると、その瞬間に全部会場がコーリアタウンに変わったのです。同じことをこれから 2016 年の 8 月のXデーに日本はやらねばなりません。ぜひ、皆さんにも注目してほしいです。

もう一つ、オリンピック・パラリンピックで重要なこととして、パラリンピックがありますから、バリアフリーを進めなくてはいけない。そのことを意識してください。

(2) 航空政策

それから航空政策に関する問題ですが、日本は島国なので飛行機か船でしかアプローチが出来ません。97 も空港がありますが、全部ボーディングブリッジがあります。LCC の日本就航が加速していますが、本来は「ローコストキャリア」なのです。飛行機に乗るときも歩いて乗り、荷物も自分で乗せ

ます。下りるときも自分で持って降りる。空港もローコストになってならないといけません。ところが、日本の地方空港は残念ながら全部ハイコストオペレーションになっています。1日3便ぐらいしか飛ばない所でも、ボーディングブリッジがあるのです。交通政策論からいったら、全くナンセンスです。LCCは、オープンスカイが日本に導入されて、かなりの年数が経ちますが、LCC化率は、ヨーロッパ・アメリカも35〜36％ぐらいです。エアアジアがあるASEAN諸国は5割です。日本は8％です。要するに飛行機がローコストになったにもかかわらず、飛行場がハイコストのために、全体的にハイコストの航空運賃になってしまう問題があるのです。これから整理をしていかなくてはいけないテーマだと思います。

　関空の第二滑走路が完全にLCC化になりました。今、仙台空港はPFI、要するに民間に委託をされる形になっており、そういう所もぜひ改善してほしいと思います。日本の航空行政がうまくいかないと、訪れる人が3,000万、出る人が3,000万になるということは絶対無理なのです。今、ヨーロッではほとんどメジャーマーケットはチャーター便です。日本で言うとハワイ、グアムのようなマーケットに飛んでいるのですが、ハイシーズンになると300〜500便のチャーター便が飛びます。それだけチャーター便の機材を置いておく場所が必要です。今、日本には機材を置いておく場所がないのです。日本で、一番不幸なのは、国際会議を開くときに来る人は、今やビジネスジェットを使用する人が多いのですが、羽田に置くことができる数は、10機あるかないかです。皆、遠いので成田に置きたくはありません。ビジネスマンで、年収が何十億という人たちばかりです。そういう人が世界中から来て、東京で大会に参加する。JTBで扱ったWTTCの世界大会でも3人の方がビジネスジェットで来られましたが、それをどこに置くかということだけでもめる国は、世界中の先進国の中でありません。誰のために飛行場があるのか。日本人のためにあるのと同時に、外国から来る人のためにもあるという前提に、飛行場の設計がなっていないということなのですね。国内の利便性だけ考えて空港を作ってきたので、そういうことが起きてしまったということだと思います。

　そのようなことを今から少しずつ整理整頓をしていく必要があるのです。

Ⅲ　ツーリズム産業の今後の課題

1．新しい需要の喚起
(1) パイの奪い合いではなく、新しいマーケットを創造する

　中長期的な社会構造変化に対応して、ツーリズム産業も、構造変化を迫られています。既存のマーケットだけでなく、新しい需要創造とライフスタイルを生み出すために、ツーリズム産業に発展する力が求められていると思います。

　これからのツーリズム産業が果たすべき役割を皆さんにお話しておきます。「新しい需要の喚起」、「価値創造産業への進化」、「観光立国の推進」の三つです。

　「新しい需要の喚起」についてですが、よく「旅行業界は成熟化した」と言われますが、そんなことはありません。日本のツーリズム産業は、旅行商品の成熟化ということがあっても、旅行の生業をする産業としては、未成熟そのものです。さきほどの飛行場の問題、多言語の問題などだけでなく、インバウンドにおいてもいろいろな問題があります。バスの数が少ない、規制緩和なども含めて、まだまだ未整備のことがたくさんあります。

　そして、一番問題なのは、マーケットが成熟化したと言っている人ほど、パイの取り合いをしてしまうということです。まだまだパイは自分で作ろうと思えば、作り上げられると思います。新しいマーケットを創造するということが重要だと思います。

(2) 稲刈り人から開墾人へ

　そこで、資料4のように、皆さんにお伝えしたい考え方があります。与えられたものしかできない「稲刈り」をしている人はだめですよ。「開墾」と「田植え」に、ぜひ取り組んでもらいたいと思います。たとえば稲刈りだけしている人は、既存のマーケットへ来て、安売りだけして逃げてしまう。そういうことではだめなのです。

　先ほど言いましたように、海外旅行市場も私が入社したときにたった70万しかいませんでした。それをどうやったら100万にするか、1,000万にしていくか、そのために、海外旅行商品を作って売り、そのためのプロセスを

資料4　これからのツーリズム産業が果たすべき役割
これからのツーリズム産業に必要な人財像

稲刈人から開墾人へ

開墾人
＝新しい発想力

田植人
＝高い実務執行能力

稲刈人
＝与えられたものしかできない

開発してきました。マーケットができると色々な人が参入して刈り取ろうとしますが、刈り取ろうとするとマーケットはシュリンクしてきます。これは経済及び、商いの原則だと思います。刈り取ろうとすればするほど、与えられたものしかできませんから、私としてはそういう人間にはなってほしくないし、そういう人は要らないと思っています。

2．価値産業への進化
(1) ツーリズム産業が21世紀の社会をリードする——6次産業化

「価値創造産業への進化」についてですが、ツーリズム産業は幅が広いですから、その強みを生かして、21世紀の社会をリードするべき産業だと思っています。旅行業が、航空業が、鉄道業が、という意味ではなく、ツーリズム産業が全体を総合的に動かすことによって、社会を動かしていくのではないか、そして新しい価値が生まれるのではないかと思います。そのことを今、経済産業省が声高に言ってるのが、「6次産業化」という言葉だと思います。「6次産業化」という言葉は、皆さんがこれからもしホスピタリティー産業や、サービス産業に従事しようとするのであれば、ぜひとも忘れないでいただき

資料5　これからのツーリズム産業が果たすべき役割

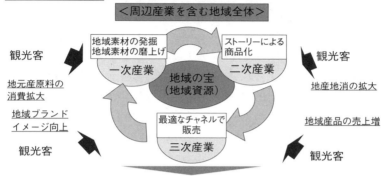

たいです。サービス産業だけで何かをすることはできません。資料5のように、1次産業の農業や漁業、あるいは2次産業のものづくり業の中身をよく把握して、連携して6次産業化を展開することによって価値が新たに生まれるということであります。

　6次産業化ということにおいて、例えば地域活性化に取組むときに、単なるイベントだけをつくろうとした所はほとんど失敗しています。しかし、町にある観光資源だけでなく、生活に根ざしている資源を活用すると長続きします。例えば、長崎のさるく博の事例があります。市長さんがもう7～8年ぐらい続けていますけども、さるく博は、ルートを決めてただ歩くだけなのです。長崎は坂道が多いです。われわれ旅行会社からしますと、「おい、ほんとかよ。坂道歩かせるつもりかよ」となります。疲れてしまうから、皆タクシーやバスで行ってしまうのですが、そこをあえて歩かせます。その一つの条件として、そこを歩くルートの住民の方に、来た観光客の皆さんにお茶を出す、あるいはおもてなしをするというのをお願いしている博覧会なのです。そうすると、住民も参加します。観光客は、「ありがとう」と言う、住民は「いらっしゃいませ」と言う。その関係を促します。博覧会としてはそれだけのこと

をするだけで、あとは何もありません。

(2) もともとある地域の素材を観光資源に

　JTBでも、昭和のまちづくりということで、大分県の国東半島の入口にある豊後高田という町を今から17〜18年前に開発をすることによって、年間に2〜3万人しか来なかった観光客が、今では40万人も来ている事例があります。イベント招致観光といって、何かイベントをすると、お客様が来ることもあります。しかしノウハウもないし、お祭りもない。たまたま泊まった時に土蔵を覗いたら、昔のキンチョウ蚊取り線香のマークや、映画「三丁目の夕日」に出てきたような昭和時代の道具がたくさんありました。「そういうのがたくさんある？」と聞いたら、皆、「うちにもあるよ、あそこにもあるよ」ということで、全部出してもらって、きれいにして並べて、「昭和の町」として商店街を活性化して、イベントやまちづくりをすることによって、お客様がたくさん来ています。

　元々そこにあったものを観光資源にしたので、あったものだから違和感がないのです。新しく作ったものではなく、元々豊後高田にあったものを改めて並べて整理し、見せ方を変え、宣伝を変え、プロモーションをして、JTBが旅行商品として売る。そのような取組みをすることで、お客様が年間40万人も地方都市に来たのです。そのような地域資源の宝というものはどこにでもあります。

　皆さんの中には観光事業というと、何か非常に素晴らしい観光地のようなものがないと事業を作れないと思う人が多いと思いますが、そんなことはないですよ。里山里海も含めて、全国の北海道から沖縄に至るまで、観光地となる資源はたくさんあると思います。ただ、生活に根ざした資源でないと、なかなか地元の人に参加をしていただけません。

　今、石川県七尾市で「花嫁のれん」というものをやっています。七尾市のご出身の方は、結婚すると、のれんをくぐって嫁ぐしきたりがあるらしいですね。そののれんである「花嫁のれん」の取組みが素晴らしいので、JTB交流文化賞の最優秀賞としても表彰しました。七尾市のある通りにのれんを飾りながらイベントを実施し、そのことによって町を観光地として整備します。元々、花嫁のれんというしきたりがある町だから、別に抵抗ないですよね。地域にあるものを発掘して、観光資源にするということは、新しい価値の創

造だと思います。新しい価値というと、どうしても「何か作り出さないといけない」と思うかもしれませんが、既存の資源を新たな視点で見るということもこれから必要だと思います。

3．観光立国の推進

　ツーリズム産業が果たすべき役割として、人流の創出と観光立国の推進も必要です。観光立国の推進という言葉がいいのか、あるいは交流大国、交流立国という言葉でもいいかもしれませんね。日本は、ヨーロッパから見ると一番東の端にあって、そこで終着というイメージがあります。どうしても途中のシルクロードの、例えば中央アジアや海のシルクロードに、広域で交流するというイメージが日本にはあまりないです。鎖国が300年近くあったから、交流するということにあまり慣れていないのです。江戸時代、日本に藩は300あって、その藩の隣の藩に行くときは、言語が一緒ですから交流できましたが、これからは言語が違う世界中と交流しないといけません。

　人流は少なかったですが、物流やものづくりにおいては、昭和30年代から世界と交流してきていました。パナソニック、ソニー、トヨタといった企業です。これを、人流に置き換えて、これから取り組んでいく必要があります。

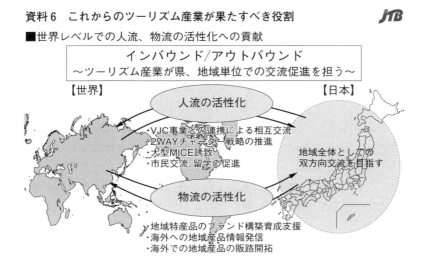

資料6　これからのツーリズム産業が果たすべき役割

■世界レベルでの人流、物流の活性化への貢献

人流が動いた方が、物流も動くのです。資料6に示すとおり、この二つのことを同時に取組む必要があるのではないでしょうか。

日本のものづくりがまだまだ未成熟の時代に、見本市船という船を日本が作って、世界中の港々に、その船を出したことがあります。今まさに、観光立国というなら、そのような船を世界中に発信する必要があるのではないでしょうか。われわれの若いときには、青年の船や、青年の翼などに、若い人が乗ってPRすることがありました。今、文部科学大臣にそういうのをぜひやろうよと、声をあげていますが、オリンピックを契機に、青少年の交流に取り組みたいと実は思っています。

Ⅳ　ツーリズム産業の未来を見据えた JTB グループの戦略

1．JTB グループ 100 年の歴史

(1) ジャパンツーリストビューローの設立――「外客誘致論」がきっかけ

最後に JTB グループについての話をします。JTB グループは 100 年企業です。1912 年に誕生した会社ですが、100 年企業としての視点で知っていただきたいことを幾つかお話ししておきたいと思います。

103 年前、ジャパンツーリストビューローという会社ができました。この会社は、実は外客誘致のための専門会社でした。今で言うと、政府観光局だと思っていただいたら良いと思います。戦前はほとんど外客誘致と、日本人の旅行をやっていました。

JTB の設立の時に木下淑夫さんという方が論文を書いて、皆さんも歴史上の人物としてご存知の、渋沢栄一さんや、原敬さんに人たちに論文を見せて、ジャパンツーリストビューローを作りました。論文には外客を世界中から誘致して国益に貢献すると書いてあります。今と似ていませんか。インバウンドを増やして国益に貢献すると 100 年前に書いた人がいたのです。すごいのは、富士山を国立公園にして、瀬戸内海を一大遊覧地帯にしたらどうかと書いてあったことです。富士山は世界文化遺産になり、瀬戸内海は昨年瀬戸内国立公園化 80 周年を迎えるなど、この方が想定したとおりに時代が動いていきました。

(2) ユダヤ難民避難の斡旋——杉原千畝の命のビザ

　もう一つ、トピックスとして覚えておいていただきたいのですが、皆さん、杉原千畝（注　1918年早稲田大学高等師範部（現教育学部）に入学し、翌1919年外務省官費留学生に採用され中退し、外交官に着任。2011年没後25年を記念して早稲田大学キャンパス内に杉原千畝レリーフを設置）さんを知っていますよね。リトアニア領事館で、ドイツから逃れてきたユダヤ人の方6,000人に命のビザを発給して、助け出したのです。ビザが発給された後、その6,000人はどこへ行ったのかということなのですが、お迎えしたのは全部JTBの職員なのです。リトアニアからウラジオストックまで4,000人が移動したというデータがあります。おそらく2,000人の方は途中で亡くなられたのか、何らかの事情があったのでしょう。日本はまだ戦争に入る前ですから、全米ユダヤ人協会から、昭和14（1939）年に、助けてほしいという依頼がユダヤ人協会から当時のジャパンツーリストビューローにあって、そこでお手伝いしましょうということになりました。そして、資料7のように、ウラジオストッ

資料7　ユダヤ難民避難の斡旋

昭和初期～太平洋戦争＜1934～1940（昭和9～15）年頃＞

（ユダヤ人の避難ルート）

（JTBの斡旋体制）

■満州里案内所開設〈1926（昭和元）年〉

（ユダヤ難民を運んだ船）《ウラジオストック～敦賀》

	総トン数	定員（人）
はるぴん丸	5,167	766
天草丸	2,346	365
気比丸	4,545	701

（はるぴん丸）

（資料：財団法人日本交通公社機関誌「観光文化」より抜粋）

クから敦賀までの移動で4,000人の方を迎えて、敦賀から横浜へ、そして横浜からアメリカに送り出すということをしました。
　ところで、なぜ今ごろこういう話をしているかというと、在リトアニア領事官で、杉原千畝さんがサインをしたというのが証拠物件で残っていて、全米ユダヤ人協会に依頼をされたということも記録が全部残っているのです。しかし、本当にJTBの職員がこの人たちを迎えて、ちゃんと送り届けて、横浜からアメリカに送り出したという証明ができなかったのです。ところが、今から6年前、JTBの100年史を作っている段階で、大迫さんという職員が亡くなりました。その遺品の中に、山のようにユダヤ人の避難された方からもらった写真、時計などが残っていました。
　これが本物かどうかというのはよく分からなかったのですが、米国大使館に持っていったり、中身を見た結果、どうも本物らしいと分かりました。大迫さんと一緒に撮った写真があって、遺品が見つかったときに、大迫さんの娘さんは何なのか分からないため、JTBの後輩の職員に託しました。後輩の職員が100年史を作っている事務局に持ってきて、「何かこんな大変なものが見つかってしまった、どうしたらいいか」ということで、アメリカ大使館に持ってきたといういきさつなのです。
　はるぴん丸、天草丸、気比丸といった船に大迫さんが乗って、何度も往復をして何千人も送ったいきさつが、ちゃんとノートに書いてあったのですね。そういう遺品が見つかったのですけども、本当にこの人たちから頂いたものなのか分からなかった。このことが2014年の11月21日、ニューヨーク発の記事で日経新聞に載りました。ワシントンの日本大使館で、遺族の方が見つかったので、その遺品をお返ししたことで、やっと事実関係が一気通貫で繋がりました。このことは、2015年12月に公開される映画「杉原千畝」でも若干出てきます。

(3) 戦後復員兵の輸送など

　私どもの仕事は、単なる旅行商品を作るということよりも、人が動くときにお世話をするというのが本来の仕事です。ツーリズムというのは、人のお世話をするということが仕事だということを皆さんにぜひ理解をしてもらいたいということです。戦中や戦後しばらくは、レジャーマーケットなどはありません。そのようなときにJTBが取り組んだ仕事は、復員兵や進駐軍の

あっせんなどで、60年代からやっとレジャーマーケットが出てきたのです。旅行業の歴史の中では、たったの50年にすぎません。飛行機の歴史も50年です。ですから、日本のツーリズムマーケッの中には、レジャーマーケット、ビジネスマーケット、MICEマーケットなどたくさんありますが、そのような意味では50年間の歴史しかありません。JTBは、その前に50年という大きな歴史を持っており、現在への布石のようなものがあったと感じます。

2．JTBグループの新たな挑戦
(1) マーケットへの正対──JTBグループの分社化
　旅行業はマーケットへ正対するために、地域に密着することが大事だということで、資料8のように、2006年の4月に北海道から沖縄まで会社を地域ごとに分社しました。地域に密着して地元の素材、要するに観光地としての素材を探すという形に経営体制を全部変えてしまったのです。
(2) JTB文化交流事業
　同時に交流文化事業という新しい概念を作りました。資料9はその全体像を示したものです。この概念では極端に言ったら、仕事として何をやっても

資料8　JTBグループの新たな挑戦　「マーケットへの正対」

■2006年のJTBグループ分社化
2006年4月、JTBは北海道から沖縄まで、『地域密着』を掲げた地域会社に分社化し、地域に正対して新たなビジネス領域を創造し、発展することを志向しています。

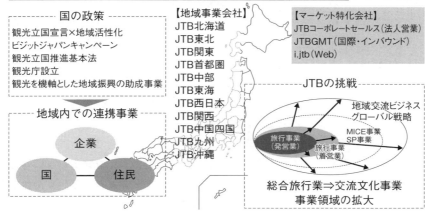

資料9　JTB交流文化事業の全体像

お客様の感動と喜びのために、JTBならではの商品・サービス・情報・及び仕組みを提供し、地球を舞台にあらゆる交流を創造する

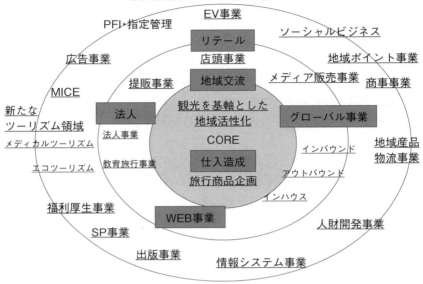

良いのです。人が動くことはすべて仕事、そして人が楽しむこともすべて仕事です。旅行は「非日常」という言葉をよく使いますけども、非日常ではありません。異なる日常です。皆さんがそのまま家に帰るなら日常的ですけども、今日どなたかと飲み行くことは日常ではありません。異日常とは、異なる日常ということです。今日、私が歌舞伎座に行くとします。1年に1回ぐらいしか行かない歌舞伎座へ、これは異なる日常なのですね。

だから、これからのマーケットを考えるときに、点から点に移動した、空間を移動した、距離が離れたから非日常的だと言わないで、同じ空間の中でも異なることを行えば、異なる日常になるということです。この発想でツーリズム産業を考えてもらうことが、交流文化事業の全体像です。JTBは旅行会社ですが、事業ドメインを交流文化事業に変えたのは、コンテンツに対しても取り組むということです。東京タワーにワンピースタワーという場所がありますが、アミューズなどと一緒になって、先般、数億の投資をして作り

ました。ぜひワンピース好きな方は見に行ってもらいたいのですが、そのような事業を行っているというイメージは多分皆さんにもないと思います。これからは、そのようなコンテンツ探しをして、コンテンツに投資をしていきたいと考えています。

(3) JTB グローバル戦略

　JTB グループの重要な戦略である、グローバル戦略についてお話しします。ぜひ皆さんに覚えておいてほしいことは、世界発世界着の人流を生み出そうとしていることです。日本に来てもらうことだけが目的ではありません。資料 10 のように、日本を経由せず、世界中の人を世界中に送り出すという発想で仕事をしています。この 15〜16 年の間に会社を相当数買収しています。

　今はアジアの中で JTB グループの会社がない国はほとんどなくなりました。アジアにおけるグローバル事業戦略として、アジア諸国からの旅行者の受け皿であるインバウンド事業戦略である「グローバルインバウンド」、アジアからの人流を促すアウトバウンド事業戦略である「法人アウトバウンド」、「レジャーアウトバウンド」という、アウトバウンドとインバウンドに取り組んでいる会社を買収しています。例えば先般スペインのヨーロッパ・ムンド・バケーションズ社を買収しました。南米の顧客向けにヨーロッパツアーを販売している会社なのですが、南米はスペインのマーケットですから、ノウハ

資料 10　JTB のグローバルビジネス戦略

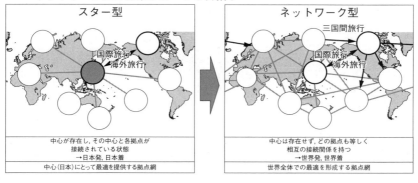

日本という中心をもつスター型から、世界全体で最適を追求していくネットワーク型の企業グループを目指す

ウを吸収して南米のお客様向けにツアーを作るのです。同じように一番大きい中国マーケットの人にもツアーを作る、このような流れがこれからできます。

(4) DMC 戦略

①発着連動への転換

もう一つ重要な戦略は DMC 戦略（ディスティネーション・マネージメント・カンパニー）です。その概要は資料11のとおりです。JTB が分社化した理由は、地域のディスティネーションをマネージメントするということです。地域の方と一緒になって、地域資源の魅力を再発見し、眠っている宝に磨きをかけ、日本全国、世界各国からの集客を促します。その時に一番使われる道具は、おそらくインターネットだと思います。

DMC 戦略の中核となる「地域交流ビジネス」において、「発地」は従来のマーケットである、東京、大阪、名古屋と言われている大都市マーケットです。受け地である「着地」は当然観光地ですが、これを、逆転させたいので

資料11　DMC 戦略の中核となる「地域交流ビジネス」の事業概要

発着連動により、着地サイドの観点から、地域固有の魅力を発掘・育成し、発地への流通を促進することにより、観光を基軸とした交流人口の増大を図ります。

す。おそらくものづくりをされている方もそう思っていますが、昔はマーケットを分析して、市場ニーズを探り出して、それに合った商品を展開するというマーケティングをやっていたのだと思います。でも、はっきり言って、マーケットインは全く役立ちません。

②プロダクトアウトの重要性

なぜかというと、マーケットは、インターネットが普及したことによって、あまりにも複雑怪奇で多様性を持ったことにより、探しても探しても答えが出てこないのです。分析するだけでは、コンサルティング会社が儲かるだけです。それよりも、現地である着地でのプロダクトアウトの方が重要です。例えば、鹿児島、宮崎、あるいは、北海道で自分の町に来てもらいたい、こういう商品だったら、来てくれるのではないかということを、JTBの社員が一緒になって、発掘した宝を商品に磨き上げ、世界中に売り込むという流れに変えました。

ですから、これまでは地域にいる支店長の査定は、その地域のお客様をどれだけ外に運び出したかで評価をするだけだったのですけども、その地域にいかにお客様を呼んでくるかということでも評価をして、両方の要素を満たさないと100点満点にならないという評価軸に私が社長のときに全部変えました。例えば鹿児島でダイヤモンドを見つけた時に、そのダイヤモンドを東京で売るときと、大阪で売るときと、名古屋で売るときと、福岡で売るときと、売り方が全部違う。東京で売るときはネックレスがいいと、大阪で売るときはやっぱりネックレスじゃなくて指輪がいいと、あるいは名古屋で売るときはイヤリングがいいと、いやいや福岡ではティアラを作ってくれと、地域、地域それぞれにプロダクトアウトを変化させます。そこで初めてマーケットインができます。

マーケットインの手法は、地域の差だけではなく、マーケットの層によっても違います。一つだけ例を言いますと、「地恵のたび」という着地型商品のツアーのシリーズがあるのですが、修学旅行から始まった産業観光の商品を東大阪市で作っています。最初は修学旅行のための体験学習プログラムでした。今はそれを一般のお客様に売るときに、東京人に売るときと、大阪人に売るときと、それから年配者に売る時と、若い人に売る時とやっぱり売り方が違うのですよね。

ツーリズム産業においての6次産業化という話もしましたけども、そのようなことが、これから重要だというように思っています。最終的にはプロダクトアウトということについて、どうしてもサービス業は、お客様と相対しているものだから、お客様の顔色をうかがいながら、自分たちの持っている商品をあえて安く見せてしまったりするのですね。本当に大事なものをどのように売るかということが、今、求められているのではないかと思います。

70周年記念事業でスタートしたイベント「JTB杜の賑い」も、今年33年目ですけれども、それだけ長期間やってきたことによって、初めて本物に近づきました。

V　おわりに

一つだけ最後に皆さんに理解してほしいのは、ツーリズムは時間がかかります。一生の仕事で、一生で解決できないかもしれないぐらいです。私は43年この会社にいて、JATAの仕事もやっていますが、まだまだ解決にはほど遠いというように思っています。日本が本当に世界に冠たる観光立国、あるいは交流大国になるには、ツーリズムに対して、相当なインフラ整備と、もっと言うと、日本人の意識改革が必要だというように思っています。

国際観光力ランキングというデータがあります。なかなか外に出てこないデータですけども、日本は観光受容度において全世界で77位です。おもてなしの分野においては世界第1位で、その他さまざまな項目が9位、8位、2位などになっているにもかかわらず、観光受容度、要するに外国人の方が来てほしいという気持ちが本当に心の底からあるかどうかということに関しては、世界77位なのです。単にツーリズム産業を含めて、外国人に対しておもてなしをしようということだけではありません。将来的に日本を元気にするためにはどうしたらいいでしょうか。人口減少は避けられず、その地域を潤わせるためには交流人口を増やすしかないのです。そのためには、インバウンドを増やさない限り、日本経済は再生できませんよ。

地方の活性化は、まさに観光から生まれると思っても過言ではないと思いますので、そのことを今後も訴えたいと思っています。ぜひ皆さんも、これまでの十何回聞いてこられた話を、そのような目でもう一度、振り返ってい

ただくことで、これまでの話がもう少し違う目で見ることができるかもしれませんので、そのことも最後にお願いしておきたいと思います。
　それでは、私の話はこれで終わりたいと思います。ご清聴ありがとうございました。

【確認問題】

問1 「ツーリズム産業を取り巻く環境【経済的要因】【社会的要因】」に関する記述のうち、内容が誤っているものを4つの選択肢のなかから1つ選びなさい。
① 2014年4月は、1970（昭和45）年以来44年ぶりに、訪日外国人数が出国日本人数を上回った
② 2014年度は、訪日観光客の増加により、国際観光収支が55年ぶりに黒字になり、経常収支の改善にも大きく貢献した
③ 国内宿泊旅行市場についてみると、宿泊数および回数は2005年以来一貫して下降傾向にある
④ エコ・ツーリズム、グリーン・ツーリズム、観光にやさしい旅行、パワー・スポットの訪問などのニュー・ツーリズムの参加意向は、増加傾向にある

問2 「ツーリズム産業を取り巻く環境【技術的要因】【政治・法律的要因】」に関する記述のうち、内容が誤っているものを4つの選択肢のなかから1つ選びなさい。
① 携帯電話の普及率は急速に拡大しており、とくにアジアでの伸びは大きく、2011年には韓国、日本、中国では80％を超えている
② SNS（ソーシャルネットワーク）は、東日本大震災において情報流通手段として最大限に利用された
③ 地方の活性化を実現するにあたっては、地方創生に資する観光地域づくりができることから、ツーリズムがかなり有効な方策である
④ LCC（low cost carrier）の日本での普及が遅れている一因には、全国97ある空港のlow cost化が遅れていることがある

問3 「ツーリズム産業の今後の課題」に関する記述のうち、内容が誤っているものを4つの選択肢のなかから1つ選びなさい。
① ツーリズム産業は中長期的な社会構造変化への対応を迫られ、新しい需要創造とライフスタイルを生み出すことが求められていることから、発展する力が試されている
② ツーリズム産業は、限られた市場のシェアを奪い合うのではなく、新しいマーケットを想像し、需要を創造することが必要である
③ ツーリズム産業は、多様な産業と関係のある強みを生かし、官民一体・全産業の協働を積極的に仕掛けることにより、新たな価値を担う役割がある
④ 観光立国を推進するにあたり、交流人口の拡大を目指すためにインバウンドに力を入れ、訪日観光客の消費額を増加させるべきである

問4 「ツーリズム産業の未来を見据えたJTBグループの戦略」に関する記述のうち、内容が誤っているものを4つの選択肢のなかから1つ選びなさい。
① JTBのアジアにおけるグローバル事業戦略は、アジア諸国からの訪問者を対象としたインバウンド事業戦略と、日系企業、ローカル企業およびローカル市場を対象としたアジアからの人流を促すアウトバウンド事業戦略とに大別される
② JTBグループの新たな挑戦は、交流文化事業として、旅行という手段でJTBならではの商品・サービス・情報および仕組みを提供するビジネス・パートナーとなることである
③ 地域交流ビジネスの基本的考え方では、DMC（destination management company）モデルにもとづき、顧客のニーズを把握するために市場分析をしてmarket-inの発想で商品を開発しなくてはならない
④ JTBのグローバル・ビジネス戦略では、組織編制を、日本を中心としたスター型から世界全体で最適を追究するネットワーク型へと変更した

正解　問1　③　　問2　①　　問3　④　　問4　③

執筆者紹介

【執筆者】

石原　　大	国土交通省　国土交通大臣秘書官事務取扱
小堀　　守	日本政府観光局（JNTO）　理事
藤田　直志	日本航空（株）　代表取締役副社長執行役員
高橋　敦司	東日本旅客鉄道（株）　鉄道事業本部　営業部担当部長
定保　英弥	（株）帝国ホテル　代表取締役社長兼東京総支配人
沢登　次彦	（株）リクルートライフスタイル　地域創造部長　じゃらんリサーチセンター　センター長
江崎　貴久	（有）オズ　代表取締役
杉山　尚美	（株）ぐるなび　執行役員
平出　淑恵	（株）コーポ・サチ　代表取締役社長
新津　研一	（一社）ジャパンショッピングツーリズム協会　専務理事/事務局長
川島　久男	川島アソシエイツ　代表
越智　良典	（一社）日本旅行業協会　理事　事務局長
田川　博己	（株）ジェイティービー　代表取締役会長 （一社）日本旅行業協会　会長

（執筆順）

【監　修】
　　早稲田大学商学部

【編　集】
　　長谷川惠一　早稲田大学商学学術院　教授

観光立国日本への提言
――インバウンド・ビジネスのチャンスをとらえる――
定価（本体2800円＋税）

2016年7月20日　初版第1刷発行

監　修　　早稲田大学商学部
編　集　　長 谷 川 惠 一
発 行 者　　阿 部 成 一

〒162-0041　東京都新宿区早稲田鶴巻町514
発 行 所　　株式会社　成 文 堂
電話 03(3203)9201(代)　FAX 03(3203)9206
http://www.seibundoh.co.jp

製版・印刷・製本　三報社印刷
Ⓒ 2016　WASEDA University, K. Hasegawa　　Printed in Japan
☆落丁・乱丁本はおとりかえいたします☆　検印省略
ISBN 978-4-7923-5067-3　C3034